큐복음서(상)

잃어버린 신화를 찾아서

저자 **김기천** 목사

도서출판 **세우심**

큐복음(상)

잃어버린 신화를 찾아서

발 행 일 2010년 9월 3일 (초판 1쇄)
저　　자 김기천 목사
펴 낸 곳 도서출판 세우심
등　　록 제 2010-000004
주　　소 인천시 연수구 연수동 593-8 메카리움빌딩 302호
전　　화 032. 815. 1868
팩　　스 032. 815. 1867
홈페이지 www.seusim.com

기획편집 샘아트앤드자인 (Tel 031. 705. 2550)
인　　쇄 서경문화사
공 급 처 미스바출판유통 (Tel 031. 955. 4433, Fax 031. 955. 4432)

I S B N 978-89-964333-1-604230
　　　　　978-89-964333-1-904230 (전2권)

오늘도 신학 안에서 방황하는 이들을 위하여 이 책을 바친다.

감사

먼저 하나님께 영광을 돌리며

사랑, 격려를 아끼지 않은 모든 교우들과
특히 과학자로서 같은 신앙을 추구하며
교정과 후원을 해주신 교우들에게 감사를 드립니다.

이 경 화　박사(전자공학)
김 준 호　박사(전자공학)
여 성 권　박사(물 리 학)
최 원 길　박사(전자공학)
이 준 호　박사(재료공학)
김 기 동　박사(환경공학)
최 선 원　박사(약 리 학)
민 형 식　박사(산업공학)
토미 아오　박사(물 리 학)

-연배순-

알버커키 광야에서
김기천

Contents

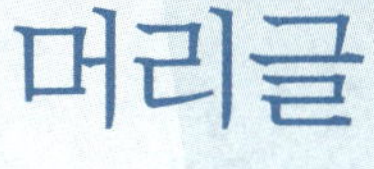

머리글

신학=
방황?

머리글

(마태복음+누가복음)-마가복음=큐복음. 마태복음+누가복음=마가복음+큐복음. 이 공식을 보면 큐복음은 새로운 것이 아니라 신약성서 안에 그것도 공관복음 안에 들어 있는 하나의 복음서임을 알 수 있다. 마태나 누가가 복음서를 기록할 때, 마가복음과 큐복음을 자료로 삼았다. 큐복음은 신약성서 안에 들어 있는 가장 오래된 복음서이며 내용적으로 볼 때는 분량이 가장 적은 복음서이다. 가장 오래된 복음서이기 때문에 큐복음서 안에는 가장 오래된 기독교 공동체의 신앙체계가 들어 있다.

문제는 큐복음이 역사적 예수 즉 인간 예수를 논하는 사람들의 전유물처럼 되어버렸다. 가장 오래된 복음서이기 때문에 큐복음이 예수에 관한 실제 역사적 자료를 보유하고 있다고 생각한 것이다. 그래서 성서학자들은 큐복음을 가지고 나름대로 다양한 모습의 인간 예수를 제시한다. 2008년 출간한 도올 김용옥의 『큐복음서』 역시 위와 같은 성향을 벗어나지 못한다. 다른 말로 하면 도올의 『큐복음서』 주 내용은 성서신학에서 가르치고 있는 내용을 반복한 것이고 본인의 철학적 견해를 부가시킨 것이다. 이미 신학을 접해본 사람이라면 큐복음을 통해서 논의되는 역사적 예수는 전혀 새로운 것이 아님을 알고 있다.

본 책『큐복음서』는 기존 성서학자들과는 다르게 큐복음을 접근한다. 큐복음을 통해서 역사적 예수를 찾으려는 것이 아니다. 큐복음을 사용했던 큐 공동체의 참신앙을 찾으려 한다. 큐 공동체가 믿었던 신앙의 대상으로서의 예수와 예수를 중심으로 했던 그들의 신앙 세계를 밝히는 것이 궁극적인 목적이다.

신학을 공부한 적이 없는 사람이면 도올의『큐복음서』나『도마복음』또는 SBS에서 방영된「신의 길 인간의 길」을 보고 황당해 한다. 교회에서 들어보지도 못한 말들을 쏟아내고 있기 때문이다. 사실은 교회에서 들을 수 없는 이론들을 신학교에서 가르치고 있다. 그래서 목사가 되기 위해서 신학교에 들어가 공부하는 학생들은 너나 할 것 없이 현대 신학에서 제시하는 주장들을 접하면서 당황하게 된다. 신학교 들어갈 때는 종교적인 사람이 졸업할 때가 되면 학문적인 사람으로 변한다. 동시에 신앙적인 방황을 하게 되어 중도에 신학교를 뛰쳐나가 심지어는 기독교 신앙을 포기하는 일들이 일어난다. 무엇이 문제인지도 모르고 방황을 한다. 자신도 왜 방황하는지 모르면서 남의 방황을 조장하기도 한다. 이런 신학적 사조에 영향을 받은 현대 기독교는 이유도 모르고 무너지고 있다. 본 책은 이런 기독교의 본질적인 문제를 파헤치고 방황의 끝을 찾아보려는 하나의 시도이다.

도올은 자신의 책『큐복음서』60 쪽에서 다음과 같은『도마복음』의 구절을 독자들에게 소개한다.

"방황하는 자가 되라"『도마복음』42장

본인은 독자들에게 다음과 같은 구절을 소개한다.

"어떤 사람에게 양 일백 마리가 있는데 그들 중에 하나가 방황하면 그 산들 위에 아흔 아홉을 남겨두고 가서 방황하는 것을 찾지 않겠느냐"『큐복음서』55장

I. 시작하는 글

신학=
방황?

I. 시작하는 글

『하버드에서 찾는 하나님』[1]이란 책을 보면 목차 다음에 다음과 같은 엘리엇(T. S. Eliot)[2]의 시가 소개된다. "이 사랑에 이끌려서, 이 부르심의 음성을 따라서, 우리는 탐구하는 일을 멈추지 말아야한다. 그러면 우리의 모든 탐구의 마지막은 우리가 출발했던 곳에 도착하게 되어 처음 그 장소임을 깨닫는 것이 될 것이다." 1979년도에 시작된 나의 신학적 탐구는 거의 30년이 지난 지금도 여전히 계속되고 있다. 그런데 지금 달라진 것이 있다면 내가 신학을 시작하기 전의 모습으로 다시 돌아가고 있다는 점이다.

1. 신화 회복을 위한 시도

계몽주의와 더불어 자연이성에 근거한 합리적 사고가 중세 교회의 억압에서 해방되고, 또한 코페르니쿠스 이후 과학 혁명이 일어나면서 그동안 인

---

1) Kelly Monroe Kullberg, Finding God at Harvard, (Downers Grove: InterVarsity Press, 2007).

2) 1909년도 하버드 졸업생으로 시인이며 극작가이며 문학평론가이다. 1948년도에 그의 시 「황무지」(The Waste Land)로 노벨문학상을 받았다.

간의 자율이성과 과학을 옭아매고 있었던 기독교는 역공격을 받기 시작했다. 성서의 권위가 무너지고 기독교의 세계관이 증발되는 당시 상황에 칸트나 헤겔은 나름대로 도덕적인 면이나 인류 정신 역사의 발달 면에서 기독교를 변증하려 했지만 역부족이었다.

계몽주의 이후 지금까지 이성과 계시가 충돌하며 과학과 성서가 충돌하는 상황에서 기독교는 나름대로의 대응을 보여 왔다. 특히 기독교 신학의 주류는 합리적인 사고와 과학적인 사고를 접목시켜서 자연 역사나 종교 역사 발달에 근거한 합리적 성서이해를 제시해 왔다. 이로 인해 초월적인 예수의 모습은 점차 증발되어 버렸고, 유대 묵시사상에 열광하다가 십자가 위에서 처절하게 실패를 시인하며 죽어간 한 미친 인간, 소위 "역사적 예수"(historical Jesus)만 논하는 세상이 되어버렸다. 이런 현실 속에서 기독교는 스스로 살아 남아보려고 안간힘을 써왔지만 350여년이 지난 지금 기독교는 오리무중이다. 무엇을 잃어버렸는지 어쩌다 여기에 와 있는지 그리고 지금 어디를 향하고 있는지 자기 정체성을 잃어버리고 방황하고 있다.

모든 종교는 "초월적인 신과 연관된 이야기" 즉 "신화"(神話)가 있다. 그 신화는 종교에 있어서 생명과 같은 기반이다. 신화 안에 있는 실체를 잃어버리면 어느 종교든지 그 신화는 근거가 없는 거짓 이야기 즉 허구가 되어버린다. 신화 세계에 있는 시간과 공간은, 과학의 세계와 같은 용어를 사용하지만, 전혀 다른 종교적 개념이다. 과학적 세계관을 가진 사람들에게 종교 신화는 거짓 이야기로 보일 수 있지만, 신앙을 가진 종교인들에게는 그것은 역사의 실체이며 삶의 기반이다. 그래서 종교의 신화를 믿는 사람들은 지금도 그 신화의 실체를 경험하며, 어떤 이들은 그 신화에 목숨 걸고 깊은 산속에 들어가서 평생을 바쳐 수도를 한다. 이렇게 신화 속에서 실체를 경험하는 사람들이 살아 있는 한 그 신화에 기초한 종교는 생명을 유지한다. 한 종교의 신화를 믿고 경험하는 사람들이 사라지면 자연히 그 종교는 사라지게 되고 신화는 허탄한 이야기로 남는다.

성서에 기록된 초대 기독교는 예수가 하나님의 아들 즉 그리스도이심을 믿는 종교였다. 그런데 기독교의 기초가 되는 이런 예수의 초월성은 과학적 역사비평 이론과 타협하면서 해체되고 증발되어 왔다. 중세기까지만 해도 성서 속에 하늘에 대한 표현을 이해하는 데에 별다른 어려움이 없었다. 당시 사람들에게는 해가 떠오르고 구름이 떠다니는 물리적인 하늘조차 인간이 범접할 수 없는 장소였다. 그래서 그 물리적인 하늘을 성서의 초월적인 하늘과 동일시해도 별 문제가 없었다. 그러나 우주과학의 발달과 더불어 물리적인 하늘의 실체가 드러나기 시작하면서 그동안 동일시 해왔던 초월적인 하늘은 증발되고 있다.

중세기만 해도 성서 속에 지옥을 이해하는 데에 별 어려움이 없었다. 죄지은 사람이 죽으면 땅속 깊은 곳으로 떨어진다고 믿었다. 당시 사람들은 땅속에서 화산 불이 솟아오르는 것을 지켜보면서 땅 밑에는 지옥불이 있었다고 생각했다. 그런데 지질학을 통하여 지구 내부에 광물질들이 방사능 작용을 통해서 엄청난 열을 발산한다는 사실이 발견되면서 성서 속의 지옥도 증발하고 있다. 또한 종교개혁 당시만 해도 성서 속의 인간은 하나님이 흙으로 빚어서 창조한 피조물이었다. 그런데 다윈의 진화론이 발표되면서 인간의 기원에 대한 과학적인 이론이 세워지기 시작했다. 이로 인해 하나님의 따듯한 손길을 경험할 수 있는 신화 속의 인간은 사라져 버리고 무생물의 자연 발생적인 기원을 통해 설명되는 인간만이 덩그러니 남게 되었다. 더불어서 신의 창조로 시작해서 최후의 심판이라는, 성서 안에 있는 구원의 역사관 또한 45억년 지구 역사를 논하는 자연 역사관의 등장과 더불어 충돌을 빗게 되고 결국에는 사라져 버리고 있다.

신의 관한 이야기 즉 신화(神話) 안에 있는 거의 모든 요소들이 해체되고 증발되는 시대가 되었다. 이렇게 성서의 내용을 증발시키는 시대정신(Zeitgeist)[3]에 부응해서 신학교를 다니다가 중간에 뛰쳐나온 포이엘바하(Feuerbach)는 신을 논하는 신학을 인간 심리를 다루는 인간학으로 끌어내렸다. 본래 유태인이지만 아버지로터 개신교 신앙을 받아들여 세례까지 받았던 칼 마르크스(Karl Marx)는 이런 시대정신에 영향을 받아 "종교는 아편"이란 주장을 하며 공산주의 이론을 세워나갔다. 또한 루터교 목사의 아들로 어릴 때는 "소년 목사"라는 별명을 들을 정도로 경건했던 니체(Nietzsche) 또한 시대정신에 영향을 받아 신의 죽음을 선언했다. 그리고 나중에는 정신병자로 인생을 끝냈다.

신화를 잃어버린 기독교는 개인의 도덕성이나 사회 윤리만을 가르치는 종교로 전락되었다. 지금도 많은 사람들이 기독교를 떠나 그나마 동양에 남아 있는 다른 신화들을 찾아 방황하고 있다. 유럽의 교회는 교인 없는 박물관이 되어버리고 미국의 어떤 교회는 팔려 술집으로 변한 곳도 있다. 기독교의 종말이 다가왔다. 본 책은 이런 기독교의 종말 때에 잃어버린 기독교의 신화를 회복하려는 하나의 시도이다.

2. 방황하는 자를 위한 책 『큐복음서』

본 『큐복음서』 Q/마 18:10-14절을 보면 **"어떤 사람에게 양 일백 마리가 있는데 그들 중에 하나가 방황하면 그 산들 위에 아흔 아홉을 남겨두고 가**

---

3) Zeitgeist(자이트가이스트)란 독일어로 '시대'란 의미의 Zeit와 '정신'이란 의미의 geist가 결합된 것으로 한 시대를 주도하는 문화적, 지식적, 도덕적, 종교적, 또는 정치적 분위기를 가리킨다.

서 방황하는 것을 찾지 않겠느냐 그리고 만일 그것을 찾게 되면 진실로 너희에게 이르노니 그는 그것으로 인하여 방황하지 아니한 아흔 아홉을 인한 것보다 더 기뻐하리라"고 기록되어 있다. 계몽주의(1620-1781) 이후 지금까지 지난 350년 동안 수많은 사람들이 신학을 공부하다가 방황하게 되어 신학교를 뛰쳐나간 일들이 벌어졌다. 그러나 그 누구도 무엇이 원인인지를 명쾌하게 대답해 주는 이들이 없었다. 이 책은 그 대답을 위한 시도이다. 본 『큐복음서』는 오늘도 신학 안에서 방황하는 이들을 위한 책이다.

3. 큐(Q)와의 만남

하버드 대학 신학부의 학생으로 있었을 때의 일이다. 1996년 1월 31일은 "신약 고급 세미나"(Seminar for Advanced New Testament Students)가 있는 날이었다. 이 세미나는 두 주일에 한 번씩 있는 것으로 두 학기동안 계속되었다. 세미나 때가 되면 하버드에 신약에 연관된 교수들[4]과 신약 전공 학생들이 모두 참석해서 정해진 논제를 가지고 토론을 했다. 모두 모였다 해도 기껏 스무 명 남짓 되는 적은 수의 모임이었다. 모일 때마다 교수니 학생 중에서 한 명이 논문을 발표하고 다른 한 명이 논문에 대하여 비평하는 방식으로 진행되었다. 그런데 이 날은 내가 쾨스터(Helmut Koester) 교수의 논문을 비평을 해야 하는 날이었다. 보통은 아무리 늦어도 두 주일 전에는 논문을 주는 것이 원칙이었다. 그런데 두 주일도 안 남았는데도 아무 소식이 없었던 것이었다.

그러던 어느 날 보스턴의 겨울바람이 제법 부는 저녁이었다. 전화가 걸려왔다. 쾨스터 교수였다. 우리 집 주소를 물었다. 이유는 자기가 논문을 이제

---

4) 학문적 배경만큼이나 당시 교수들의 교파도 다양했었다. 루터교 Helmut Koester, 오순절 Allen Callahan, 가톨릭 Elisabeth Schüssler Fiorenza, 침례교 Pat Tiller, 장로교 François Bovon.

마쳤기 때문에 우리 집에 갖다 주겠다는 것이었다. 학생인 나로서는 당혹스러웠다. 은퇴가 가까운 나이든 교수가 젊은 자기 학생 집을 찾아와서 자신의 논문을 전해준다는 것이 동양인인 나로서는 잘 이해가 되지 않았다. 당시 쾨스터 교수는 성서신학계에 널리 알려진 불투만(Rudolf Bultmann)의 수제자로서, 하버드 대학 신학부에서 신약과 구약을 포함한 성서학과 과장을 역임하고 있었다. 이미 한국에서 신학을 시작하면서 교수가 하는 말을 성서에 기록된 말보다 더 권위 있게 여겨왔던 나로서는 현 상황이 좀처럼 납득이 가지 않았다. 그래서 나는 "바람도 불고 어두우니 교수님이 우리 집에 찾아오는 것보다 제가 교수님 집으로 가는 것이 훨씬 좋겠다"고 하면서 "주소를 알려 달라"고 했다. 주소를 들어보니 교수들이 많이 모여살고 있다는 렉싱톤(Lexington)이었다. 쾨스터 교수 집을 찾아가서 받아든 원고가 「종말론, 큐 어록 그리고 거기에 나타난 예수의 모습」(Eschatology, the Sayings of Q and Their Image of Jesus)이었다. 이 원고 서두에서 쾨스터 교수는 기념 논문집에 발표할 논문 초안이라고 명시하고 있다. 아마도 그의 스승인 불투만의 기념 논문집(Bultmann Festschrift)에 제출하려고 했던 것 같다. 나는 이 원고를 받아들고 비평하기 위해서 관련된 자료들을 연구하기 시작했다. 이것이 내가 큐(Q) 본문을 다루기 시작한 계기가 되었다.

4. "신화"의 정의

책을 시작하기 전에 오해를 피하기 위해서 다시 강조하고 싶은 것이 "신화"(神話, μῦθος)에 대한 정의이다. 말 그대로 '신에 관련된 이야기'라고 이해하면 문제가 없다. 특히 성서 안에서 하나님에 대한 묘사나 하나님의 활동에 대한 이야기 등을 가리키는 말이다. 예를 들면 기적, 예언, 계시, 섭리 등과 같이 과학적인 이해를 초월한 초자연적인 사건들을 말한다. 본 책에서 "잃어버린 신화"란 바로 이런 것들을 가리키는 말이다.

문제는 "신화"($\mu\hat{\upsilon}\theta o\varsigma$)에 대한 이해가 그렇게 단순하지만은 않다는 데에 있다. 구약에서는 "신화"란 용어나 그 파생어들이 거의 전무하다. 외경 시락서 20:19절에 단 한번 언급될 뿐이다. 신약에서는 "신화"를 부정적인 의미로 이해해서 완전히 거부한다(딤전 1:4, 4:7, 딛 1:14, 벧후 1:16, 딤후 4:4). "신화"를 '허탄한 이야기, 그럴듯하게 지어낸 이야기'로 이해한 것이다. 마찬가지로 오늘날 일반인들조차 "신화"란 용어를 쓰면 당연히 '거짓말, 꾸며낸 말'이란 선입견을 가지고 대하게 된다.

신약 성서연구에서 "신화"란 말을 적극적으로 도입한 것은 슈트라우스 (David Friedrich Strauss, 1808-1874)이다. 이후 양식비평의 아버지라고 불리는 궁켈(Hermann Gunkel, 1862-1932)은 창세기 1-11장과 예언서에 들어 있는 구절들에 "신화"란 용어를 적용하였다. 양식비평학자들은 성서 안에 초월적, 신비적, 계시적 이야기들을 고대 근동에 있었던 유사한 자료들과 비교하면서 "신화"라는 하나의 문학적 유형으로 규정했다. 하나의 문학 양식으로 "신화"라고 부르는 것이기 때문에 "신화"를 '거짓말, 꾸며낸 이야기'란 선입견을 가지고 대하면 혼란이 생긴다.

종교 역사가들이나 문화 인류 역사가들 또한 여러 종교들이 가지고 있는 고유의 신화들을 연구하면서 "신화"란 '고대인들이 가지고 있었던 하나의 사유방식'으로 이해한다. 신화는 이미 학술적으로 정착된 용어이다. 사실 요즘 신학교에서 자주 듣게 되는 용어 중에 하나가 "신화"이다.

이런 설명에도 불구하고 본 책에 언급한 "신화" 또는 "신화적"이란 표현이 여전히 거북하거나 도저히 받아들일 수 없다면 이 표현 대신에 '초자연,

예언, 계시, 신비, 기적' 또는 '초월적, 영적, 신앙적, 종교적' 중에서 독자에게 익숙한 용어로 바꾸어 이해하면 된다. 왜냐하면 여기서 말하는 신화는 이런 것들을 모두 포함하는 포괄적인 용어이기 때문이다.

II. 무엇을 잃어버렸는가?

II. 무엇을 잃어버렸는가?

1. 내셔널 지오그래픽 기사: 부두 종교의 아프리카 기원

현대인은 과학의 지배 아래 살고 있다. 과학의 결실로 이루어진 엄청난 기술 혜택을 누리며 살고 있는 것이다. 병이 나면 의사들 즉 의학이 해결해 준다. 정치나 사회나 경제에 문제가 생기면 정치과학, 사회과학, 경제학이 도움을 준다. 현대인들은 인간의 많은 문제들을 지금까지 과학이 해결해주 었고 앞으로도 해결해 줄 것으로 믿고 있다. 과학을 하는 주체가 인간인데 인간 자신보다 과학을 더 의존히는 시대가 되었다.

이런 시대에 "신"(神)이라고 부르는 어떤 초자연적인 힘에 의존하는 것을 미신이라고 한다. 신이 인간 역사 속에 직접 개입한다는 것은 있을 수도 없고 믿을 수 없다고 한다. 계시나 기적과 같이 자연법칙에 위반되는 이야 기 역시 받아들이지 않는다. 현대인들은 과학적으로 합리적으로 입증되지 않는 것들을 미신으로 취급하여 거부한다. 그럼에도 불구하고 계시나 기 적과 같이 신의 현존과 역사 개입을 여전히 믿고 사는 사람들이 있다. 이들을 종교인이라고 부른다. 이런 종교인들에게 과학을 절대시하는 현대인들은 외인들이다.

"As outsiders, we wondered what we were missing."(외부인들로서 우리들은 무엇을 잃어버리고 있는 것이 아닐까 하고 생각했었다)

위에 글은 과학에 관련된 기사를 전문적으로 다루는 간행물 『내셔날 지오그래픽』[1] 1995년 8월호에 게재한 「부두 종교의 아프리카 기원」(The African roots of Voodoo)란 글의 마지막 문장이다.

캐롤(Carol Beckwith)과 안젤라(Angela Fisher)는 종교를 연구하기 위해 아프리카 서해안에 위치한 토고(Togo)를 방문한다. 이곳은 부두(Voodoo) 종교가 탄생한 곳이다. "부두"(Voodoo)는 아프리카 말로서 '영혼'이란 뜻을 가지고 있다. 이 두 사람은 토고(Togo) 남부와 가나(Ghana) 남동부에서 꽤나 소문난 병원을 소개받는다. 이곳은 현대 의학이 아닌 부두(Voodoo) 전통 신앙에 의해 문둥병부터 중풍병에 이르기까지 모든 병들을 고친다고 소문이 난 곳이다. 병원을 방문한 후에 악베베(John Agbeve)란 사람이 "부두 최대 축제인 코쿠잔(Kokuzan) 축제에 가보자"고 권유했다. "부두(Voodoo)의 진수를 알려면 거기 가보아야 한다"는 것이었다. 이 축제는 3년에 한번 5월에 열리는 축제로 일주일간 계속된다. 그를 따라나선 캐롤과 안젤라는 이곳에서 도저히 이해할 수 없는 광경들을 목격하게 된다.

한 남자가 무엇엔가 사로잡힌 듯 비틀거리다가 나무절구를 부둥켜안고 모래 바닥에 쓰러졌다. 쓰러진 남자는 가슴 위에 절구를 올려놓고 붙잡고 있었다. 그러자 네 명의 남자가 다가와 돌아가면서 공이로 그 절구를 세게 찧어댔다.

---

1) Carol Beckwith and Angela Fisher, "The African Roots of Voodoo," National Geographic, August 1995, 102-113.

절구를 잡고 있는 남자의 가슴이 부서질 것 같아 걱정될 정도였다. 갑자기 그 남자가 벌떡 일어났다. 절구를 집어 던지더니 아무 일도 없었던 사람처럼 춤을 추면서 가버렸다. 더욱 이해할 수 없는 일이 일어났다.

한 어린아이가 닭을 머리 위에 얹어놓고 서있다. 갑자기 네 명의 남자가 항아리에서 칼을 꺼내 들더니 그 칼끝을 그 아이의 머리 위에 있는 닭을 향했다. 닭은 몇 초도 안 되어 짧은 숨을 몰아쉬더니 죽어버렸다. 칼끝도 안 닿았는데 닭이 죽은 것이다. 말이 안 되는 일이 일어난 것이다. 죽은 닭을 나무 박에 넣고 불 위에 얹어 놓았다. 당연히 불이 붙어야 하는 그 나무 박에는 불이 붙지 않는다.

캐롤과 안젤라는 자기들이 목격하고 있는 일들을 어떻게 설명할 수가 없었다. 사실 부두(Voodoo) 신앙인들에게는 설명이 필요치 않았다. 믿음이면 충분했다. 코쿠잔(Kokuzan) 축제 참가자들은 고통의 한계점까지 도달하려는 것 같았다. 어떤 여인은 뜬 눈 안에 모래를 뿌리고 있었고 어떤 남자는 유리조각으로 배를 가르고 있었다. 그런데 피가 나지 않았다. 어떤 사람은 불을 삼키고 있었다. 어떤 남자는 벌겋게 달구어진 칼 하나를 집어 들더니 혀에 갖다 대었다. 무섭기도 하고 어이가 없어 할 말을 잃었다. 그 남자는 몇 번이나 되풀이했지만 그의 혀는 아무렇지도 않았다.

코쿠잔(Kokuzan) 축제를 주관하는 대제사장 도아부(Doavu Hayibor At-sivi)가 설명해주었다. "신들이 우리를 보호해주고 우리가 어떻게 행동해야 하는지 가르쳐주며 어떤 약을 먹어야 하는지 말해줍니다. 그대로 순종하면 우리는 어떤 해도 받지 않습니다." 부두 신앙인들은 어릴 때부터 그들의 신을 경외하는 법을 배운다. 캐롤과 안젤라도 눈에도 보이지 않는 신들을 믿는 이 부두 신앙인들의 신앙심에 나름대로 존경을 표하려고 애를 썼다. 그런데 난처한 일이 일어났다. 어떤 남자가 네 발로 기어와서 캐롤과 안젤라의 발을 잡아당기면서 아프리카 말로 다음과 같이 소리를 질렀다. "신발을 벗어라, 너희는 부두(Voodoo)의 땅을 더럽히고 있다."

캐롤과 안젤라가 여기 아프리카에서 만난 것은 신앙의 최고의 경지에 들어가기 위해서 자신을 완전히 포기할 정도로 열정을 가지고 예배하는 부두 종교인들이었다. 이 종교인들은 부두 신화 안에서 태어나고, 그 신화와 함께 살다가, 그 신화 안에서 죽어가는 사람들이다. 신화는 이들에게 치유, 회복, 기쁨, 행복, 확신 등을 경험케 한다. 그래서 이들의 정체성과 인생의 의미는 이들이 경험하고 있는 신화로 말미암아 주어진다. 놀라운 것은 그 신화는 과학 논리에 중독되어 있는 현대인들이 이해할 수도 없고 받아들이기도 힘든 경험들을 그 종교인들에게 제공한다. 이런 경험들은 신화가 있는 종교인들에게는 당연한 것이다. 그러나 캐롤과 안젤라와 같은 과학자들에게는 이상하고 놀라운 것이 된다.

이런 기이한 경험들을 기록하면서 캐롤과 안젤라는 마지막으로 "외부인들로서 우리들은 무엇을 잃어버리고 있는 것이 아닐까 하고 생각했었다"라는 말을 남긴다. 부두 종교인이나 캐롤과 안젤라 같은 과학자나 모두 같은 사람인데 부두 종교인들은 다른 세계에서 살면서 이해할 수 없는 일들을 경험하고 있다. 현장에서 이런 사실들을 목격한 두 명의 과학자는 우리 현대인들이 상실한 것에 대한 문제를 제기하고 있다. 그렇다. 과학이라는 우상의 시대에 살고 있는 우리는 분명히 무언가 잃어버린 것이 있다.

2. 신화를 상실한 자화상

2.1. 나의 신화

일찍부터 기독교 신앙을 받아들이고 선교사를 도왔던 할아버지의 신앙이 아버지를 거쳐 나에게까지 이어졌다. 한마디로 나는 태어날 때부터 선택의 여지없이 기독교 배경을 접하게 되었다. 어릴 때부터 성서 안에 있는 이야기들을 듣고 자란 나에게 모든 생활의 기준은 곧 성서의 가르침이었다. 하나님의 전지전능하심에 별다른 의심이 없었기에 성서의 계시적인 내용이나 초자연적인 사건들을 기록된 그대로 받아들이는 데에 별다른 어려움이 없었다.

이때부터 성서 안에 있는 신의 이야기 즉 신화가 내 안에 신앙의 기반으로 자리 잡게 된 것이다. 이 신화는 나의 신앙의 기반일 뿐 아니라 삶의 기초가 되었다. 나의 정체성은 이 신화에 의해서 규정되기 시작했다. 천지창조 이야기를 통해서 나의 출생이 우연이 아니라 하나님의 창조의 섭리에 의해서 이루어진 필연이란 사실을 믿었다. 나의 인생의 시작에 하나님의 섭리가 있었다는 믿음이 있었던 것이다. 동정녀 탄생 이야기에서 마리아의 인생을 간섭하였던 성령에 대한 믿음이 2천년이란 시간의 거리를 넘어 나의 인생도 간섭한다는 믿음이 생겨났다.

예수의 부활 이야기는 내 인생의 끝이 죽음이 아니란 사실을 확신시켜 주었다. 바울이 부활한 예수를 만났던 것처럼 나 역시 그 예수를 만날 수 있다는 믿음이 있었다. 예수의 종말 선포 역시 나의 가치관을 바꾸어 놓았다. 종말 신앙에 입각해서 주어진 시간을 최선을 다해서 살아야 한다는 믿음이 있었다. 나에게 가장 중요한 일은 나의 인생을 시작부터 지금까지 함께하였다고 믿는 하나님 그분의 뜻을 따르는 것이었다. 위와 같은 것들이 하나님과 연관된 나의 이야기 즉 나의 신화였다. 당시에 이 신화는 나의 삶의 시작이며 끝이며 전부였다.

2.2. 신화 안에 종교 체험

나의 신화는 단순히 믿음의 내용에만 머무른 것이 아니었다. 실제로 경험할 수 있는 실체였다. 중학교 2학년 때, 교회에서 부흥회가 열리던 주간이었다. 목요일 저녁 집회를 마치고 나는 집으로 돌아가지 않고 교회 남기로 했다. 집회 기간 동안 일어났던 일들이 내 상식으로는 이해가 되지 않았기 때문이다. 주위에서 눈물과 콧물이 뒤범벅되어 울며 기도하거나 눈감고 찬송을 부르면서 마냥 행복해 하는 모습들은 마치 미친 사람들을 보는 것 같았다. 처음에는 거부감이 일어났었는데 시간이 지남에 따라 호기심으로 바뀌었다. 그 당시까지 주로 부모의 강요에 따라 교회 생활을 했기 때문에 아직 자발적인 신앙행동은 나에게 거의 찾아 볼 수 없었다. 그런데 이 집회에서 생겨난 호기심은 '나도 무언가 해보아야 한다'는 자발적인 마음을 자극시켰다. 그래서 그날 밤, '교회에 남아 밤을 지새우며 하나님께 기도를 하겠다'는 결단을 하게 된 것이다.

저녁 집회가 끝났는데도 많은 사람들이 여전히 남아서 기도를 했다. 예배당 앞쪽에는 불을 껐기 때문에 서로를 알아 볼 수가 없었다. 마루로 된 예배당이기 때문에 나는 방석 하나를 집어 들고 맨 앞으로 나갔다. 자리를 잡고 기도를 하기 시작했다. 컴컴하기 때문에 남을 의식하지 않고 마음껏 소리를 지르며 기도할 수가 있었다. 하나님이 정말 살아계신다면 무언가 증거를 달라는 심정으로 난생 처음 간절히 기도를 했다.

얼마쯤 지났을 때, 눈을 감고 기도하는 내게 갑자기 환한 빛이 보이기 시작했다. 눈을 감고 있었기 때문에 그곳이 마음속인지 어딘지 지금도 알수가 없다. 물론 예배당 불은 이미 꺼진 상태였다. 더욱 놀라운 것은 십자가에 달린 예수의 모습이 보이기 시작한 것이다. 처음에는 아주 멀리서 보이더니 점점 더 내게로 다가왔다. 나는 눈물 콧물이 뒤범벅될 정도로 감격에 빠지면서 더욱 기도에 몰두했다. 그러다 갑자기 생전 들어보지도 못한 언어들이 내 입에서 쏟아져 나오기 시작했다. 사람들은 그것이 방언이라고 했다. 그날 나는 무어라 표현할 수 없는 감사와 기쁨으로 밤을 지새웠다.

다음날, 아침이 밝았다. 아침 햇살이 나를 향해 축복하는 것 같았고 새들의 노래 소리 또한 나를 위해 불러주는 것 같았다. 순간순간이 아름다움과 감격 그 자체였다. 집으로 오면서 거리에서 마주치는 사람마다 그렇게 사랑스러울 수가 없었다. 그날 아침, 집으로 걸어오면서 또 다른 특이한 경험을 했다. 내 안에서 누군가가 분명한 음절을 갖춘 문장으로 계속해서 기도를 하고 있는 것이었다. 나의 의지나 생각으로 그 기도를 멈추어보려고 했지만 멈추어지지 않았다. 내 안에 있는 그 무엇이 나와 관련 없이 계속해서 마치 내 귀에 대고 말을 하듯 기도를 했다. 길을 걷고 있는 나는 지금 기도를 하는 사람이라기보다는 기도를 듣는 사람이 되어 버린 것이다.

나는 이날 평생 잊을 수 없는 종교적 체험들은 한 것이다. 귀로만 들어왔던 성서의 한 부분이 내 인생 속에서 그대로 재현되는 것을 경험한 것은 하나님의 축복이며 계시였다. 가 본 적도 없는 예루살렘 땅의 예수를 한국 땅 한 모퉁이 인천에서 살고 있는 내가 보았다는 것도 신비이고, 십자가에 달려 죽었다는 예수를 거의 2천 년이 지난 후에도 나 같은 어린 중학생이 보았다는 것도 신비였다. 내가 경험한 하나님은 시간과 공간을 초월하는 분이었다. 그분은 어떤 제한된 역사 안에만 갇혀 있는 분이 아니고 어느 지역 안에만 갇혀 있는 분이 아닌 초월하신 분이었다. 더군다나 그분은 나의 실존 속에 함께하시는 내재하시는 하나님이었다. 나의 삶 속에 개입하셔서 구체적으로 의미를 부여하시는 하나님을 만날 수 있다는 것이 내가 궁극적으로 신앙하는 이유였다.

이 당시 나에게는 분명한 기독교 신화가 있었다. '이 땅에 있는 내가 기도하면 하늘에 계신 하나님이 들으신다'고 믿었다. '2천 년 전에 죽었던 예수가 지금도 여전히 살아 있다'고 믿었다. 이 말은 예수가 마치 내 어머니처럼 때로는 내 곁에서 나에게 따뜻한 음성으로 말씀하시고, 때로는 나도 모르는 새에 내 뒤로 다가와서 나를 지켜보고 계신다는 그런 믿음이다. 시간과 공간이란 틀을 만들어 놓고 계산하는 오늘날 과학의 시각으로는 말도 안 되는 이야기이다. 그런데 나는 그런 하나님, 예수를 경험한 것이다. 솔직히 나는 이 문제를 과학적인 공식을 대가면서 설명할 재주가 없다. 그러나 이것이 내가 믿고 있었던 기독교 신화인 것이다.

2.3. 과학을 좋아하는 기독교인

본래 나는 과학을 좋아해서 어릴 때 "장래 꿈이 무엇이냐?"고 물으면 "과학자"라고 대답하곤 했다. 물론 지금도 과학 잡지를 즐겨보곤 한다. 그렇다고 과학을 맹신하지는 않는다. 처음으로 종교적인 경험을 한 후 나의 관심사는 성서가 되었다. 성서를 읽다가 궁금한 것이 생기면 나중에 기회가 있을 때마다 만나는 목사님들에게 묻곤 했다. 이때 만난 목사님들은 나의 질문에 곤혹을 치르곤 했다. 홍해바다가 갈라지는 기적이나 동정녀 탄생 기적 등은 별 문제가 되지 않았다. 그냥 믿으면 되니까. 문제는 성서 내용 가운데 논리적으로 맞지 않는 것들이다. 예를 들면, 다음과 같은 것들이 있다.

하나님이 아담과 하와 두 사람을 창조했다. 이후 아담과 하와 사이에 두 아들 가인과 아벨이 태어났다. 창조 후 지금까지 지구의 총 인구는 4명이 된 셈이다. 그런데 가인이 동생 아벨을 돌로 쳐 죽이는 사건이 벌어졌다. 아직 아담과 하와 사이에 세 번째 아들 "셋"이 태어나기 전이기에 총 인구는 3명인 셈이다. 하나님이 가인의 죄를 문책한 후 땅을 떠돌아다니는 벌을 내린다.

그런데 하나님의 형벌을 두려워하는 가인의 말을 보면 자신이 세상을 떠돌다가 사람들을 만나게 되면 그들이 자신을 죽일 것이라고 한다. 이 말을 들은 하나님 또한 가인을 죽이는 놈들은 더 중한 벌을 받게 될 것이라고 한다(창 4:14-15). 도대체 가인에게 위협적인 이 사람들은 어디서 온 사람들이란 말인가?

또한 기독교에 중심이라고 하는 예수의 부활 사건은 신약 4개의 복음서 안에 모두 기록되어 있다. 이 복음서들의 내용을 서로 비교해보면 많은 차이가 드러난다. 한 가지 분명하게 일치하고 있는 것은 예수가 부활했다는 것이나, 그 외에 구체적인 내용을 보면 다르게 기술하고 있는 부분들을 찾을 수 있다. 예를 들면, 마태복음에는 막달라 마리아와 다른 마리아가 무덤에 찾아 갔을 때 무덤 입구에서 돌 위에 앉은 한 명의 천사를 만난다(마 28:2). 마가복음에는 막달라 마리아와 야고보의 어머니 마리아와 살로메가 무덤을 찾아 갔을 때 무덤 안에서 흰 옷을 입은 한 명의 청년을 만난다(막 16:5). 누가복음에는 갈릴리에서 온 여자들이 무덤을 찾아 갔을 때 무덤 안에서 빛나는 옷을 입은 두 명의 사람을 만난다(눅 24:4). 요한복음에는 막달라 마리아가 무덤 속을 들여다 볼 때 흰 옷을 입은 두 명의 천사를 만난다(요 20:12). 왜 복음서들 간에 부활 보도들이 이렇게 차이가 나는가?

당시 이런 의문들을 가지고는 있었지만 그런 의문들이 나의 신앙을 흔들어 놓지는 못했다. 그 이유는 내 신앙이 종교적 체험에 근거한 것이지 합리적인 논리에 근거한 것이 아니기 때문이었다. 이런 종교체험 속에서 만난 하나님이 나를 신학교로 밀어 넣었다.

2.4. 혼란에 빠진 신학생

나는 성서적 세계관에 기초한 종교적 확신을 가지고 1979년도에 감리교신학대학교에 입학했다. 처음 접하는 신학에 대한 나의 태도는 교수의 가르침을 그대로 수용하는 것이었다. 사실 신학을 분석하고 평가할 실력이 없는 신학교 초년생인 나로서는 그것 밖에는 다른 방도가 없었다. 당시 조직신학을 가르치는 교수는, "내가 지금까지 가지고 있던 신앙의 집을 부수어버리고 새 집을 지어야 한다"고 했다. 그러면서 성공회 감독이었던 로빈슨(John A.T. Robinson, 1919-1983)의 책 『신에게 솔직히』[2]를 요약 정리해오라는 과제를 내주었다. 철학적 개념조차 익숙지 않는 내게 매우 버거운 숙제였다.

이 책의 내용은 주로 불투만(R. Bultmann), 틸리히(P. Tillich), 본회퍼(D. Bonhoeffer)의 사상들을 요약하고 거기에 로빈슨이 자신의 견해를 추가해서 만들었다. 책 전반에 거쳐 로빈슨은 교회 권위에 도전하려고 책을 쓴 것이 아니라고 했다. 단지 신앙인들로 하여금 전통적인 가르침에 관해서 다시 생각해보도록 자극을 주기 위해서 썼다고 거듭 강조했다. 그럼에도 불구하고 이 책은 1960년대 중반에 격론을 불러 일으켰다.

---

2) 성공회 감독이었던 로빈슨은 이 책을 통하여 자신이 Paul Tillich의 The Shaking of the Foundation (1949), Dietrich Bonhoeffer의 Letters and Papers from Prison (1953), Rudolf Bultmann의 New Testament and Mythology (1953) 등에 의해 깊은 영향을 받았다고 한다. 참고, John A. T. Robinson, Honest to God (Philadelphia: The Westminster Press, 1963) 21-24.

로빈슨은 전통적으로 가르쳐왔던 우주 "저 밖에" (out there) 또는 "저 위에" (above) 계신 하나님을 거부한다. 그런 신화와 같은 저 하늘 너머에 있다는 초월적인 하나님을 이제는 버려야 할 때가 되었다고 한다. 신의 명칭도 신화적인 "하나님" 대신에 틸리히가 만들어낸 용어 "존재의 기반" (Ground of being)이란 표현을 사용한다. 이 새로운 용어에 의해 하나님은 "저 너머" 에 멀리 떨어진 분이 아니라 인간 내면 깊이 자리 잡고 있는 분이 된다.

로빈슨은 초자연주의와 상반되는 표현으로 "자연주의" (Naturalism)를 언급한다. 로빈슨의 "자연주의" 에서 하나님은 사물의 총체 또는 우주 전체가 아니고 자연에게 의미를 부여하고 방향을 제시해주는 어떤 존재이다. 앞으로는 하나님의 초월성에 관한 전통적인 가르침은 의미를 잃어버리게 될 것이라고 한다. 또한 성서 안에 초월적인 세계를 가리키는 "하늘" 에 대한 가르침도 앞으로 지식이 있는 신앙인들에게는 커다란 걸림돌이 될 것이다. 점차적으로 아주 '종교적인' 사람들 소수만 제외하고 거의 모든 신앙인들에게 이런 전통적인 가르침들은 걸림돌이 될 것이라고 예고한다.

로빈슨에게 예수는 사랑이 완전하게 구현된 "타자를 위한 인간" (the man for others)이다. 본래 이 용어는 본회퍼가 만들어 냈다. 직접적으로 표현하지는 않았지만 로빈슨은 예수의 신성을 거부하고 한 인간으로서 예수를 본 것이다. 사실 로빈슨은 예수가 완전한 신이며 완전한 인간이란 성육신사상을 공격한다. 전능하신 하나님이 일정 기간 동안 이 땅에 내려와 인간처럼 옷을 입고 땅 위를 걸어 다녔다는 전통적인 성육신 사상은 가현설적(Docetic)[3]이라고 논박한다. 하나님이며 인간인 예수는 하나의 "신화" 로서나 존재할 수 있다고 한다.

---

3) 예수의 인성(人性)을 부인하고 신성(神性)만을 인정했던 이단 사상. 예수의 몸은 실체가 아니라 환영이었으며 예수가 십자가에 달릴 때도 죽는 것처럼 거짓(假)으로 보여준(現) 것이라고 주장했다. 그래서 이런 주장을 "가현설" (假現說, Docetism)이라고 한다.

기독교의 죽은 신화들을 모두 내다버리고 신에게 완전히 솔직해져야 한
다. 그래야 기독교는 앞으로 교리나 예배에 대한 무자비한 공격들을 최소화하
고 예방할 수 있다.

한마디로 로빈슨은 옛 것은 버리고 현시대에 걸맞은 새 것으로 바꾸어
야 한다고 주장하는 것이다. 그렇지 않으면 현대적인 기독교인들이 신화적
인 옛 기독교에 적응하지 못하고 다 떨어져 나가게 될 것이라고 예고한 것
이다. 그래서 전통적으로 가르쳐왔던 신화적인 하나님을 포기하고, 대신에
틸리히가 실존주의 신학에서 제시한 "존재의 기반"(Ground of Being)으로
대체해야 한다. 전통적으로 가르쳐온 초월적, 초자연적, 종교적인 기독교를
버리고 본회퍼가 제시한 "종교 없는 기독교"(Religionless Christianity)로
대체시켜야 한다. 전통적으로 교회 안에서만 다루어왔던 하나님의 계시를
지금부터는 문화 전반으로 확대시켜서 세속적인 사람들까지 품을 수 있는
"세속 신학"(Secular theology)이 나와야 한다고 주장했다.

오래된 전통적인 것들을 벗어버리고 현대화된 상당히 수준 높은 기
독교를 제시하고 있다. 웬만한 철학 개념을 갖추고 있지 않으면 열 번 들
어도 이해가 가지 않는 그런 표현들로 신앙의 내용이 바뀌어버린 것이
다. 내가 머리가 나빠서 그런지 아니면 번역서가 문제가 있어서 그런지
이 당시 관련된 책들을 이해하기 위해서 본문을 꽤 여러 번 반복해서 읽
은 기억이 난다. 이 당시 강의실에서 자주 들었던 표현들은 틸리히(Paul
Tillich)의 "존재의 기반"(Ground of Being), 불투만(Rudolf Bultmann)의
"비신화화"(Demythologizing), 본회퍼(Dietrich Bonhoeffer)의 "비종교
화"(religionless Christianity), 하비 콕스(Harvey Cox)의 "세속도시"(The

Secular City), 라우쉔부쉬(Rauschenbusch)의 "사회복음"(Social Gospel)
등이었다.

2.5. 본질에 관한 질문

이런 철학화 되거나 세속화(Secularization) 되어버린 신학을 받아들이면서 내 안에서는 무어라고 딱히 집어낼 수 없는 혼란과 갈등이 시작되었다. 이것은 나의 정체성에 관한 갈등일 수도 있고 기독교의 정체성에 관한 혼란일 수도 있었다. '나는 무엇을 신앙하는가?', '내가 믿는 기독교는 도대체 나에게 무엇이란 말인가?' 이런 혼란 속에서 나는 기독교의 본질에 대한 물음을 갖기 시작했다. 그리고 '기독교의 본질을 알려면 성서를 알아야 한다'는 생각을 일찍부터 하기 시작했다.

성서 사본들을 이해하기 위해서 히브리어, 희랍어, 라틴어를 공부했다. 성서 본문을 이해하기 위해서 소위 고등비평이라고 하는 전승사 비평, 편집사 비평, 양식비평 등에 관련된 과목이 있으면 주저하지 않고 택해서 들었다. 문제는 이런 성서 비평학을 공부하면 할수록 성서 본문에 대한 신뢰가 점점 무너져가고 있다는 것에 있었나. 성서가 하나님의 말씀으로써가 아니라 연구실 안에 하나의 실험 대상처럼 여겨지기 시작했다. 과학적 비평방법에 의해 성서 본문을 뒤집어 보기도 하고 쪼개 보기도 하고 잘라내 보기도 했다. 성서 본문의 해체(deconstruction)나 재구성(reconstruction)이란 표현이 성서 비평학을 공부하면서 익숙해졌다. 분명한 것은 이런 공부를 통하여 나의 신학 사상이 상당히 철학화 되고 과학화 되면서 수준이 꽤나 높아졌다는 사실이다.

2.6. 하나님 없는 크리스천

생애 처음으로 만난 그 조직신학 교수의 말대로 내 안에 옛 신앙은 무너지고 새로운 신앙의 집이 지어지기 시작했다. 이 당시에 신학 수업을 통하여 내 안에 세워진 신앙의 집은 다음과 같았다. 시대에 대한 이해가 달라졌다. 과거에는 하나님을 의존하면서 사는 시대였지만 현시대는 하나님 없이도 스스로 살아가야 하는 시대가 되었다. 마치 어릴 때는 부모를 의지하며 살다가 성년이 되면 부모의 도움 없이 독립해서 살아가는 것과 같다. 현 시대에 성숙한 기독교인이란 하나님 도움 없이도 살아가는 사람을 말한다. 자신이 자기 인생의 자율적인 주체가 되어서 자기 실존에 대한 궁극적인 물음을 던지면서 책임적인 존재로 살아가는 사람을 말한다. 참인간 예수처럼 자신이 신앙의 주체가 되어서 부도덕한 사회에 대한 짐을 짊어지고 성숙한 결단을 내리면서 살아가는 것이 신앙생활이다.

1970년대 말 한국에는 정치적으로 군부 독재 정권에 대항하는 학생운동이 자주 일어났었다. 한 교수가 강의실에서 다음과 같은 질문을 던졌다. "만일 내가 많은 사람들이 타고 있는 버스 안에 앉아 있는데 버스 운전사가 갑자기 미쳐버렸다고 생각해보자. 이 미친 운전사는 교통법규를 위반하면서 자기 마음대로 버스를 몰아대고 있다. 이대로 있으면 버스와 함께 안에 탄 모든 사람들이 죽게 될 것이다. 이 절박한 상황에 버스 안에 앉아 있는 당신은 어떻게 행동해야 하는가?" 교수는 정답도 말해주었다. "당장 그 미친 버스 운전사를 밀쳐내고 내가 운전대를 잡아야 한다. 그래야 나도 살고 버스 안에 있는 사람들이 모두 살 수 있다." 당시 독재 정권에 항거하는 학생 운동에 참여하라는 간접적인 권고였다. 나 역시 이 어두워져 가는 부도덕한 사회에 대한 책임감을 나름대로 느끼고 있었다. 그래서 당시 인천 창영 교회에서 매주 모였던 반정부 학생모임인 "에큐메니칼"에 참석해서 사회 과학 서적들을 탐독했었다. 이 때 내가 손에 들고 다녔던 책들 중에 하나가 구티에레즈(Gustavo Gutierrez)의 『해방신학』(A Theology of Liberation)이었다.

2.7. 현대 기독교를 떠나는 신학생들

이 당시 나는 사상적으로는 이전보다 깊어졌고 신학적으로도 꽤나 현대적인 신학을 수용하면서 폭넓은 이해를 가지고 있다고 스스로 자부하였다. 또한 성서 연구에 있어서도 누구에게도 뒤지지 않을 만큼 본문을 파고 있다고 여겼다. 그런데 문제는 머리에 있는 것이 아니라 마음에 있었다. 머리는 학문으로 차고 있는데 반대로 마음은 점점 공허해졌다. 공허한 마음을 채우려고 술을 마셔보기도 했다. 그러나 마음은 여전히 텅 비어있었다. 학교 앞 당구장을 드나들면서 마음을 달래보기도 했지만 마찬가지였다. 이런 생활은 신학교에 들어오기 전에는 상상도 못했던 것이었다. 그런데 합리적이고 과학적인 현대 신학이 이런 생활에 면죄부를 허락한 것이다. 나에게 분명 무엇인가 잃어버린 것이 있었다. 그런데 그것이 무엇인지 꼭 집어낼 수가 없었다. 도대체 내가 무엇을 잃어버렸단 말인가!

그 잃어버린 것을 찾기 위해서 나는 때로는 친구들과 다방에 모여 때로는 기숙사에 모여 밤새 이야기를 나누었다. 그러나 나는 그것을 찾지 못했다. 한 가지 발견한 것은 나만 그것을 잃어버린 것이 아니라 신학을 하겠다고 이 학교에 들어와 동기가 된 친구들 또한 그것을 잃어버리고 방황하고 있었다. 친구들은 나름대로 방황의 돌파구를 찾으려고 몸부림쳤다.

"골치 아픈 신학이나 신앙을 아예 포기하고 학생 운동에 뛰어 들어가 사회 구원을 위해 몸을 불살라보겠다"는 친구도 있었다. 차라리 그것이 몸으로 느낄 수 있는 실제적인 것일 수 있었을 것이다. 어떤 이들은 기독교를 포기하고 신학교를 뛰쳐나가 불교로 개종하는 사람들도 있었다. 내가 선불교나 동양철학에 대해 흥미를 갖기 시작한 것도 바로 이때였다.

한번은, 신학교 도서관에서 친구가 종이 하나를 나에게 보여주며 좋아했다. 부동산 중개인 시험에 합격했다는 증서였다. 자기는 졸업하면 부동산 중개업자나 되겠다는 것이다. 어느 누구 하나 우리가 지금 어디에 서 있는지 또 어디로 가야하는지 가르쳐 주는 사람이 없었다. 분명한 것은 모두 뿔뿔이 흩어지고 있다는 사실이다. 어디로 갈지 길을 찾지 못해 방황하고 있는 것이다.

이런 방황으로 인해 신학교를 뛰쳐나가 전철 기관사가 된 문재승이란 동기가 있다. 이 친구는 2004년 2월 4일 저녁 7시쯤 구로역 부근에서 사고당한 사람을 도와주려다 열차 사고로 순직했다. 이 친구가 동기 게시판에 사고 전에 남긴 마지막 글 중에 아래와 같은 「나 돌아가고 싶다」[4]가 있다.

올 년 초에 상영한

「박하사탕」이란 영화를 본적이 있다.

그 주인공이

나와는 너무나 친숙한 철길 난간에서 외치는

"나, 돌아가고 싶다!" 어디로???

교회의 사회적 무능과 부패,

자유주의 신학의 공허한 관념성,

---

4) 출처: http://cafe.daum.net/mts79/KLI/242

더욱이 나 자신을 비롯한

Christian의 나약성과

그 비겁함이 싫어서

한 시대를 풍미하면서

이제는 유행지난 옷처럼

재활용 쓰레기통에나 던져질

無神의 사회주의에 열광,

흥분했던 시대열병에서

사랑하는 내 것이기에

더욱 초라하고 왜소하게만 느껴졌던 모태신앙,

단순 무식의 뜨거운 순정 신앙으로,

두통 없고 맑은 머리의 투명한 신앙,

성탄 전야 시골교회의 빛나는 별빛,

어린 나를 포근히 감싸던 사랑, 사랑, 사랑

예수님의 아늑힘으로.

3. 방황하는 기독교

　나 혼자 방황했던 것만이 아니었다. 그렇다고 신학생들만 방황했던 것도 아니었다. 이런 신학공부를 통해서 영향을 받은 교회 또한 방황했다. 심각한 문제는 아직도 방황하고 있는 것이다. 방황의 결과로 이미 유럽 교회는 문을 닫았고 기독교는 몰락해 버렸다. 기독교는 없고 신학만 있는 땅이 되었다. 유럽 신학에 영향을 받은 미국에 주류 교단들도 한해 수십 개 심지어는 수백 개의 교회가 문을 닫고 있는 실정이다. 옛날에는 수천 명씩 모이던 도심의 교회당은 이제 삼십 명도 채 안 되는 노인들만 모여서 예배드리고 있다. 그래서 어느 큰 교회는 아예 뒤 좌석에는 줄로 막아 놓고 앞에 의자 몇 개만 열어 놓아 사람들을 앞으로 나와 앉게 만들었다. 큰 교회 건물을 유지하기도 어려워 온갖 단체에 시간별로 임대를 주고 있는 형편이다.

　내가 살았던 뉴햄프셔의 한 교회당은 아예 팔려나가 술집으로 사용된다. 사람들이 교회를 떠나고 있다. 신학이 없는 것이 아니다. 이미 수준 높은 철학적인 신학이 준비되어 있다. 성서 연구가 부족한 것이 아니다. 과학적인 역사 비평 방법으로 종교개혁 당시 기독교인들은 상상도 못했던 아니 예수 당시 사람들조차 알지도 못했던 사실들을 찾아내서 발표하고 있다. 지금은 옛날보다 기독교에 관해서 성서에 관해서 더 많이 더 깊이 알 수 있다는데 사람들이 교회를 떠나고 있는 것이다. 기독교의 종말이 가까이 온 것이다. 그러면 무엇이 문제란 말인가. 도대체 언제부터 무엇을 어떻게 기독교가 잃어버렸단 말인가!

III. 상실의 시작

신학=
방황?

III. 상실의 시작

1. 종교개혁 이후 교리전쟁

1.1. 종교개혁의 원리: "오직 성서로" (Sola Scriptura)

교회 정치의 부패, 성직자들의 타락, 성직매매, 면죄부 판매 등은 16세기 로마 가톨릭교회의 부패상이었다. 이런 썩어가고 있는 교회를 바라보면서 교회 내부에 성직자들 간에 교회의 미래를 염려하는 사람들이 생겨났다. 그러나 드러내놓고 교회의 문제를 말하는 사람은 없었디. 그도 그럴 것이 당시 로마 교회는 정치권력을 함께 쥐고 있었기 때문에 교회를 대항한다는 것은 곧 죽음을 자초하는 것이나 다를 바 없었기 때문이다.

이런 교회 권력에 의해 눌려있는 암울한 시대를 깨운 사람이 바로 가톨릭 어거스틴파(Augustinian) 수도승이자 비텐베르크(Wittenberg) 대학의 교수였던 마틴 루터(Martin Luther, 1483-1546)였다. 그는 1517년에 로마 가톨릭교회의 면죄부 판매의 부당성을 알리는 95개조 반박문[1]을 비텐베르크

---

1) "Disputatio pro Declaratione Virtutis Indulgentiarum"

교회 문에 붙여놓았다. 이것이 종교개혁의 시작을 알리는 신호였다. 이렇게 시작된 루터의 종교개혁은 기독교 역사에 커다란 변화를 가지고 왔다. 첫째는, 권위의 전환이고 둘째는, 번역된 성서보급이었다.

그동안 교회의 전통이 기독교의 최고의 권위였다. 교황마저도 교회의 전통이 보장해주는 절대적인 지위였다. 당시 기독교 신앙의 기준은 천년을 넘는 교회 전통에 의해 만들어진 교리들과 교황의 인준을 통해서 전달되는 교회의 가르침(Papal Encyclical) 등이었다. 이런 전통적인 가르침들 속에는 성서 내용과 맞지 않는 것들이 있었지만 큰 문제가 되지 않았다. 왜냐하면 일반인들은 성서를 접할 수가 없었기 때문이다. 성서를 손에 넣었다고 할지라도 자국어로 번역된 것이 아니고 희랍어나 라틴어로 되어 있기 때문에 보아도 이해할 수가 없었다. 로마 가톨릭 교회는 성서번역을 엄격하게 금지시켰다. 성서 보급을 강제로 금지시킨 것이다.

희랍어를 읽을 줄 알았던 루터는 성서의 내용과 당시 교회의 가르침 간에 모순이 있는 것을 알고 있었다. 사실 루터 외에도 당시에 희랍어로 된 성서를 읽을 줄 아는 많은 가톨릭 사제들이 있었다. 그러나 루터는 교회의 문제를 알고 덮어두는 보통 사제들과는 달랐다. 목숨을 걸어야 하는 위험한 일인 줄 알면서도 진리를 위해서 거침없이 행동에 옮겼다. 이런 개혁 정신의 기반은 성서가 곧 하나님의 말씀이라는 믿음이었다. 교회의 전통보다도 교황의 권세보다도 더 높은 권위가 성서에 있다는 확신을 가지고 루터는 "오직 성서로"(Sola Scriptura)란 구호를 외치며 종교개혁의 깃발을 높이 쳐들었다.

루터는 하나님의 말씀으로 믿었던 성서에 목숨을 걸고 종교개혁을 일으켰다. 이후 루터의 종교개혁 정신을 이어받은 오늘날의 개혁교회들 즉 개신교회들의 기반은 "오직 성서로"(Sola Scriptura)가 된 것이다. 교회의 최고 권위가 교황이었다가 종교개혁을 통하여 성서로 옮겨졌다. 성서가 개신교회의 최고 권위이며 신앙의 표준이 된 것이다.

만일 루터의 종교개혁이 95개조 반박문으로만 그쳤다면 그의 개혁의 불길은 이내 꺼져버렸을 것이다. 실제로 루터의 종교개혁의 불길을 계속 타오르게 했던 것은 번역해서 일반인들에게까지 보급된 성서의 힘이었다. 하나님의 말씀인 성서의 힘을 믿었던 루터는 당시까지 희랍어로만 되어서 일반인들이 읽을 수 없었던 성서를 누구나 읽을 수 있도록 독일어로 번역하였다. 이렇게 번역된 성서는 루터의 반박문의 정당성을 입증해주는 절대적인 증거가 되었다.

또한 약 1439년에 구텐베르크(Gutenberg, 1398-1468)가 발명한 인쇄술 덕분에 루터가 번역한 성서는 1534년에 처음으로 인쇄되어 배포되기 시작했다. 이렇게 자국어로 번역된 성서가 교회마다 심지어는 일반인에게까지 주어지게 되면서 종교개혁 운동은 급속도로 번져 나갔다. 이 당시 번역된 성서를 받아드는 사람들은 모두 하나님의 말씀을 직접 대하는 감격을 가지고 당시 절대 권력인 교황을 대항하는 개혁운동에 동참했다. 하나님의 말씀인 성서만이 오직 개신교회의 판단 기준이었고 행동의 지침이 된 것이다.

1.2. 이백년 교리전쟁

초기 종교개혁자들은 개신교회(Protestant Church)가 성서에 입각한 순수한 기독교 신앙으로 돌아가야 할 필요성을 절감했지만 주로 가톨릭교회 전통을 공격하는 일에 전념하였다. 이들은 성서에 기초한 해석으로 가톨릭 전통 교리를 대항했다. 개혁자들의 성서 해석은 곧 개신교의 교리가 되었다. 결국 종교개혁은 가톨릭 교리와 개신교 교리의 충돌을 가져왔다.

다른 한편으론, 개혁정신을 가진 개신교회들 사이에서도 교리 충돌이 생겨났다. 같은 성서를 두고 서로 다른 해석을 하였고 그 해석에 근거해서 다른 교리를 발전시켰다. 예를 들면, 교회와 국가에 대한 관계를 규정함에 있어서도 종교 개혁자들마다 달랐다. 루터와 같은 개혁자는 교회와 국가가 서로의 질서를 존중하면서 공존하는 중도적인 입장을 취한 반면 무저항주의자들인 재세례파 사람들(Anabaptists)은 교회와 국가의 단절을 주장하는 극단적인 입장을 취했다.

또한 개신교회들 사이에서 교리적인 싸움은 구교 가톨릭의 교리 역사에서 일어났던 교리 논쟁을 재현하는 모습을 보이기도 했다. 예를 들면, 5세기에 어거스틴(Augustine, 354-430)과 펠라기우스(Pelagius, 354-420)사이에 있었던 예정론 논쟁은 17세기에 고마루스(Franciscus Gomarus, 1563-1641)와 알미니우스(Jacobus Arminius, 1560-1609)의 예정론 논쟁으로 재현되었다. 결국 개신교회들 사이에서도 서로 양보하지 않는 교리의 충돌이 일어났다. 가톨릭교회와 개신교회, 개신교회와 개신교회들 간에 맹렬한 교리적인 싸움 즉 신학 논쟁들이 벌어졌다.

문제는 종교개혁 당시 이런 교리 싸움이 말로만 끝난 것이 아니라 무력을 동원하여 서로 탄압하는 사건들이 벌어졌다. 주로 정치적으로 권력을 잡고 있었던 가톨릭교회가 개신교도들을 박해했다. 한 예로, 프랑스에서 1572년 8월24일 성 바돌로메의 날(St. Bartholomew's Day)을 기점으로 가톨릭교회는 칼빈주의 개신교도들인 휴그노파 사람들(Huguenots)을 수만 명이나 학살했다. 스위스에서는 침례교파의 기원이 되는 재세례파 사람들(Anabaptists)이 가톨릭교도들 뿐 아니라 개신교도들에 의해서도 이단으로 취급받아 학살을 당했다. 역사가 곤잘레스(Gonzalez)에 의하면, 이 당시 재세례파로 죽임을 당한 사람들의 숫자는 콘스탄티누스 대제 이전 초대 기독교 역사 300년 동안 순교당한 사람들의 숫자보다 더 많았을 것이라고 한다.[2]

타협이 없는 맹렬한 교리 논쟁과 그로 인해 야기되는 박해나 전쟁 등은 1517년 루터의 종교개혁 이후 200년이 넘게 계속 되면서 유럽 대륙을 황폐하게 만들어 놓았다. 이런 종교적 충돌을 정치적으로 해결하기 위해 영국에서는 1689년도에 왕 윌리엄 3세(William III)가 개신교도들에게 종교적 관용을 보장하는 관용의 법(Act of Toleration)을 제정하였다. 신성로마제국 황제인 요셉 2세(Joseph II of Austria)는 1781년에 합스부르크(Habsburg)에 사는 가톨릭교인 뿐 아니라 동방 정교회, 루터파, 칼빈파 등 모든 사람들에게 종교적 자유를 허용하는 관용의 특권(Patent of Toleration) 발표하였다. 프랑스에서는 1787년에 왕 루이 16세(Louis XVI)가 개신교 휴그노파를 포함하여 가톨릭 교인이 아닌 사람들에 대한 박해를 금지하는 관용의 칙령(Edict of Toleration)을 발표하였다. 결국은 서로 용납할 줄 모르고 반목하며 분열로 치닫는 교회문제를 국가가 해결해준 셈이다.

---

2) Justo. L. Gonzalez, <u>The Story of Christianity, The Reformation to the Present Day</u>, vol. 2, (NY: Harper San Fransico, 1985), 56.

2. 계몽주의 출현

2.1. 계몽주의 시기

종교개혁 후에 200년이 넘도록 치러온 교리 전쟁으로 인해 많은 사람들이 지쳐버렸다. 각 교파가 주장하는 교리에 대해서 사람들이 무관심해졌다. 물론 성서를 최고의 권위로 여겼던 종교개혁 정신도 흐려져 버렸다. 사람들은 르네상스(Renaissance)의 인본주의 정신과 당시에 일어난 과학혁명에 관심을 돌리기 시작했다. 이런 시대정신(Zeitgeist)을 가지고 생겨난 것이 계몽주의(Enlightenment)이다. 계몽주의 시기는 역사적으로 볼 때 30년 전쟁이 끝날 때(1648)부터 프랑스 혁명(1789)까지의 기간을 말한다. 사상적으로 볼 때는 베이컨(Francis Bacon, 1561-1626)의『새로운 도구』[3]부터 칸트(Immanuel Kant, 1724-1804)의『순수이성비판』[4]까지의 사조를 가리킨다.[5]

2.2. 계몽주의의 원리

계몽주의자들은 진리와 거짓이 엉켜 있는 것을 분리시키는 여과장치로 세 가지 중요한 개념을 강조하였다. 그것은 이성과 자율과 자연이었다. 이성은 진리를 도출하는 방법과 자율은 진리를 결정하는 주체와 자연은 진리를 판단하는 기준과 연관되었다.

이성에 대한 새로운 각성이 일어났다. 인간이 가지고 있는 이성은 진리를 가려내라고 주어졌다는 것이다. 이전에는 이성적 사고 즉 합리적 판단

---

3) Novum Organum, 1620

4) Kritik der reinen Vernunft, 1781

5) James C. Livingston, Modern Christian Thought, From the Enlightenment to Vatican II, (NY: MacMillan Publishing Company, 1971) 1.

을 통하지 않고 위에 있는 권위로부터 내려오는 가르침을 일방적으로 받아 왔었다. 진리란 위에 있는 권위 즉 교회로부터 주어지는 가르침으로 백성들은 무조건 그 가르침에 순종할 것을 강요받아 왔었다.

그런데 이성에 대한 각성을 통하여 계몽주의자들은 더 이상 위에서부터 일방적으로 내려오는 가르침을 받지 않겠다는 것이다. 당시 과학혁명에 있어서 중요한 인물 중에 한 사람인 데카르트(René Descartes, 1596-1650)가 『방법서설』[6]에서 언급한 네 가지 법칙처럼 "무조건 받아들이는 것이 아니라 일단 의혹을 갖고 받아들인 후에, 받아들인 사실을 단순한 형태로 해체시켜서, 가장 풀기 쉬운 문제부터 풀어나가면서, 해결된 자료들을 최대한 정리 검토해 보겠다"는 것이다. 그래서 "증명되는 것을 진리로 받아들이겠다"는 것이 계몽주의 사조이다. 계몽주의 이후 세대인 우리들은 이미 이런 방법에 익숙해져 있다.

자율이란 진리를 결정하는 주체가 다른 것이 아니라 자신이란 말이다. 그동안 교회의 권위, 정치의 권위 등에 지배당하고 조종당해왔던 타율적인 삶에 대한 반성인 셈이다. 계몽주의의 자율이 강조하는 것은 진리를 도출하는 주체도 자신이고 진리를 판단하는 주체도 자신이다. 물론 판단된 진리를 따르는 주체도 자신이나. 모든 것을 스스로 성숙하게 해내야 한다. 그러므로 자율과 방종은 엄연히 다르다. 방종은 진리를 따르지 않고 자신의 욕망을 따르는 것이고 자율은 보편적인 진리를 따르는 엄숙한 행위이다. 이런 자율의 강조는 권위주위에 대한 반항이며 또한 개인주의의 출현을 예고하는 것이다. 아무런 외부의 권위도 인정하지 않겠다는 것이다. 최고의 권위는 교회도 아니고 정부도 아니고 교리도 아니고 사상도 아니고 사회 관

---

6) <u>Discourse de la Méthode</u>, 1637 데카르트의 "나는 생각한다. 그러므로 존재한다 "(cogito ergo sum)란 말이 여기에 나온다.

습도 아니고 나 자신이란 것이다.

계몽주의자들은 진리의 기준을 자연에 두었다. 자연에 대한 각성은 당시 자연과학의 발전과 더불어 이루어졌다. 1610년부터 이탈리아 물리학자, 수학자, 천문학자, 철학자로서 과학 혁명에 주요한 역할을 했던 갈릴레오(Galileo Galilei, 1564-1642)가 천체 관측을 통하여 지동설을 입증하는 글들을 출판했다. 자연에 대한 합리적인 이해가 시작되었다.

영국에서는 물리학자, 수학자, 천문학자, 자연철학자, 신학자였던 뉴턴(Isaac Newton, 1643-1727)이 1687년에 고전역학의 기초가 되는 『자연철학의 수학적인 원리들』[7]을 출판함으로 사람들에게 만유인력의 법칙[8], 세 가지 운동의 법칙 등을 소개하였다. 뉴턴은 독일 천문학자 케플러(Kepler)[9]의 행성 운동 법칙들과 자신의 만유인력 이론 사이에 모순이 없음을 입증함으로 지구나 천체는 동일한 자연 법칙에 의해서 운행되고 있다는 것을 보여주었다.

이런 과학자들을 통해서 밝혀진 자연의 법칙은 항상 변치 않고 일정하며 어디에 적용하더라도 늘 같다는 자연법의 보편적 원리를 계몽주의자들에게 제공했다. 계몽주의자들은 이런 자연의 개념을 확대시켰다. 자연 세계만 아니라 사회나 인간의 본질 속에도 역시 언제나 일정하며 규칙적인 법칙 즉 보편 진리인 자연이 있다고 보았다. 그런데 문제는 교회나 정부나 사회와 같은 타율적인 권위에 영향을 받아 인간의 본연의 모습이 왜곡되고

---

7) Philosophiae Naturalis Principia Mathematica

8) 관성의 법칙: 힘을 받지 않는 물체가 처음에 정지하고 있으면 계속 정지하고 있으며 움직이고 있으면 같은 속도로 계속 움직인다; 가속도의 법칙: 힘은 질량과 가속도에 비례한다(F=ma): 작용과 반작용의 법칙: 한 물체가 다른 물체에 힘을 가할 때 서로 그 힘의 크기는 같고 방향은 반대가 된다.

9) 케플러(Johannes Kepler, 1571-1630)는 독일 사람으로 수학자, 천문학자, 점성술가로 알려졌으며 17세기 과학 혁명의 중요한 역할을 한 인물이다.

변형되었다는 것이다. 이렇게 타락된 인간이 인위적이고 가식적인 것들을 모두 벗어버리고 본래의 모습으로 돌아가는 것이 자연으로 돌아가는 것이다. 계몽주의자들이 자연을 강조하는 이유는 그동안 허위, 껍질, 현상에만 집착하며 살아왔던 역사에 대한 반성이라고 볼 수 있다.

3. 계몽주의와 기독교
3.1. 이성적 초자연주의의 기독교 변증

자연 현상을 이성적으로 즉 합리적으로 설명하려는 과학적인 시도에 부응하여 기독교의 교리나 성서 역시 이성적으로 설명하려는 시도들이 일어났다. 문제는 기독교의 성서나 교리 안에는 이성적으로 이해할 수 없는 신비적인 것들이 들어있다는 점이다. 예를 들면, 죽은 사람이 다시 살아나는 부활의 교리 등은 자연의 이치를 거슬리는 현상으로 이성적으로 받아들이기 어려운 문제였다. 이런 초자연적인 요소들을 기독교 신앙에 근거해서 설명하려는 사람들을 "이성적 초자연주의자들"(Rational Supernaturalists)이라고 부른다.

영국의 계몽주의 철학자로서 경건한 정통 기독교인인 로크(John Locke, 1632-1704)가 바로 그런 사람이었다. 로크는 1690년에 출판한 『인간 이해에 관한 에세이』 10)에서 죽은 자의 부활과 같은 기독교의 초자연적 요소를 "이성 위에 있는 진리"로 설명하였다.11) 이런 이성 위에 있는 진리는 하나님이 계시한 것으로 그 계시를 선포한 사람의 진실성을 인정함으로 받아들일 수 있다고 한다.12) 즉 성서의 증인들이 신실한 사람들이기 때문에 그들이 선포한 초자연적 사건들 모두 진리라는 주장이다.

그 계시가 진리라는 또 다른 증거는 그 계시에 관련된 예언이 성취되었다는 사실과 또한 그 계시에 연관되어 기적들이 일어났다는 점이다. 기적들이 일어나는 이유는 그 계시를 선포한 사람이 하나님이 보낸 사람이란

---

10) An Essay Concerning Human Understanding

11) John Locke, An Essay Concerning Human Understanding, (Ontario: Batoche Books, 2001), 574-575.

12) Ibid., 583-591.

확신을 주기 위해서이며 또한 그가 선포한 계시 역시 하나님의 말씀이라는 것을 입증하기 위해서였다. 같은 논리로 그리스도가 계시한 진리가 합리적이라는 사실은 그에 관한 메시아적 예언들이 성취되었다는 것과 그가 기적들을 행했다는 두 가지 분명한 외적 증거들에 의해서 입증된다.[13] 이와 같이 로크는 이성적인 설명을 통하여 기독교 신앙의 참된 요소로서 신비적인 것들을 진리 안에 포함시키려고 애를 썼다. 그러나 이런 그의 노력은 그의 후계자들 특히 이신론자들에 의해서 무너지게 된다.

3.2. 이신론의 출현

루터의 종교개혁 이후 계몽주의 이전까지는 여전히 중세기적 사고가 교회를 지배하고 있었다고 볼 수 있다. 계시, 기적, 예언, 섭리 등과 같은 초월적인 개념들이나 성서의 권위 등은 계몽주의 이전까지 건재하였었다. 그러나 계몽주의 사조가 등장하면서 이런 개념들이 위협을 받으며 증발되기 시작한다.

종교개혁 이후 계속되어 온 교리 싸움에 식상한 계몽주의자들은 기독교 교리와 성서에 이성, 지율, 지언 등과 같은 원리를 적용한다. 종교개혁으로 인해 최고의 권위로 인정받았던 성서의 자리에는 자율을 강조하는 인간이 들어선다. 최고의 권위가 성서에서 다시 인간에게로 옮겨진 것이다. 성서가 인간에게 행동을 강요하는 시대가 지나고 인간이 성서 내용을 선택하는 시대가 되었다. 즉 인간이 이성이란 도구에 의해서 성서 내용을 관찰하고 분석하고 해석하고 판단해서 진리라고 여겨진 것만을 순종하는 자율

---

13) John Locke, <u>The Reasonableness of Christianity with a Discourse of Miracles and part of a Third Letter concerning Toleration</u>, ed. I.T.Ramsey, (London: Adam & Charles Black, 1958), 79-87.

의 시대가 온 것이다.

성서의 내용 가운데 진리를 찾아내는 기준 역시 더 이상 성서가 아니다. 누가 들어도 합리적으로 이해할 수 있는 과학적인 토대인 자연이다. 성서의 내용도 자연의 이치로 즉 이성적으로, 합리적으로 맞지 않으면 진리가 아닌 것이다. 결국 성서 안에 계시, 기적, 예언, 영감, 섭리 등과 같은 초월적인 것들은 진리라는 범주 안에서 제거되기 시작한다. 뿐만 아니라 성서 본문도 이성이란 도구를 통하여 해체되면서 본문 안에 있는 모순들이 지적당하기 시작한다.

특히 계몽주의자들 가운데 그동안 종교개혁 이후 계속되어 온 교리 싸움에 식상한 몇몇의 지식인들은 위와 같은 자율, 이성, 자연을 진리의 분별의 원칙으로 삼고 기독교 교리를 공격하고 성서를 해체하는 데에 앞장섰다. 이들은 그동안 교리 싸움만 고집하는 기존 교회들과는 달리 누구나 받아들일 수 있는 보편적인 종교를 제시하고자 했다. 그것을 곧 "자연의 종교"(Religion of Nature) 또는 "이성의 종교"(Religion of Reason) 또는 "이신론"(Deism)[14]이라고 부른다.

---

14) 이신론자(Deist)와 유신론자(Theist)가 주장하는 하나님은 다르다. 유신론자들의 하나님은 자연을 창조한 이후에도 계속해서 간섭하는 신이지만 이신론자들의 하나님은 자연을 만들어 놓은 후에는 간섭하지 않고 내버려 두는 신이다.

4. 이신론의 기독교 해체

4.1. 영국 이신론자 탈런드: 이성 안에 갇히는 성서의 초월성

현대 기독교 성서신학의 특징 중 하나는 성서 안에 예언, 계시, 기적과 같은 초월적인 요소들을 과학적으로 합리적으로 해석하는 것이다. 다른 말로 성서 안에 신비적이고 초월적인 요소들을 해체시켜서 누구나 이해할 수 있는 평범한 사건으로 해석하는 경향을 말한다. 이런 식의 해석 경향은 최근에 시작된 것이 아니라 이미 300여 년 전 이신론자들에 의해 시작되었다.

스스로 로크의 제자라고 여기는 영국의 이신론자 탈런드(John To-land, 1670-1772)는 1696년에 기독교의 신비에 관하여 연구한 책『신비적이지 않는 기독교』[15]와 1720년에는 기독교의 기적에 관하여 연구한 책『기적이 아닌 구름기둥과 불기둥』[16]을 출판했다. 탈런드는 "구약에 기적들이라고 볼 수 있는 것은 아주 적다"고 한다. "모세 오경에 있는 기적들의 삼분의 일은 진짜 기적들이 아니라"고 한다.[17] 그 한 예로, 광야에서 이스라엘 백성들을 인도했던 불기둥과 구름기둥은 기적이 아니라고 다음과 같이 주장한다.

고대 사람들 특히 군대가 이동할 때에는 산, 강, 언덕, 도시, 마을 등과 같은 특별한 지형지물을 보고 방향을 잡았다. 문제는 사막이나 광야와 같이 특별한 지형지물이 없는 곳에서는 쉽게 길을 잃어버렸다. 요즘처럼 나침반이 없기 때

---

15) Christianity Not Mysterious

16) Hodegus: The Pillar of Cloud and Fire not Miraculous

17) John Toland, Hodegus: The Pillar of Cloud and Fire not Miraculous, (London, 1720), 5.

문에 밤에는 별자리를 보아야 방향을 잡을 수 있었다. 물론 그것도 날씨가 허락해야겠지만 말이다. 그러나 낮에는 상황이 달랐다. 지나간 사람의 발자국조차 모래바람과 더불어 사라져 버리기 때문이다. 이럴 때 효과적으로 사용할 수 있는 것이 곧 "불" 이었다. 이 불을 사용해서 낮에는 연기로 신호를 보낼 수 있고 밤에는 불빛으로 신호를 보낼 수 있었다.[18]

출애굽기를 보면, 이집트에서 탈출한 이스라엘 사람들은 여자와 아이들 빼고 남자 장정들만 60만이나 되는 대군이었다. 최전방 무리가 어디 있는지 분간할 수 없을 정도로 길게 늘어선 이들은 지도자 모세의 명령을 따라 군대가 이동하는 것처럼 다섯 종렬로 질서 있게 움직였다. 이때 모세가 신호로 사용한 것은 불이었다. 이 불로 낮에는 연기를 피워서 마치 구름기둥처럼 보인 것이고 밤에는 불빛을 내서 불기둥으로 보였다.[19]

이것을 합리적으로 증명하기 위해서 탈런드는 출애굽한 이스라엘 백성들의 이동 경로를 추적해서 설명한다.

첫 숙영지는 라암셋, 둘째 숙영지는 숙곳, 셋째 숙영지는 광야가 시작되는 부분인 에담이었다. 여기까지는 이미 잘 알려진 도시들이기 때문에 특별한 안내가 필요 없었다. 도시들 간에 길이 잘 나 있었기 때문이다. 그러나 도시 에담을 떠나면서 사막과 같은 광야에 들어서게 된다. 여기서부터 이스라엘 백성들에게는 특별한 신호가 필요했다. 이때 모세가 신호로 사용하려고 쓴 것이 바로 불이었다. 불꽃은 밤에 멀리서도 볼 수 있었고 낮에는 그 연기를 멀리서 볼 수

---

18) Ibid., 7.

19) Ibid., 14-15.

있었다. 성서는 이스라엘 백성이 에담에서 출발하면서부터 구름기둥과 불기둥이 이스라엘의 행군을 인도했다(출애굽기 13장)고 기록하고 있다.

탈런드는 모세가 이스라엘의 광야 행군에서 불과 연기를 신호로 사용했다는 자신의 주장을 입증하기 위해 고대 이스라엘과 인접해 있던 페르시아의 군대 이동에 관한 역사기록을 제시했다. 다음은 페르시아의 왕 다리우스(Darius)가 알렉산더 대왕과 대항하기 위해서 군대를 이동할 때의 기록이다.

해가 떠오른 후에 진군을 시작하는 것은 오랜 조상 때부터 페르시아 사람들에게 전해 내려온 관습이었다. 날이 밝으면 왕의 장막에서 나팔소리 신호를 보낸다. 이 장막 꼭대기에는 수정으로 덮인 태양 모양이 있는데 모든 진영에서 볼 수 있도록 찬란하게 만들어졌다. 군대의 행렬 질서는 다음과 같은 방식을 취했다. 그들이 신성하고 영원한 것이라고 여기는 불을 은으로 만든 제단에 담아 맨 앞에서 날랐다. 다음에는 그들의 관습에 따라 찬양을 부르는 박사들(Magi)이 뒤따랐다. 박사들 뒤에는 진홍색 예복을 차려입은 365명의 청년들이 뒤따랐다. (중략) 그리고 흰 말들이 끄는 주피터 신의 거룩한 수레가 행진했다.[20]

탈런드는 고대 이스라엘과 페르시아의 지리적 연관성을 언급하면서 이스라엘 백성들의 행군과 페르시아 군대의 행군의 유사점들을 다음과 같이 설명한다.

---

20) Quintus Curtius, Lib. 3. cap. 3; John Toland, Hodegus, 18. 각주 17에 인용됨.

이스라엘 역시 왕으로 섬기는 여호와의 장막에서 나팔 소리와 함께 행군이 시작되었고, 맨 앞에는 하나님의 거룩한 불이 앞장섰다. 그 뒤에는 페르시아 박사들과 청년들에 해당하는 이스라엘의 제사장들과 레위인들이 따랐다. 페르시아 군대처럼 이스라엘 군대들도 상황에 맞게 찬양을 했다. 그리고 흰말이 끄는 주피터 신의 수레처럼 이스라엘 군대는 여호와의 법궤를 사람들이 나른다. [21]

결론적으로 탈런드는 성서에서 "하나님의 기적"이라는 "불기둥과 구름기둥"은 위에서 설명한 것처럼 전혀 기적이 아니라고 한다. 당시에 행군할 때 사용했던 '이동식 봉화'였다는 것이다.[22] 이와 같이 탈런드는 기독교의 신비나 계시 같은 모든 초월적인 요소들을 이성적으로 즉 합리적으로 이해할 수 있다고 보았다.

창조주 하나님이 모든 사람에게 이성을 준 것은 선입견이나 편견에 빠지는 것을 방지하고 진리를 분별하고 포용하라는 이유에서다.[23] 이런 하나님이 복음을 주었다면 그 복음은 이성을 거슬리지 않는다. 우리가 이성과 복음을 조화시킬 수 없는 것은 우리 이성이 타락했기 때문이다.[24]

로크가 신비와 같은 기독교의 초월적인 요소는 본질적으로 이해할 수

---

21) John Toland, Hodegus, 19-20.

22) Ibid., 7.

23) John Toland, Christianity Not Mysterious, (Stuttgart-Bad Cannstatt: Friedrich Frommann Verlag, 1964), 20.

24) Ibid., 56.

도 없고 우리의 능력으로 판단할 수도 없기 때문에 '이성 위에' 있다고 한 것을 틴델은 '이성 안에' 있는 것으로 취급했다. 즉 기독교의 신비적인 요소들 즉 초월적인 요소들을 모두 이성적인 것이라며 이성의 범주 안에 끌어들여 설명한 것이다. 이런 신비적인 요소들을 이해하지 못하는 것은 단지 우리의 관찰이나 경험 안에 들어오지 않았기 때문이라고 한다.[25]

4.2. 영국의 이신론자 틴델: 도덕적 성취를 위한 기독교

현대 기독교는 예언, 기적, 계시 등과 같은 신비적이며 초월적인 요소들을 상실하고 개인 윤리나 사회 윤리만을 강조하는 종교로 전락되었다. 더이상 천국과 지옥을 말하지 않는다. 예수의 성육신, 부활, 재림 등을 사건 자체로 강조하지 않는다. 단지 철학적인 방법을 동원하여 그와 같은 계시적인 사건들의 윤리적 의미만 찾아내서 강조할 뿐이다. 이런 도덕성만을 강조하는 현대 기독교의 경향은 이신론의 등장으로 시작되었다고 볼 수 있다.

"도덕성이 기독교의 핵심이 되어야 한다"고 주장한 사람은 영국의 이신론자 틴델(Matthew Tindal, 1655-1733)이다. 틴델은 당시 지배적인 자연법 사상[26]에 근거한 자연의 종교 즉 이성의 종교를 제시했다.

자연에는 언제든지 어디서나 적용해도 변함없는 일정한 법칙이 들어 있는 것

처럼 인간 본성 안에도 어느 시대 사람이든지 어느 나라 사람이든지 구분 없

이 누구에게나 동일하게 가지고 있는 이성과 도덕성이 있다. 이와 같은 이성

---

25) Ibid., 108.

26) 틴델은 자연법은 개인만 아니라 국가의 행위 법칙을 규정한다고 주장한 네덜란드 사람 그로시우스 (Hugo Grotius, 1583-1645)의 영향을 받았다. 참고, Matthew Tindal, <u>Christianity as Old as the Creation: The Gospel, A Republication of the Religion of Nature</u>, (Newburgh: David Denniston, 1748), 19, 38, 243, 257, 282, 286.

과 도덕성은 우연히 생겨난 것이 아니라 신이 인간에게 부여한 것이다. 여기서 신은 자연법의 특성을 그대로 지니고 있다. 영원히 변치 않고 동일하며 완전한 존재가 신이다. 그러므로 이런 신이 만든 종교는 태초부터 완전하며 아무리 세월이 흐른다할지라도 절대로 변할 수 없다. 물론 이런 완전한 신이 인간에게 부여한 이성과 도덕성 역시 불변하는 인간의 본성이다.

위와 같은 것이 틴델이 제시한 이성의 종교의 기본 요소들이다. 이런 이성의 종교를 틴델은 자신의 신앙적인 배경인 기독교에 접목시킨다. 그는 자신이 주창한 "이성의 종교"를 "자연의 종교"라고 부르고 기독교를 "계시의 종교" 또는 "복음의 종교"로 부른다.

자연의 종교에 영원한 자연법을 수여한 신이 곧 기독교의 창조주 하나님이다. 창조주 하나님이 태초에 이성적인 인간을 창조했고 인간의 마음속에 자연법을 따르는 이성의 종교 즉 자연의 종교를 새겨 넣었다. 그래서 자연의 종교는 누구나 이성적으로 이해할 수 있는 평이하고, 단순하며, 자연적이고, 어떤 상황에서도 시대를 막론하고 받아들일 수 있는 참 종교이며 인류에게 부여한 가장 중요한 종교이다.[27)

자연법이 태초 즉 창조 때부터 인류에게 주어졌기 때문에 자연법을 준 창조주 하나님을 믿는 기독교 역시 창조 때부터 있었던 것이다. 물론 "기독교"란 이름은 나중에 생겼지만 말이다. 자연법사상에 기초한 자연의 종교를 만든 같은 하나님이 예수로부터 시작된 계시의 종교인 기독교를 만들었기 때문에 기독교는 새로운 종교가 아니다. 하나님은 본질상 무엇이 부족해서 종교를 하

---

27) Ibid., 207-208.

나 더 만드는 분이 아니기 때문이다.

이런 논리에 근거해서 틴델은 1730년에 "이신론자들의 성서"[28]라는 별명을 가진 『창조만큼 오래된 기독교』[29]란 책을 출판했다.

틴델은 자연의 종교와 기독교를 통합시키면서 성서에 의해서 종교의 목적을 규정한다.

성서 안에는 많은 가르침과 신비적인 이야기들이 있지만 그 모든 것은 "하나님 사랑하고 이웃을 사랑하라" 는 한 명령 안에 포함된다. "바울 역시 사랑이 율법을 완성시킨다" 고 증언한다. 인간은 사랑을 베푸는 생활 즉 선한 생활을 할 도덕적 의무가 있다. 종교의 목적은 사람들이 자신들의 도덕적 의무를 완전하게 수행하도록 하는 데에 있다.[30] 하나님은 본질상 완전하기 때문에 인간에게 요구하는 것이 없다. 안식일이라는 것도 사람을 위해서 있는 것이다.[31] 하나님은 사람이 행복하기를 원한다. 이런 하나님의 뜻인 인간 사회의 행복은 도덕적 의무를 실천하고 수행할 때 성취될 수 있다.[32]

기독교의 성서는 이미 대초부터 하나님이 모든 인간들의 마음에 도덕성을 본성으로 새겨 넣었음을 입증한다. 기독교는 하나님의 명령을 순종함으로 도덕적 삶을 실천하고, 자연종교는 자연본성을 따라 마음 안에 새겨진 도덕성

---

28) S. G. Hefelbower, <u>The Relation of John Locke to English Deism</u>, (Chicago: The University of Chicago Press, 1918), 160.

29) <u>Christianity as Old as the Creation</u>

30) Matthew Tindal, Christianity as Old as the Creation, 35, 36, 44.

31) 참고, 마 12:12, 막 2:27.

32) Ibid., 123.

을 이성적으로 실천한다. [33]

결국 기독교 안에 제도화된 모든 종교적인 진리들은 인간의 행복을 증진시키는 도덕적인 것들인지를 자연 본성에 의해 이성적으로 평가받아야 한다. 비도덕적이며 자연 이성을 거슬리는 모든 기독교의 교리, 형식, 예식, 성서의 가르침 등은 미신적인 것이며 또한 위험한 것들이다.[34]

틴델은 기독교의 모든 교리나 가르침들은 이성적이고 도덕적인 자연종교와 일치할 때만 진리가 된다고 주장했다. 이런 그의 주장은 기독교를 오직 인간 행복만을 추구하기 위해서 도덕적 실천을 촉구하는 종교로 축소시켰다.

4.3. 독일의 이신론자 라이마루스: 역사적 예수와 기독교 기원

요즘 역사적 예수(historical Jesus)에 대한 논의를 접하면서 마치 새로운 것을 만난 것인 양 호들갑 떠는 사람들이 있다. 사실은 이미 300여 년 전에 이신론자에 의해 벌써 시작되었는데도 말이다. 역사적 예수를 논하는 사람들은 성서나 초대교회 문헌들 가운데 예수에 관한 예언, 기적, 신비 등과 같은 초월적인 요소들을 제거시키고, 남은 것 가지고 예수의 모습을 설명한다. 한마디로 예수의 신성에 대한 교회의 전통적인 가르침을 거부하고 예수의 인성만 논하는 것이다. 한 인간으로서의 예수의 모습을 논하는 것이 역사적 예수에 관한 논의이다. 이들은 "예수의 진짜 모습이 당시 유대교 묵시사상에 빠졌던 한 미치광이였든지 아니면 당시에 유행했던 견유학파

---

33) Matthew Tindal, Christianity as Old as the Creation, 258.

34) James, C. Livingston, Modern Christian Thought, 24.

(Cynicism)[35]의 한 지혜 교사였다"고 주장한다.

일반적으로 성서신학에서 역사적 예수 탐구는 루터교회 목사 아들로 아프리카 오지로 가서 흑인들에게 의술을 베풀며 헌신적인 삶을 살았던 슈바이처(Albert Schweitzer, 1875-1965)로부터 시작되었다고 생각한다. 특히 그가 1906년에 출판한 『예수 생애의 역사 연구』[36]는 역사적 예수 연구의 고전[37]이라고 인정받고 있다. 그러나 슈바이처는 이 책에서 독일의 이신론자 라이마루스(Harmann Samuel Reimarus, 1694-1768)를 언급하면서 다음과 같이 라이마루스를 칭찬한다.

> 그(라이마루스)는 예수를 움직인 사상 체계는 본질적으로 종말론이었다는 것
>
> 을 최초로 파악했다. 그렇기 때문에 그의 작품은 예수의 생애에 대한 역사적
>
> 연구들 가운데 가장 훌륭한 업적이 된다.[38]

이 말은 슈바이처의 역사적 예수 연구는 자신보다 200여 년 전에 살았던 라이마루스에 의해 영향을 받았다는 것을 암시한다. 라이마루스는 독일의 이신론자로 함부르크에서 동양 언어학 교수를 지냈다. 그는 생전

---

35) 고대 그리스 철학의 한 부류이다. 이 학파에 속했던 철학자들은 오직 덕만이 최고의 선이고 덕의 본질은 자기 절제라는 이론을 주창했다. 이들은 돈, 권력, 명성 등에 연관된 행복을 거부하고 오직 덕을 통한 행복만을 가르쳤다. 그래서 이들은 재물을 무시하고, 사회 관습이나 가족 관계를 거부하며 마치 개처럼 살았다. 그래서 당시 사람들은 이들을 κυνισμός(쿠니스모스)라고 불렀는데 이 명칭은 '개' 란 의미를 가진 κύων(쿠온)에서 파생되었다. 한글로도 '개 같은 선비' 란 의미로 "견유학자" (犬儒學者)라고 부른다.

36) Geschichte der Leben-Jesu- Forschung

37) 페린은 역사적 예수 연구의 고전을 슈바이처의 『예수 생애의 역사 연구』라고 본다. Norman Perrin, The New Testament, (New York: Harcourt Brace Jovanovich, Inc., 1974) 278, 각주 1.

38) Albert Schweitzer, The Quest for the Historical Jesus, trans. W. Montgomery (London: A. & C. Black, 1910), 23.

에 기독교의 기원에 관한 그의 주장을 기록한『하나님의 합리적인 예배자들을 위한 변증 또는 방어의 글』[39]이란 책을 썼다. 이 책은 라이마루스가 20여 년 동안 쓴 것이지만 내용이 너무 논란이 클 것 같아서 출판을 하지 않고 죽었다. 후에 라이마루스의 딸에게 허락을 받은 독일 이신론자 레싱(Gotthold Ephraim Lessing, 1729-1781)이 1774-1778년까지『볼펜뷔텔 단편들』[40]이라는 제목 하에 무명으로 7편만 출판했다. 이 무명의 단편들이 얼마나 충격적이었는지 성서신학에서 "역사비평의 아버지"란 별명을 가진 제믈러(Johann Salomo Semler, 1725-1791)는 당시 상황을 그의 책『특히 예수와 그의 제자들의 의도에 관한 무명의 단편들에 대한 반박』[41]서문에서 다음과 같이 서술하고 있다.

> 목회에 헌신하려던 생각 깊은 많은 젊은이들은 신앙의 확신이 크게 무너져 내리면서 엄청난 회의에 빠져 버렸다. 많은 사람들이 점점 커지는 회의를 극복하지 못하고 자신들의 미래를 위해 다른 직업으로 전향했다.[42]

도대체 라이마루스가 제시한 역사적 예수(historical Jesus)가 무엇이기에 그의 글을 읽은 많은 신학생들이 방황하고 신학을 버리고 다른 직업으로 전향했단 말인가? 이신론자인 라이마루스는 기독교 교리가 주장하는 하나님의 아들로서의 예수를 부인하고 철저하게 한 인간으로서의 예수를

---

39) Apologie oder Schutzschrift für die vernünftigen Verehrer Gottes

40) Wolffenbüttel Fragments

41) Beantwortung der Fragmente eines Ungenanten insbesondere vom Zweck Jesu und seiner Jünger

42) Semler, Beantwortung, 서문 첫 장 아래부터 시작해서 다음 장까지 이어진다. 참조, Reimarus: Fragments, ed. Charles H. Talbert, trans. Ralph S. Fraser (Chico: Scholars Press, 1985), 1.

복음서에 기초하여 소개한다. 그리고 기독교란 종교는 예수의 제자들이었던 사도들이 만들어 낸 부활 사기극에 의해 시작되었다고 한다. 라이마루스의 글을 요약 정리해서 소개한다.

4.3.1. 역사적 예수: 후기 유대 종말론에 미쳤던 한 유대인

라이마루스는 예수가 당시 유행했던 종말 사상에 빠져 혼자서 그리스도라고 착각했다가 처참하게 십자가에 처형당했던 인생 실패자라고 주장한다. 이런 자신의 주장을 입증하기 위해 먼저 구약 문제를 언급했다. 구약에서 말하고 있는 구원 축복 등은 모두 이 땅에서 이루어지는 것들이며 특히 영혼에 관련된 구원사상이 없다고 한다.

> 본래 구약성서에는 영혼불멸이나 영혼구원과 같은 가르침이 없었다. 구약의 대표적인 사건인 출애굽 사건만 보더라도 하나님의 구원이나 축복은 내세적인 것이 아니라 현세적인 즉 이 땅위에서 이루어지는 것이었다. 구약에서 하나님의 약속들 또한 모두 이 땅 위에서 이루어질 것들이며 하나님의 충성된 사람들을 위한 보상 역시 현세에서 주어지는 것들이다. 결국 사람이 죽으면 그 모든 구원, 축복, 약속, 보상 등은 더 이상 의미가 없게 되는 것들이다.[43]
>
> 사람에게 영혼이 있어서 몸이 죽어도 영혼은 영원히 죽지 않는다는 영혼불멸 사상은 본래 구약에 없었다. 물론 몸이 죽은 후에 심판을 통해 영혼이 구원받거나 저주를 받는 다는 사상 역시 본래 구약에 없었던 것이다. 구약 당시 사람들은 이런 가르침을 알지도 못했었다.[44]

---

43) Reimarus: Fragments, 63.

44) Ibid., 61.

라이마루스는 영혼불멸이나 영혼구원과 같은 가르침은 이스라엘 밖에
서 유입된 것으로 유대인들 중에서 특히 바리새인들이 받아들였다고 한
다.

그러다가 구약 후기에 유대인들은 이방 종교나 이방 철학을 접하게 되면서 영
혼불멸이나 영혼구원과 같은 사상들을 알게 되었다. 이들 중에 특히 바리새파
사람들은 이 사상들을 중요하게 여겨 받아들여 발전시켜 나갔다. 반면에 같은
유대인이지만 사두개파 사람들은 이런 사상들을 거부하였다. 그래서 신약을
통해 알 수 있는 것처럼 예수 당시 영혼을 믿었던 바리새인들에게는 부활의 교
리가 있었지만 영혼을 믿지 않았던 사두개인들에게는 부활 사상이 없었다.[45]
구약에는 영혼불멸이나 영혼구원에 관한 직접적인 가르침이 없기 때문에
이 사상을 받아들인 바리새인들은 구약 본문을 인위적, 알레고리적, 또는 카
발리스트[46]적으로 해석했다. 그러므로 바리새인들은 자신들이 이 사상들을
창안했다는 것을 교묘하게 감추고 오히려 이 사상들이 구약성서에서 유래된
것처럼 가르쳤다. 또한 이런 사상들을 유대교 안에 정착시키기 위해서 율법
안에 있는 유대교의 본질적인 요소들은 회피하고 외적인 예식, 형식들만 발
전 확대시켜나갔다. 결국 유대교는 종교적인 위선과 거룩한 체 하는 종교로
변질되어 버렸다.[47]

라이마루스는 예수가 당시 유대교의 종교적 위선을 책망하였지만 그

---

45) Ibid., 62-63

46) 카발라(Kabbalah)는 유대교 내에 발전되어 온, 하나님과 우주에 관해 신비적으로 해석하는 가르침이
다. 카발라는 우주, 인간, 자연의 본성이나 존재의 목적 등에 관심을 갖고 이런 문제를 이해하는 방법들
을 제시하며 궁극적으로는 영적인 깨달음에 이르게 한다. 이 가르침은 구약, 랍비 문헌, 종교 예식 등의
숨겨진 신비한 의미를 찾아내는 데에 관심이 있다.

47) Ibid., 61-62.

것을 뒤집고 오늘날 기독교와 같은 새로운 종교를 제시할 의도는 전혀 없었다고 한다.

예수의 가르침에 대부분은 외양에만 치우친 바리새인들과 서기관들의 변질된 종교적 위선을 꾸짖는 데에 치중하고 있는 것을 볼 수 있다. 그럼에도 불구하고 예수는 바리새인들의 영혼불멸 사상과 영혼구원의 교리를 받아들여 사람들에게 그 교리를 강요하고 사두개인들의 입장을 반박한다.[48] 예수는 당시 유대교가 종교적 본질을 벗어나 위선으로 가득 찬 변질된 모습을 하고 있는 것을 간파한 것이다. 그렇다고 예수는 유대교 관습이나 제도를 개혁하거나 새로운 종교를 제시할 뜻은 전혀 없었다. 이런 사실은 그의 공생애 행적에서 거의 유대교 관습들을 그대로 준수하고 있는 그의 모습을 보면 알 수 있다.[49]

라이마루스는 예수 당시 유대인들은 로마의 압제에 있었기 때문에 다윗 왕과 같은 메시아가 나타나서 이스라엘을 정치적으로 해방시켜 줄 것을 고대하고 있었다고 한다. 그리고 예수가 선포한 하나님 나라도 본래 인류 전체를 위한 것이 아니라 이스라엘 한 민족의 정치적 해방을 가리키는 용어였다고 한다.

예수 당시에 정치적인 상황을 보면 당시 유대인들은 로마 제국의 압제 하에

---

48) Ibid., 62-63.

49) Ibid., 98-102. 예수는 회당이나 성전에 열심히 참석했고 안식일에는 관습대로 예언서를 읽었으며 명절날에는 예루살렘을 방문하고 유월절을 지켰다. 유대인들이 드리는 십일조도 비난하지 않았다. 바리새인들이나 서기관이 가르치는 대로 지키라고 했다. 율법을 정확하게 지키는 자가 천국에서 큰 자라고 했다; Ibid., 122-123. 예수의 의도는 율법을 없애는 것이 아니라 이루는 것이었고 유대적인 관습 역시 그대로 유지하는 것이었다. 그러나 바울과 같은 사도들에 의해 예수의 의도와는 전혀 반대로 율법을 폐기하고 유대인의 관습들을 포기한 새로운 종교, 기독교가 생겨났다.

정신적으로 눌려 있었고 경제적으로 수탈당하고 있었다. 로마로부터 정치적으로 억압받으면 받을수록 유대인들은 더욱 간절히 정치적인 해방을 원했다. 이런 소원은 메시아 도래를 통해서 이루어진다는 것을 당시 유대인들은 잘 알고 있었다. 하나님이 다윗 왕과 같은 메시아를 보내면 그 메시아는 하나님께 위임받은 권세로 예루살렘에 그의 왕국을 건설할 것이다. 이스라엘 백성들은 속박에서 자유하게 되어 다른 백성들을 지배하는 주인이 될 것이다. 복음서에 나오는 하나님의 나라, 천국, 아버지의 나라, 메시아 왕국 등은 모두 같은 것을 가리키는 다른 말들이다. 예수가 선포한 하나님 나라는 이 땅 역사 안에서 실현되는 메시아 왕국이었다. 그러나 이 왕국은 인류 전체를 위한 것이 아니라 이스라엘의 구속만을 위한 것이었다.[50]

라이마루스는 예수 자신이 이스라엘을 정치적으로 해방시켜 줄 "하나님의 아들" 즉 "메시아"란 착각으로 공생애를 시작했다고 한다.

하나님 나라가 임박했다는 것은 곧 메시아가 곧 도래할 것이라는 말이며 동시에 이스라엘이 정치적으로 곧 회복된다는 것을 가리키는 말이었다. 분명한 것은 메시아 즉 그리스도는 세상을 영원히 통치하는 왕이 아니라 다윗 왕처럼 역사의 한 시대를 바꾸어 놓을 통치자를 가리키는 말이었다. 로마의 정치적 탄압에 시달리던 예수 당시의 유대인들은 이스라엘을 정치적으로 해방시켜줄 메시아의 도래를 대망하고 있었다. [51]

이런 시대적인 요구에 부응해서 나타난 사람이 바로 나사렛 예수이다. 그

---

50) Ibid., 123-125.

51) Ibid., 126-127.

는 30세까지 자기 사업으로 생계를 꾸려가다가 갑자기 모든 것을 집어 던지고 공생애를 시작했다. 예수는 하나님 나라가 곧 임할 것이라고 확신했다. 그리고 자신은 곧 도래할 하나님 나라의 메시아, 그리스도, 하나님의 아들[52]로 착각한 것이다. 예수의 공생애는 이와 같은 예수 자신의 착오로 시작된 것이다.[53]

라이마루스는 예수가 공생애를 시작하면서 세례 받을 때에 사기극이 벌어졌었다고 한다. 사촌인 세례 요한이 모른 척하고 사람들 앞에서 예수를 메시아로 소개했다는 것이다.

예수에게는 그의 사촌 세례 요한이 있었다. 서로 동년배인데다가 친척지간이기 때문에 잘 알고 있던 사이였지만 예수가 세례를 받으러 왔을 때는 모른 척한다(요 1:31). 예수가 세례를 받는 동안에 요한은 하늘의 계시를 받는 척한다. 요한은 혼자 하늘의 소리를 듣고 환상을 보았다고 한다.[54] 물론 예수와 사전에 타협해서 미리 계획을 세워 놓은 속임수이다. 그리고 사람들 앞에서 요한은 예수를 메시아로 소개한다. 사람들은 요한이 들었디는 하늘의 소리를 믿는다.[55]

---

52) 라이마루스는 "오늘날 삼위일체 교리에 있는 성자(聖子) 예수는 잘못된 교리" 라고 지적한다. '하나님의 아들' 을 '하나님이 낳은 신성한 존재' 라고 해석하는 것은 비성서적인 것으로 여기는 것이다. 신약에서 하나님의 아들에 관련되어 인용된 구약본문들을 전부 분석해보면, 하나님의 아들은 하나님이 낳은 아들이 아니라 하나님의 특별한 사랑을 받는 사람이란 의미가 된다. 베드로가 예수를 하나님의 아들이라고 고백한 것도 이런 의미였다(마 16:16). 예수는 새로운 교리를 당시 유대인들에게 소개한 것이 아니었다. 오히려 후대에 그의 제자들과 사도들이 예수를 "하나님이 낳은 아들" 이란 삼위일체 교리의 기초가 되는 사상을 만들어 낸 것이라고 라이마루스는 주장한다.(참조, Ibid., 81-88.)

53) Ibid., 243-248

54) Ibid., 91-94.

55) Ibid., 138-140.

라이마루스는 스스로 메시아로 착각한 예수가 이스라엘이 정치적으로 회복되는 하나님 나라가 임박했다고 선포하여 주변 사람들을 속였고 이에 넘어간 사람들 가운데 열둘을 제자로 택했다고 한다.

이렇게 공생애를 출발하면서 예수는 "천국이 가까웠다" 고 선포한다. 메시아 시대가 곧 올 것이라는 말이다. 그렇게 되면 하나님이 보낸 메시아 즉 그리스도가 이스라엘을 로마 제국의 억압에서 회복시키고 메시아는 왕이 되어 만국을 다스리게 된다. 이런 선포 내용에 현혹된 사람들 중에 12명을 예수는 제자로 선택한다. 이 12명의 제자들은 자신들의 가족과 사업을 버리고 예수를 따르게 된다. 예수는 이 제자들에게 메시아 왕국이 곧 이루어지면 제자들이 포기한 것의 백배나 돌려받게 되는 물질적 풍요 뿐 아니라 열두 보좌에 앉아서 이스라엘 열두 지파를 다스리게 되는 권력까지 받게 될 것이라고 약속한다(마 19:27-29).[56]

라이마루스는 예수가 제자들에게 하나님 나라를 선포하라고 훈련시켰으며 또한 따르는 사람들에게 회개하고 하나님 사랑과 이웃 사랑을 실천해야 한다고 가르쳤다고 한다.

예수는 공생애 2년 동안 사람들이 자신을 메시아로 받아들이도록 하는 준비를 시켰다. 이 기간에 예수는 제자들을 데리고 다니면서 사람들에게 말씀 선포와 기적들을 행한다. 예수의 메시지 내용은 첫째는 하나님 나라에 대한 설명과 제자들에게 그것을 선포하라는 명령이고 둘째는 바리새인들의 외식에 빠

---

56) Ibid., 240-241.

지지 말고 진심으로 회개하라는 것이다. 예수는 당시 유대인들에게 익숙했던 영혼불멸, 영혼구원, 임박한 심판, 몸의 부활, 모세와 예언자들을 통해 약속된 메시아, 하늘나라 등과 같은 개념들을 그의 메시지에 사용했다. 예수의 메시지 중심은 하나님 사랑과 이웃 사랑에 있다. 임박한 하나님 나라를 맞이할 준비를 하려면 먼저 회개를 해야 한다고 했다. 회개란 다른 것이 아니라 모든 허례허식을 버리고 순전히 하나님을 사랑하고 이웃을 사랑하는 것이다. 예수의 가르침에 따르면 예언이나 기적 보다는 선행이 우선이었다.[57]

라이마루스는 예수의 하나님 나라가 당시 유대인들이 고대하던 메시아를 통해 정치적으로 해방된 나라를 가리켰기 때문에 제자들이 이 복음을 선포하는 데에 별도의 교육이나 설명이 필요치 않았다고 한다.

로마의 억압을 피부로 경험하고 있던 유대인들에게 "하나님 나라가 임박했다"는 선포는 당연히 복음이었다. 억압이 심할수록 유대인들은 구약에 근거한 이스라엘의 구속자 메시아를 더욱 고대하고 있었던 것이다. 예수는 유대 진역에서 신음하는 이스라엘 백성들에게 이런 메시아 도래와 더불어 곧 이루어질 하나님 나라를 선포한 것이다. 제자들이 예수의 파송을 받아 유대 전역에 전파한 이 하나님 나라는 이미 모든 유대인들이 마음속에 품고 있었던 소망이었다. 그래서 제자들은 별도로 하나님 나라에 대한 지식을 특별히 배울 필요가 없었다. 그저 "하나님 나라가 가까이 왔다"고 선포하기만 하면 듣는 유대인들 역시 별도 설명 없이도 그 말을 이해했던 것이다.[58]

---

57) Ibid., 65-72.

58) Ibid., 136-138.

이 하나님 나라[59] 즉 메시아 왕국이 곧 이루어질 것이며 그것을 이루기 위해 예수가 메시아로 나타난 것이다. 메시아 즉 그리스도인 예수가 하나님의 도움으로 현재 압제당하는 상황을 뒤엎고 다윗 왕국과 같이 세상을 다스릴 이스라엘을 회복시킬 것이다. 믿음이란 예수가 정치적 메시아 즉 그리스도임을 인정하는 것이다. 이런 가르침은 당시 권력과 부를 누리던 상류층 사람들보다는 비천한 자들, 일반대중에게 큰 호응을 얻는다. 예수의 선포를 받아들인 사람들이 점점 불어나면서 예수의 인기는 높아졌다.[60]

라이마루스는 예수 당시에 식민지 백성으로 착취를 당해 가난하게 된 하류층 사람들이 주로 예수의 복음을 받아들였으며 예수 자신은 이들에게 기적을 베푼 후에 기적에 관해 침묵을 강요함으로 소문이 빠르게 번지도록 계략을 꾸몄다고 한다.

예수는 또한 간간히 기적을 행한다. 주로 버림받고 무식한 하류층 사람들 앞에서 기적을 행한다. 바리새인들이나 사두개인들 같은 지성인들이 "기적을 보여 달라" 고 하면 보여주지 않고 오히려 책망만 한다. 사실 예수는 자신의 기적에 대한 확신이 그다지 강력하지 않았다. 어떤 도시에서는 사람들이 믿음이 없어서 아무런 기적도 행하지 못했다.[61] 병자를 고치거나 귀신을 쫓아내는 기적을 행했을 때에는 고침을 받은 사람에게 "침묵하고 있으라" 고 경고한다. 이것은

---

59) 복음서에서 "하나님" 이란 거룩한 이름을 피하기 위해서 우회적으로 "하나님 나라" 대신에 "천국" 이란 명칭을 사용한 것이다. 결국 하나님 나라나 천국은 같은 말이다.

60) Ibid., 148.

61) Ibid., 148; 라이마루스는 예수가 죽은 지 30년에서 60년이 지난 후 예수의 기적들이 당시 팔레스타인 유대인들이 모르는 언어로 기록되면서 없는 기적들이 많이 만들어졌다고 한다. 이미 예수에 대해 알던 사람들도 많이 죽고 없는 상태라 복음서 기자들이 이런 내용을 만들어 냈다고 해서 별다른 논박을 당할 걱정도 없었다는 것이다.(참고, Ibid., 232-234.)

76

예수가 자신의 기적 행함을 알리는 독특한 방법이었다. 사실 침묵을 강요하면 할수록 소문은 더욱 빠르게 전파된다는 속성을 예수는 알고 있었던 것이다.[62]

요한복음 6장을 보면 예수의 인기가 한참 치솟고 있던 어느 날, 사람들은 광야에서 예수를 왕으로 즉 메시아로 삼으려고 한다. 그러나 예수는 그 자리를 피한다. 왜냐하면 예수는 다른 장소와 다른 때를 이미 계산하고 있었기 때문이다. 예수가 자신을 메시아로 공개하려고 생각하고 있는 장소는 다름 아닌 예루살렘이고 시기는 많은 사람들이 모여드는 축제 기간 즉 유월절인 것이다. 예수는 이 명절날 축제 분위기 속에서 자신을 유대인의 왕으로 선포하고 싶었던 것이다.[63]

라이마루스는 그동안 인기를 쌓아 온 예수가 결정적으로 자신이 메시아임을 알리기 위해서 사람들이 가장 많이 모이는 시기인 유월절 때에 예루살렘으로 입성했지만 군중들의 반응이 미미하자 좌절했다고 한다.

이후에 자신이 계획한 유월절이 가까웠을 때, 예수는 제자들에게 공식적인 예루살렘 입성을 준비시킨다. 예수는 군중들이 한 눈에 알아볼 수 있도록 메시아의 형식을 갖추고 예루살렘으로 입성한다. 제자들과 예수 추종자들이 열광을 한다. 그런데 예루살렘 군중들은 냉담한 반응을 보인다. 성전에 들어간 예수는 이제 하나님으로부터 권세를 받은 메시아처럼 성전 안에서 무력을 행세한다. 상을 뒤집어 없고 채찍을 휘두르며 장사하는 사람들을 쫓아낸다. 바로 이어서 예루살렘에 있는 정치와 종교의 권력자들을 향해 공격하는 설교를 한

---

62) Ibid., 141-144.

63) Ibid., 141-143.

다. 사실 예수는 군중들의 지지를 지나치게 확신했었다. 하지만 예수는 크게 실망하고 만다. 군중들의 호응이 기대에 미치기 못했기 때문이다. 예수는 다시는 자신을 보지 못할 것이라며 물러간다. 사실은 일을 크게 벌려 놓고 뒷일을 감당할 수가 없어서 제자들과 함께 숨어버린 것이다.[64]

라이마루스는 예수가 성전에서 겁 없이 무력을 행사하고 당시 권력자들을 공격한 후에 자신의 계획이 수포로 돌아간 것을 알고 제자들과 함께 숨어버렸고 반면에 예루살렘 지도자들은 이런 난동을 부린 예수를 잡아 죽일 음모를 꾸몄다고 한다.

예수의 예루살렘 입성이나 성전 안에서 부린 난동은 성전 질서를 파괴한 행태이고 또한 최고의 정치 권위에 대한 그의 선동적인 설교 역시 반정부적인 행동이었다. 결국 예루살렘 지도자들은 예수를 죽일 음모를 꾸민다. 그런데 예수가 어디론가 숨어버린 것이다. 예수는 유월절 축제를 하러 예루살렘 성전에 다시 들어갈 용기도 없었다. 그래서 유월절 기념 축제를 보통보다 일찍 개인 집에서 드린다. 예수는 다가오는 죽음의 위협을 직감하고 두려움과 슬픔에 빠져 괴로워한다(마 26:37-38, 막 14:33-34). 이런 상황 속에 예수는 제자들에게 마침내 칼을 준비시킨다(눅 22:36). 자신이 숨어 있는 장소를 철저하게 감춘다.[65]

라이마루스는 제자 가룟 유다가 고발해서 숨어있던 예수가 잡혔고 붙잡힌 예수는 십자가에 처형당하면서 자신의 실패를 자인하는 절규를 외쳤다고 한다.

---

64) Ibid., 144-148.

65) Ibid., 149.

마침 제자들 중에 가룟 유다가 배신하고 예수가 숨어 있는 장소를 알려준다. 결국 유월절 전날 밤에 예수는 붙잡힌다. 예수는 재판 법정에서 끝까지 자신이 메시아라고 주장한다. 하나님이 최후 순간에는 기적을 보여줄 것이란 실낱같은 소망이 있었기 때문이다. 예수는 짧은 재판을 받은 후에 사형 언도를 받는다. 십자가에 달릴 때까지 아무런 하나님의 기적도 나타나지 않는다. 결국 예수는 죽는 마지막 순간에 "나의 하나님 나의 하나님 어찌하여 나를 버리셨나이까" 라고 절규한다.[66]

결론적으로 라이마루스는 역사적 예수는 이스라엘의 정치적 회복을 말하는 후기 유대 종말론에 미쳐서 자신이 메시아라고 착각했다가 십자가 위에서 비참하게 죽어간 인생 실패자라고 한다.

4.3.2. 기독교의 기원: 사도들의 사기극으로 시작된 기독교

라이마루스는 그동안 추종했던 예수가 메시아가 아니란 사실을 깨닫게 된 제자들이 두려움 속에 숨어서 대책을 논의하면서 만들어낸 것이 기독교라고 한다.

예수가 십자가에 처형된 날, 열 한 명의 제자들은 두려움과 절망에 빠지게 된다. 메시아 즉 왕이 될 줄 알았던 예수가 비참하게 죽어간 것이다. 사실 예루살렘 입성 사건이 있은 후부터 함께 숨어서 두려워하는 예수의 모습을 볼 때부터 제자들은 절망하기 시작했을 것이다. 오죽하면 예수의 수제자라고 하는 베드로도 제사장 집 뜰에서 예수를 세 번이나 부인했겠는가! 예수의 재판과 십자가

---

66) Ibid., 150.

처형을 지켜본 제자들은 자신들도 혐의를 받을까봐 두려워 방문을 꼭 잠그고 숨어 있었다. 제자들로서 당연히 해야 할 스승 예수의 장례 의무조차 회피하고 숨어버린 것이다. 오히려 아리마대 요셉과 니고데모에 의해서 예수의 장례가 치러졌다. 숨어버린 제자들은 자신들의 처지를 한탄하며 대책을 논의했다.[67]

제자들이 처음 예수를 따라 나설 때는 분명한 목적이 있었다. 예수가 메시아 왕국의 왕이 되면 자신들에게 물질적 풍요와 권력을 주겠다고 약속했기 때문이다. 그런데 왕은커녕 예수는 십자가에서 사형수로 죽어버린 것이다. 제자들이 의도한 목적이나 예수의 약속 등은 모두 수포로 돌아간 것이다. 한마디로 예수에게 속은 것이다. 자신들이 가족과 사업을 버리고 예수를 따라 나선 사실은 고향 갈릴리 지방에 이미 널리 알려졌다. 이제 와서 처량한 모습으로 고향에 돌아가면 조롱과 수치를 당할 것이 뻔하다.[68]

라이마루스는 예수를 따라다녔던 제자들이 예수의 죽음과 더불어 자기들의 야망이 수포로 돌아가게 되자 그 야망을 이루기 위해서 "예수의 부활"이란 사기극을 계획했다고 한다.

다행히도 제자들에게는 예수를 통해 보고 경험한 것들이 있었다. 자기들처럼 예수를 메시아로 믿었던 사람들이 예수를 따라다니며 후원을 아끼지 않는 것을 보았었다. 물론 양식과 돈으로 후원한 것이다. 유다는 회계로서 이 후원금을 넣는 돈지갑을 가지고 다녔다. 이 후원금만으로도 예수와 12제자들이 생활하기에 충분했었다. 또한 예수의 파송을 받아 돈 없이 선교 여행을 했을 때

---

67) Ibid., 240-248.

68) Ibid., 243-245.

에도 부족함이 없었다. 사람들의 후원과 존경을 받은 것이다. 제자들은 이미 물질과 명예의 맛을 본 것이다. 사실 제자들은 이런 세속적인 부귀, 명예, 권력을 얻기 위해서 예수를 따라다닌 것이다. 이제 와서 그런 야망을 포기하고 가난과 수치스러운 옛 생활로 돌아갈 수는 없는 것이다.[69]

그래서 제자들은 방안에 숨어서 자신들의 야망을 이룰 수 있는 묘책을 고안해냈다. 그것이 바로 "예수의 부활"이란 사기극이다.[70] 만일 이 사기극이 성공하게 되면 제자들은 자신들이 본래 의도했던 대로 물질적 풍요와 세속적 권력을 얻게 된다.[71]

제자들의 사기극이란 예수의 시체를 몰래 빼돌리고 나서 예수가 부활했다고 하고 더불어 예수의 승천과 재림을 선포하는 것이다. 예수의 부활과 재림을 가르치는 것은 어렵지 않았다. 당시 소수의 유대인들은 메시아의 고난과 재림 사상을 믿고 있었기 때문이다. 이 사상에 근거해서 제자들은 예수를 고난받는 종으로서의 메시아와 구름타고 다시 오실 메시아로 재해석한 것이다. 사

---

69) Ibid., 246.

70) Ibid., 151; 라이마루스는 복음서들의 부활 본문을 비교하면서 나타난 많은 모순들을 지적한다. 진리는 일관성이 있어야 하며 모순이 있다는 것은 거짓이란 논리를 가지고 모순이 많은 복음서의 부활은 거짓이라고 한다. 라이마루스가 지적한 부활의 모순들을 보면 부활이란 엄청난 사건의 증인이라곤 오직 제자들뿐이라는 것, 예수를 무덤에 안치한 아리미대 요셉조차 부활에 대해 침묵하고 있다는 것, 제자들은 십자가 처형 삼 일째 되는 날에도 부활에 대해 전혀 생각하고 있지 않았다는 것, 요한복음은 예수가 처형된 날 아리마대 요셉과 니고데모가 장례법대로 향품을 넣고 세마포에 시신을 이미 쌌기 때문에 삼 일째 되는 날에는 마리아가 아무 것도 가지지 않고 무덤에 온 반면 누가복음은 금요일 저녁에 향품을 예비해 놓고 여자들이 삼 일째 되는 날 무덤에 찾아온 것, 또한 마가복음은 삼 일째 되는 날 여인들이 향품을 사서 찾아온 것, 마태와 마가는 1명의 천사가 나타났고 누가와 요한은 두 명의 천사가 나타난 것, 복음서들이 기록한 천사들의 나타난 위치와 말들이 서로 다르다는 것, 복음서들이 기록한 부활한 예수의 첫 출현 장소들이 차이가 있다는 것, 마태복음은 부활한 예수가 신체 접촉을 허락한 반면 요한복음은 금지시킨다는 것, 마태복음은 부활 예수가 갈릴리에서 나타난 반면 누가복음은 정 반대로 예루살렘에서 나타나며 요한복음은 두 번은 예루살렘에서 한번은 갈릴리에서 나타난 것, 갈릴리에 부활한 예수를 만난 제자들이 마태복음은 11명이고 요한복음은 7명인데 그 중에도 서로 일치하는 제자들은 오직 4명뿐이라는 것, 제자들은 십자가 사건 이후 40일 동안 예수에 부활에 대해 침묵하고 있었다는 것, 부활 후 예수가 나타났다는 장소가 문 닫힌 방, 갈릴리 바다, 산 등과 같이 비교적 사람으로부터 은폐된 장소라는 것 등이다. 참조, Ibid., 154-200.

71) Ibid., 242-243.

실 예수의 본 의도는 이스라엘을 정치적인 억압에서 구속하는 일시적인 구원이었다. 그러나 제자들은 스승의 이런 의도를 버렸다. 제자들은 예수를 온 인류의 구원을 위해 고난 받는 영적인 구세주로 바꾸어 놓았다.[72]

결국 제자들은 세상 부귀와 권력에 대한 자신들의 야망을 이루기 위해서 새로운 교리와 기독교란 새로운 종교를 만들어 낸 것이다.[73]

라이마루스는 제자들이 계획한 대로 예수의 시체를 빼돌리고 나서 모른 채하며 50일을 기다렸다고 한다.

문을 걸어 잠그고 머리를 짜내서 얻은 계획들을 이루기 위해서는 하루 빨리 예수의 시체를 없애야 했다.[74]

예수의 무덤은 아리마대 요셉의 정원에 있었다. 요셉도 예수를 추종했던 사람이기에 예수의 제자들이 무덤에 방문하는 것을 언제든지 허용했다.[75] 그래서 제자들은 무덤가로 가서 예수의 시신을 훔쳐 내왔다. 그리고 다른 은밀

---

72) Ibid., 126-134, 151-153. 라이마루스는 복음서에 있는 예수의 모습을 두 가지로 나눈다. 복음서 본문 가운데 나타나는 이스라엘의 일시적인 구속자로서 예수의 모습이 진짜고 온 인류를 위한 영원한 구속자로서 예수는 제자들이 각색해서 만들어 낸 것으로 구별해 냈다. 현대 성서 신학자들은 전자를 "역사적 예수" (historical Jesus)라고 부르고 후자를 "선포된 예수" (Christ of Kerygma, historic Jesus)라고 부른다.

73) Ibid., 240-243.

74) Ibid., 249.

75) 라이마루스는 복음서 중에 마태복음에만 나오는 무덤 지키는 간수 이야기는 부활 사기극에 대한 의혹을 무마시키기 위해서 마태가 만들어낸 이야기라고 본다. 만일 대 제사장들이 빌라도에게 무덤 지키는 간수를 부탁할 정도로 예수 부활에 대해 미리부터 알고 있었을 정도면 당연히 예수의 제자들도 예수의 부활에 대해 미리 알고 있어야 당연하다. 그런데 복음서 기록을 보면 제자들은 예수의 부활을 전혀 기억하지 못하는 모습을 보여준다. 만일 제자들이 미리 알고 있었다면 아마도 삼 일째 되는 날 새벽부터 누구보다도 먼저 무덤에 나타나야 했을 것이다. 사실 예수는 자신의 부활을 제자들에게 말하지 않았다. 결국 대제사장들이 미리 알고 무덤 지키는 간수를 요청했다는 마태의 주장은 모순이 되므로 거짓이라고 라이마루스는 주장한다. 참고, Ibid., 164-173.

한 장소에 예수의 시신을 감추어 놓았다. 아마도 예수가 처형된 지 24시간도 안 걸렸을 것이다. 예수가 죽은 지 삼 일째 되는 날 여인들이 무덤에 찾아간다. 이 여인들이 무덤에서 돌아와 제자들에게 "예수의 시신이 없어졌다" 고 했을 때 제자들은 놀란 척한다. 그리고 모른 척하고 여인들을 따라 나선다. 제자들은 예수의 시체를 숨겨놓고 50일을 기다리며 침묵한다. 50일 정도면 시체가 완전히 부패하고도 남을 기간이기 때문이다. [76]

라이마루스는 제자들이 50일이 지난 후에 예수의 부활과 승천을 선포하기 시작했고 자신들이 그 사건의 증인들이라고 주장했다고 한다.

모든 것이 성공적이다. 결국 50일이 지나 즉 오순절 날이 되면서 제자들은 "예수가 부활 승천했다" 고 선포하기 시작한다. 이 부활 이야기를 들은 산헤드린 공의회는 반박할 수가 없었다. 부활한 예수를 눈으로 봤다는 증인들이 물론 제자들이긴 하지만 11명이나 있었기 때문이다. 시체를 찾아내려고 할지라도 50일이 지난 지금에는 아무도 이미 부패해버린 시체를 알아볼 수가 없다. "부활한 예수를 보여 달라" 고 하면 제자들은 "하늘로 승천했디" 고 말한다.[77] 제자들만이 예수의 부활도 보았고 하늘로 승천하는 것도 직접 보았다는 증인들이다.[78]

---

76) Ibid., 248-250.

77) 라이마루스는 복음서를 비교하면서 예수를 목격하지 못했던 마가와 누가는 예수의 승천을 보도하고 오히려 예수의 제자였던 마태와 요한은 예수의 승천에 대해서 침묵하고 있다는 사실을 지적하면서 예수의 승천조차 거짓된 것으로 본다. 참조, Ibid., 176.

78) Ibid., 250-254.

　　라이마루스는 제자들이 부활 승천한 예수를 선포하면서 동시에 예수가
다시 올 것이란 재림 사상을 가르쳤다고 한다.

　　제자들은 계획한대로 승천한 예수는 "그 세대가 지나가기 전에 다시 재림할
것" 이라고 선포하였다.[79] 이미 유대교 안에 메시아의 초림과 재림에 관한 이
중 도래 사상이 있었기 때문에 사람들은 어렵지 않게 제자들의 가르침을 받아
들였다. 제자들은 "예수는 고난 받는 종으로서 초림 했던 것이고 이후에 영광
과 권세를 가지고 재림주로 곧 다시 올 것" 이라고 가르쳤다.[80]
　　그래서 "성도들은 깨어있어 재림 주를 맞이할 준비를 해야 한다" 고 가르
쳤다. 이런 선포는 사실 예수 생전에 그를 따라 다녔던 많은 사람들에게 반가
운 소식이었다. 제자들의 가르침을 통하여 이들은 자신들의 신앙이 잘못되었
던 것이 아니었음을 확신하게 되었다. 결국 제자들의 가르침을 받았던 초대교
회 교인들은 구름을 보며 자기 시대에 실현될 예수의 재림을 기다렸다.[81]

　　라이마루스는 제자들이 기존 유대교 세례예식을 변경시켜서 기독교인
이 되는 통과 의례로 만들었다고 한다.

---

79) 라이마루스는 재림이 늦어지는 문제에 대해 바울이나 베드로가 의도적으로 모호하게 감추고 있다고
　　말한다. 바울은 당 세대에 이루어질 예수의 재림 약속이 늦어지면서 교회 안에 죽는 자들이 생기고
　　또한 주변에서 재림을 기다리는 기독교인들을 조롱하는 사람들이 생겨나는 것을 알고 이 문제에 대
　　해서 데살로니가전서 4장 13절-5장 4절에서 설명하고, 베드로는 베드로후서 3장 8-10절에서 천년이
　　하루 같다는 좀 더 능숙한 표현으로 감추고 있다고 라이마루스는 지적한다. 특히 그는 오늘날까지 재
　　림이 실현되지 않은 것을 보면 기독교의 재림 교리는 거짓이라는 사실이 입증된 것으로 본다. 참조,
　　Ibid., 215-229.

80) Ibid., 249.

81) Ibid., 212-225.

예수의 제자들은 교회의 최고 지도자가 되면서 "사도" 라고 불리게 되었다. 사도들은 자신들이 창안한 기독교에 새로 가입하는 사람들을 위해 기존의 세례 예식을 변경시켜 사용했다. 복음서를 보면 예수는 세례를 베푼 적도 없고 예수의 제자들은 세례를 받은 적도 없다. 본래 세례란 이방인 개종자들에게는 유대인이 되기 위한 통과 의례였다. 예수와 같은 유대인들이 받는 세례는 모세의 율법에 따라 자신을 정결케 하는 정결예식이었다. 이미 유대인들에게 정착된 관습이었다. 이런 세례식을 제자들은 예수가 메시아 즉 그리스도임을 고백시킬 목적으로 변경시켰다. 요한의 이름으로 세례를 받으면 요한의 제자가 되는 것처럼 예수의 이름으로 세례를 받으면, 예수의 제자가 되는 것이다. 결국 세례는 기독교인이 되기 위한 통과의례가 된 것이다. 더욱이 마태는 삼위일체 공식에 의해서 세례를 주는 방법을 고안해 냈다.[82]

라이마루스는 제자들이 최고 지도자가 되면서 사기를 치는 지도력을 발휘해서 교회 조직을 이끌어 갔다고 한다.

이런 부활 사기극은 결국 성공하게 되고 제자들은 본인들의 야망을 이룬다. 제자들은 이미 스승 예수로부터 군중들을 움직이는 방법을 배웠다. 사람들 앞에서 계시를 받은 척 하거나 기적을 행하면 사람들이 믿고 따른다. 말솜씨, 손놀림 등에 의해 도움을 주는 공모자들이 있다면 기적을 행하는 데에도 그다지 특별한 기술이 필요치 않았다. 예수에 대한 자신들의 가르침을 믿게 만들어야 할 때는 모세나 예언자들의 글을 갖다 붙이면 된다. 예수에게 적용할 구약 인용문을 찾는 것은 그다지 어렵지 않았다. 당시 바리새인들이 사용했던

---

82) Ibid., 102-118.

알레고리 방법을 사용하면 그만이다. 이미 당시 유대인들은 이런 알레고리 방법을 가장 합리적인 것으로 이해하고 있었다.[83]

예수의 수제자 베드로는 자신이 천국 열쇠로 천국 문을 열고 닫을 수 있는 특별한 사람이라고 가르친다. 이 천국 열쇠로 사람들의 영원한 축복을 보장하기도 한다. 제자들은 사람들의 선생 즉 사도가 된다. 무지한 군중들은 사도들의 지배아래 들어가고 사도들은 기독교란 새로운 제도 안에서 권력을 장악한다. 사도들이 교인들에게 가르침이나 명령이나 경고를 할 경우에는 자신의 말임을 교묘히 감추기 위해서 성령의 말씀 또는 천사의 말씀이라고 한다. 믿음이 부족한 사람들에게는 예수가 재림하면 상급을 준다고 약속한다. 이들에게 천국은 영적 왕국일 뿐 아니라 지상에 세워질 천년 왕국이기도 하다. 이런 지상에 세워질 천년 왕국 교리는 인간의 육적인 욕망을 채워줄 수 있는 장점을 가지고 있다.[84]

이런 상급에 관한 교리에 근거해서 제자들은 헌금을 거두어들인다. 제자들은 재물을 공동으로 사용하기 위해서 돈과 재산을 포기하면 후에 엄청난 상급이 주어질 것이라고 가르쳤다.[85] 물론 이런 가르침은 모세의 율법에는 없는 것이다. 오히려 율법에 따르면, 조상으로부터 물려받은 재산을 후손이 잘 지켜야 한다.[86] 그런데 제자들은 자신들의 욕망을 채우기 위해서 새로운 법을 만든 것이다. 이 외에도 재물의 일부를 기부하면 천국에서 보상이 있을 것이라고 가르치며 헌금을 거둔다. 교회 안에 재물이 많아지고 또한 그 재물이 구

---

83) Ibid., 253.

84) Ibid., 252-253.

85) Ibid., 250-254.

86) 라이마루스는 아나니아와 삽비라가 모세의 법에 따라 부모 유산을 포기하지 않고 부분을 지키려고 했지만 당시 교회 안에 최고의 권력을 가지고 있던 베드로에 의해서 대낮에 방안에서 죽임을 당하고 정부의 아무런 조사도 받지 않고 3시간 만에 무덤에 매장되었다고 한다. 참고, Ibid., 258-259.

제 활동에 쓰이면서 많은 사람들이 새 종교 기독교에 가입하게 된다.[87] 또한 이렇게 거두어들인 재물로 제자들은 풍요를 누릴 수 있게 되었다. 제자들은 사도란 지위를 얻은 후 추종자들에게 존경을 받게 된다. 본래 바라던 세속적인 부귀와 명예와 권력을 모두 거머쥐게 된 것이다.[88]

결국 이신론자 라이마루스는 기독교란 예수의 제자들이 십자가 사건 이후 자신들의 야망을 이루기 위해서 예수의 시체를 빼돌리는 부활 사기극을 통해서 창안된 신흥 사기종교라고 보았다.

---

87) 라이마루스는 베드로가 설교 했을 때 3,000명이나 회개하고 기독교인이 된 동기는 다름이 아니라 교회에서 자유롭게 배급되는 공동 재산 때문이라고 해석한다. 참고, Ibid., 260-269.

88) Ibid., 243-248.

5. 요약

　종교 개혁 이후 기독교의 권위는 오직 성서였다. 그러나 200년이 넘도록 기독교 내에서 일어난 교리 싸움으로 인해 성서의 권위가 실추되었다. 사람들은 성서에 대해서 무관심해지기 시작했고 오히려 르네상스의 인본주의와 당시 과학혁명에 관심을 갖게 되었다. 이렇게 해서 이성, 자율, 자연을 기본 원리로 하는 계몽주의가 생겨난 것이다. 종교개혁 당시 최고의 권위로 여겼던 성서는 계몽주의가 들어서면서 권위를 잃어버리고 대신 인간이 최고 권위의 자리로 올라섰다.

　권위를 잃은 성서는 계몽주의의 이신론자들에 의해서 다시 해체되기 시작했다. 이신론자들은 성서 안에 예언, 기적, 계시, 섭리, 신비 등과 같은 초자연적인 요소들을 제거시켰다. 기독교의 교리의 기초가 되는 영혼구원, 영혼불멸 등도 비성서적인 것으로 제거시켰다. 기독교 신앙의 중심이라고 할 수 있는 믿음의 대상으로서 예수도 제거되었다. 신성이 제거된 인간 예수는 인생의 실패자로 묘사된다. 더불어 기독교는 사기종교로 전락된다. 이렇게 성서 안에 모든 것이 해체되고 그나마 남은 것이 있다면 예수의 가르침 안에 있는 개인 윤리나 사회 윤리이다.

　성서가 권위를 상실하고 성서를 해석하는 인간이 오히려 권위를 가지고 성서를 해체하는 오늘날의 성서신학의 기원은 이미 3세기 전부터 시작된 것이다. 자연의 원리를 거슬리는 성서 내의 초자연적인 사건들을 설교자 본인도 믿을 수 없어서 윤리 도덕적인 설교만을 외치는 현대 교회의 기원도 이미 3세기 전 이신론자들로부터 시작된 것이다.

IV. 종교와 과학의 충돌

신학=
방황?
Q

IV. 종교와 과학의 충돌

1. 충돌의 시대

1.1. 종교의 과학적 진리 억압

다음의 이야기는 최근에 영화로도 제작되었던 덴 브라운(Dan Brown)의 소설『천사들과 악마들』[1]에 나오는 내용이다. 덴 브라운은 이미『다빈치 코드』[2]란 책으로 세상을 떠들썩하게 만들었던 작가이다.

콜러(Kohler)가 물었다.

"그래서, 누가 그 '일루미나티' 입니까?"

"네" 랭던(Langdon)은 생각하더니 "그들이 누군가하면…." 하고 그의 말을 시작했다. "역사의 시작 이래로 과학과 종교 사이에 깊은 균열이 존재해왔습니다.

---

1) Angels and Demons

2) Da Vinci Code

코페르니쿠스(Copernicus) 같은 솔직한 과학자들이....”

“살해당했다고요?” 콜러가 끼어들었다. “과학의 진리들을 밝힌다는 이유로 교회에 의해 살해당했다고요?”

“맞습니다. 그러나 1500년대에 로마에 있는 소수의 사람들이 교회에 대항했지요. 이태리의 가장 계몽적인 사람들 즉 물리학자들, 수학자들, 천문학자들 몇몇이 몰래 모임을 갖고 교회의 잘못된 가르침들에 관한 그들의 관심사를 나누기 시작했습니다. 그들은 교회가 진리를 독점해서 세상에 학문적인 계몽을 위협하는 것을 걱정했습니다. 그들은 세계 최초로 과학적인 싱크탱크(think tank)를 설립해서 자신들을 계몽주의자들이라고 불렀죠.”

“일루미나티(Illuminati)?”

“그렇습니다.” 랭돈이 말했다. “유럽의 가장 똑똑한 지성을 가진 사람들…. 과학 진리를 위해 연구에 헌신했던 사람들입니다.”

콜러는 침묵했다.

“물론입니다. 일루미나티는 가톨릭교회에 의해 무자비하게 쫓겨 다녔습니다. (중략) 많은 일루미나티들은 폭력으로 교회의 독재와 대항해서 싸우기를 원했습니다.” [3]

---

3) Dan Brown, Angels and Demons, (NY: Pocket Books, 2001), 31-32.

덴 브라운은 종교가 지배하던 중세기에서 과학이 지배하는 현시대로의 변천되는 과정에서 일어났음직한 과학의 복수를 상상하여 소설로 엮어낸 것이다. 실재 중세기까지 유럽 역사를 보면 교회가 성서나 교리에 근거해서 과학을 억압하는 일이 있었다. 그러나 16세기에 시작된 과학혁명[4], 17세기에 시작된 계몽주의, 18세기에 시작된 산업혁명 등을 통하여 과학은 교회의 통제로부터 점점 벗어나게 되었다. 고삐 풀린 과학은 지난 500년도 채 안 되는 짧은 기간 동안 그 전의 인류 역사를 통틀어도 비교도 안될 만큼 엄청난 발전을 해왔다[5]. 이제 현대인들은 거부할 수도 없고 벗어날 수도 없는 과학의 힘 아래 살게 된 것이다.

1.2. 과학의 반격

시대가 바뀐 것이다. 중세기는 종교가 인간을 지배하던 시대였다면 현대는 과학이 인간을 지배하는 시대가 됐다. 실제로 과학의 복수가 시작된 것이다. 과학이 중세기 때에 받았던 수치를 복수하기 시작한 것이다. 중세기 때에 교회가 과학을 심판하듯 이제는 과학이 교회를 심판하는 시대가 되었다. 중세기 때에 성서가 과학을 억압하듯 이제는 과학이 *성서*를 억압하는 시대가 된 것이다. 현대인들의 신앙은 과학이란 칼에 의해 해체되고 있는 것이다. 이런 시대에 신앙을 한다는 것은 매우 어리석어 보인다. 매우 위험해 보인다.

과학이 기독교의 경전인 성서를 해체하고 있다. 과학이 성서 안에 있는

---

4) 대부분의 학자들은 과학혁명의 시작된 시기를 두 개의 획기적인 과학 논문, 코페르니쿠스(Nicolaus Copernicus)의 De revolutionibus orbium coelestium과 베살리우스(Andreas Vesalius)의 De humni corporis fabrica가 출판된 1543년으로 본다.

5) 과학 역사에 있어서 가장 영향력 있는 이론가인 영국의 과학자 뉴턴(Isaac Newton, 1642-1727)을 기준으로 삼았다.

초자연적인 가르침들을 증발시키고 있다. 이런 결과로 과학이 지배하는 시대에 살고 있는 기독교인들은 알게 모르게 종교성을 박탈당하고 있는 것이다. 그런데 대부분의 기독교인들은 누가 박탈하고 있는지 모르고 또한 기독교가 어디로 가고 있는지 조차 모르고 방황하고 있는 것이다. 더 심각한 문제는 교회조차도 이 사실을 모르고 있든지, 아니면 무시하고 있다. 사람들이 교회를 떠나는 이유를 모르고 있다는 것이다. 왜 기독교를 떠나서 점집을 찾아다니고 동양 종교의 문턱을 기웃거리는지 모르고 있다. 기독교는 이미 종교로서 기능을 상실했기 때문이다. 그래서 사람들은 자신들의 종교적 목마름을 채워줄 대체 종교들을 찾아 떠나는 것이다. 이전에 교회에 몸담고 있었던 사람이 지금은 기독교와는 무관한 장소에서 종교적 목마름을 채우고 있는 것이다.

2. 세계관의 충돌

2.1. 천국과 우주과학의 충돌

구약성서에서 "하늘"은 항상 복수이다. 하늘이 하나가 아니라 여러 개라는 의미이다. 그래서 '하늘'에 해당하는 히브리어 "샤마임"(שָׁמַיִם)은 단수형이 없다. 신약에서도 '천국' 즉 '하늘나라'에 대한 희랍어 표기 "헤 바실레이아 톤 우라논"(ἡ βασιλεία τῶν οὐρανῶν) 역시 '하늘들의 나라'로 하는 것이 정확한 번역이다. 결국 성서에서 말하는 하늘은 하나가 아니란 말이다.

히브리어로 '하늘'이란 "샤마임"(שָׁמַיִם)은 어미 발음이 '아임'으로 끝난다. 이것은 히브리어서 특히 두 개를 가리킬 때 사용하는 어미이다. 예를 들면, 히브리어에서 '두 손'을 말할 때는 "야다임"(יָדַיִם), '이틀'을 말할 때는 "요마임"(יוֹמַיִם)이라고 발음한다. 그렇다면 "샤마임"(שָׁמַיִם)도 두 개의 하늘을 가리킨다고 말할 수 있지 않겠는가? 사실 성서의 하늘은 이중적인 의미가 있다. 하나는 "궁창"이라 불리는 물리적인 하늘로써 하나님이 창조한 피조물을 가리킨다. 다른 하나는 창조되지 않은 "초월적인 하늘"로써 하나님의 거처를 가리킨다. 공간적으로 표현한다면 하나님의 거처인 하늘[6]은 물리적인 하늘인 궁창을 초월한다.

구약성서는 피조물인 '하늘'(שָׁמַיִם)을 어떤 고정된 물질과 같이 이해했다. 하늘은 펼쳐 있으며(사 40:22, 44:24, 45:12; 렘 10:12, 51:15; 시 104:2; 슥 12:1 등), 창문들(창 7:11; 왕하 7:2, 19; 말 3:10)과 기둥들(욥 26:11)과 기초들(삼하 22:8)로 되어있다. 하늘은 갈라질 수도 있다(사 64:1). 천지창조 둘째 날, 하나님은 하늘 위에 있는 바다(시 148:4-6)를 떠받칠 수 있는 거대한

---

6) 물론 하나님이 하늘 뿐 아니라 지성소나 시내산이나 법궤나 거룩한 장소에 거주한다는 사상도 구약에 있기는 하지만 일반적으로는 하늘에 거주한다는 사상이 지배적이다.

'궁창'(רָקִיעַ)을 만들어 놓았다. 궁창을 통하여 하늘에 있는 바다의 푸른색을 볼 수도 있다. 하늘의 바다는 비를 내려 땅위에 복을 줄 수도 있고 홍수를 가져와 땅을 멸망시킬 수도 있다.[7] 하나님은 궁창을 만들고 나서 그것을 "하늘"(שָׁמַיִם)이라고 불렀다(창 1:8). 천지창조 넷째 날, 하나님은 해와 달과 별들을 만들어 '하늘의 궁창에'(בִּרְקִיעַ הַשָּׁמַיִם) 두었다. 결국 피조물인 하늘은 여러 부분으로 나누어진다.

신약성서 당시 사람들은 땅 위로부터 별과 달들이 있는 천상의 영역까지를 "공중"(ἀήρ)이라고 불렀다. 특히 마귀와 귀신들이 이 영역을 지배한다고 믿었다. 즉 악한 세력들이 공중권세를 잡고 달이나 별들이 박혀 있는 천상의 영역을 지배한다고 믿었다.[8] 이 악한 세력들은 달이나 별들을 조종해서 사람의 운명을 결정하고 사람들을 죽음으로 묶어 놓는다고 믿었다. 인간을 자신들의 포로로 만드는 것이다. 특히 에베소서 2장 2절에 있는 "공중의 권세 잡은 자"란 구절은 이런 상황을 반영한 것이다. 또한 에베소서 4:9절 이하에서 예수가 '모든 하늘들'(πάντων τῶν οὐρανῶν) 위로 올라갔다는 표현은 하늘들의 권세 잡은 악한 영들 즉 마귀나 귀신들을 박살내기 위해서 하늘로 승천하는 그리스도의 승리의 전진을 가리키는 말이다.

이렇게 창조된 물리적인 하늘은 하나님의 심판에 영향을 받는다(암 8:9, 렘 4:23-29). 세상의 종말 때에 우주적인 재앙이 임하면 하늘이 연기처럼 흩어지거나(사 51:6, 욥 14:12) 땅과 함께 없어진다(막 13:31, 계 21:1, 벧후 3:7 등). 이사야는 새 하늘과 새 땅의 창조에 대해서 말하기도 한다(사 65:17, 66:22).

창조된 물리적인 하늘 궁창 위에 하나님의 거처로써 창조되지 아니한

---

7) οὐρανός, v. Rad, <u>TDNT(Theological Dictionary of the New Testament)</u>, vol. V, 503.
8) ἀήρ, rster, TDNT, vol. I, 165.

또 다른 하늘이 있다.[9] 초월적인 하늘이다. 히브리서에 의하면, 이 두 하늘
은 분명하게 구분된다. 태초에 하나님에 의해 창조된 물리적인 하늘은 세
월이 지나면 낡아지고 나중에는 멸망하게 되는 일시적인 하늘이다(히 1:10-
12). 반면에 예수가 대제사장으로 들어간 하늘은 특별한 하늘이다. 이 하늘
은 손으로 짓지 아니한 즉 창조에 속하지 아니한 온전한 장막이다. 완전한
성소가 있는 하늘이다(히 9:11,12,24). 이 하늘은 창조물도 아니고 우주만
물에 속하지도 않는다(요 3:31). 그래서 세상의 종말 때에 임하는 우주적인
재앙에서도 아무런 흔들림이 없다. 기독교인들은 이와 같이 흔들리지 않는
영원한 하늘나라를 상속으로 받을 사람들이다(히 12:27, 28).

하나님이 거주하는 하늘나라에 대한 기록들이 구약에 있다. 열왕기상
22장 19-22절을 보면, 미가야가 환상 중에 천상의 장면을 본다. 여호와께
서 하늘 보좌에 앉았고 하늘의 군대들이 그 좌우편에 있어서 회의하는 모
습을 본다. 마찬가지로 욥기 1장 6-12절에는 하나님의 아들들과 사단이 여
호와 앞에 서서 대화하는 장면이 묘사되어 있다. 결국 하나님은 천상의 왕
으로 보좌에 앉아 있고 하늘의 군대들은 그를 섬기며 하나님의 세상 통치
에 참여하는 것으로 그려져 있다. 천상의 군대도 세상 군대처럼 군대장관
이 있고 불말과 불수레를 탄다(수 5:14, 왕하 2:11). 이런 천상의 군사는 앞
에 있어도 사람 눈에는 보이지 않는다. 발람의 나귀 앞에 나타난 여호와의
사자가 그런 경우이다(민 22:31).

하나님이 있는 그 초월적인 하늘은 하나님이 다스리는 천국 즉 하늘나
라이다. 그래서 이 하늘나라는 하나님의 주권 아래 놓여 있다. 하나님은 하
늘 보좌에 앉아서 이 나라를 다스리신다(마 5:34, 23:22, 행 7:49 등). 그래

---

9) οὐρανός, v. Rad, <u>TDNT</u>, vol. V, 503

서 마태복음에서 장소를 강조한 표현인 "천국" 즉 "하늘나라"나 마가복음에서 하나님의 통치를 강조한 표현인 "하나님 나라"는 같은 말이다. 이런 하늘나라는 하늘이 모든 축복의 근원이며 구원의 장소란 의미를 부여한다(창 49:25, 신 33:13, 왕상 8:36). 하나님의 구원 행위는 하늘에서 시작하고 하나님의 계시 또한 하늘에서부터 내려온다. 물론 하나님 말씀 또한 하늘에서 들려온다(신 4:36). 예수가 세례 받을 때에 하늘로부터 들린 소리는 당연히 하나님의 말씀이다(막 1:11).

하늘로 들림 받는 사상 역시 초월적인 하늘을 구원의 장소로 여긴 것이다. 구약에 에녹이나 엘리야가 하늘로 승천한 대표적인 인물이다. 에녹을 하나님께서 하늘로 데려가심으로 에녹은 더 이상 이 세상에 존재하지 않는다(창 5:24). 엘리야도 회리바람을 타고 하늘로 올라간다(왕하 2:11). 구약은 이 세상 사람이 하늘로 들림을 받을 때마다 죽음의 경계를 넘어간 사람들이 하나님과 영원히 가깝게 사는 천상의 거처가 있음을 암시한다.[10]

신약에서 예수는 제자들이 보는 앞에서 하늘로 올라간다(행 1:6-11). 나중엔 구름에 가려 예수의 모습이 보이지 않게 되었다는 것은 물리적인 하늘인 궁창의 기능을 표현한 것뿐이다. 예수가 올라간 하늘의 종착점은 궁창너머 하나님 보좌가 있는 하나님 나라이다. 즉 예수는 물리적인 하늘을 넘어 초월적인 하늘로 올라갔다는 것이다. 승천한 인자가 앉아 있다는 권능자의 우편은 초월적인 하늘에 있는 하나님의 보좌를 가리키는 말이다(막14:62).

세상의 마지막 때가 되면 그리스도 예수가 하늘로부터 강림하게 된다(살전 1:10). 이 하늘은 재림하는 그리스도의 출발점이며 구원과 축복의 근원이다. 이 하늘은 마치 장소처럼 표현되지만 우주 만물에 속하지 않기 때문에

---

10) οὐρανός, v. Rad, TDNT, vol. V, 505-509.

어디에 있는지 알 수가 없다. 성서에서 이 하늘은 신비이며 비밀이다. 이 말은 이해할 수가 없다는 것이다. 오직 하늘로부터 내려오는 계시를 통해서만 알 수 있다(요 3:12, 31, 32, 계 3:12, 21:2, 10, 히 12:22, 25, 계 11:19).[11]

1961년 4월 12일 소련의 우주비행사 유리 가가린(Yuri Gagarin)은 보스톡 1호(Vostok 1)를 타고 인류 역사 최초로 지구 궤도를 벗어나 우주를 여행했다. 이 우주여행을 언급하면서 소련 공산당 서기장이며 국가 원수였던 니키타 흐루쇼프는 공산당 중앙위원회 전체 회의석상에서 "가가린이 우주를 여행했었다. 그러나 그는 거기서 어떤 하나님도 보지 못했다"라며 반종교적인 선전을 했다.

지구과학과 우주과학이 발전하면서 하늘에 대한 새로운 지식이 생겨났다. 하나님이 살고 계신 장소 예수가 승천한 후 지금까지 하나님 우편에 앉아 계신 장소로써 성서적인 하늘은 과학에서 더 이상 논의되지 않는다. 단순하게 태양이 떠오르고 달이 떠오르며 밤에 별들이 빛나는 전통적인 개념의 하늘은 과학에 의해 해체되고 더욱 복잡한 물리적인 공간으로 나누어졌다. 땅 위에서 약 7km에서 17km까시의 내기권을 "내류권"(troposphere)라고 한다. 물론 날씨에 따라 거리가 차이가 있다. 대류권은 지구 표면에서 발생하는 열에 의해서 덥혀진다. 그래서 대류권의 가장 낮은 부분이 가장 덥고 고도가 올라갈수록 온도가 낮아진다. 대류권 질량이 대기권 전체 질량의 80%정도를 차지한다.

대류권 위로부터 약 51km까지를 "성층권"(stratosphere)이라고 한다. 이 성층권은 고도가 올라가면 올라갈수록 온도가 더 높아진다. 이곳의 기압

---

11) οὐρανός, Traub, TDNT, vol, V, 514- 533

은 해수면의 1,000분의 1이 된다. 성층권 위로부터 약 85km까지를 중간권 (mesosphere)이라고 부른다. 대부분의 운석들은 대기권에 들어오면서 이 중간권에서 거의 타버린다. 중간권에서는 고도가 올라갈수록 온도가 내려 간다. 그래서 중간권 최상부의 온도는 평균 섭씨 영하 100도정도로 지구에 서 가장 추운 곳이다.

중간권 위에는 "열권"(thermosphere)이 있는데 여기서는 고도가 올라 갈수록 온도가 올라간다. 열권의 온도는 섭씨 1,500도까지 올라갈 수 있 다. 물론 이곳은 가스 분자들이 서로 멀리 떨어져 있어서 일반적인 의미로 온도를 정할 수 없지만 말이다. 국제 우주 정거장은 이 층에서 궤도를 그 리며 돈다. 열권 밖에는 지구 대기권(atmosphere)의 마지막 부분인 "외기 권"(exosphere)이 있다. 여기서 소립자들은 서로 충돌하지 않고 수백 킬로 미터를 여행할 수 있다.

인간이 개발한 과학은 외기권 안까지 다루는 지구과학의 영역을 넘어 서서 우주에 대한 과학까지 영역을 확대해 왔다. 1969년 7월 20일에는 미국 의 우주비행사 암스트롱(Neil Armstrong)과 알드린(Buzz Aldrin)은 인류 역사 최초로 아폴로 11호를 타고 달에 착륙해서 달에 첫 발을 디뎠다. 인류 가 명명해왔던 신성한 하늘은 사라져 버리고 지구를 벗나나면 벗어날수록 망망한 우주가 펼쳐진다. 우주의 중심으로 알고 있었던 지구는 태양계 안 에 있는 하나의 소행성에 불과하다.

태양계는 은하계(Milky Way galaxy)란 소우주에 속한다. 은하계 안에 만해도 태양과 같은 항성들이 최대 4천억 개정도 있다고 추정하고 있다. 은 하계 지름은 빛의 속도로 10만년을 달려야 도달할 수 있는 크기이다. 은하 계 안에서 지구는 마치 먼지만큼 작은 행성이라고 해도 과언이 아닐 것이다. 그런데 현재까지 관측되는 은하계와 같은 소우주의 숫자만도 우주 안에 천억 개 이상이 된다. 앞으로 관측 기술의 발달과 더불어 숫자는 더 불어날 것이다. 현재 우주 안에서 관측되는 가장 멀리 있는 것은 빛의 속도로 930억년을 달려가야 도달할 수 있는 거리에 있다. 상상을 초월하는 우주의 크기이다.

성서는 하나님이 있고 예수가 있는 하늘을 말한다. 또한 하나님에 의해 창조된 물리적인 하늘 궁창도 말한다. 그러나 과학은 하나님의 거처라든지 궁창과 같은 하늘을 말하지 않는다. 하늘 대신에 오히려 대기권을 넘어 끝도 없이 펼쳐지는 우주 공간을 제시하고 있다.

2.2. 지옥과 지구과학의 충돌

성서에서 땅은 인간이 거주하는 곳이며 역사의 무대가 된다. 이 땅은 하나님의 창조에 의해 만들어졌기 때문에 땅 위에 있는 것뿐 아니라 땅 속에 있는 것들도 모두 하나님의 주권아래 있다. 땅 위에는 인간과 동식물들이 살아간다. 땅 위에 인간이 죽으면 땅속에 묻히게 된다. 땅속에 묻힌 인간은 죽어 없어지는 것이 아니다. 몸은 썩어서 흙이 되지만 영혼은 땅속에 있는 지하 세계로 내려간다. 죽은 영혼들이 가는 지하세계를 크게 둘로 나누면 음부(陰府)와 지옥(地獄)이다. 이외에도 악한 영들이 갇혀 있는 무저갱(無底坑)이 지하세계 안에 있다.

"음부"(陰府)는 신약 희랍어 ᾅδης(하데스)나 구약 히브리어 שאול(쉐올)을 번역한 용어이다. 음부는 죽은 사람이 가는 장소이다(창 37:35, 민 16:30, 겔 31:17, 암 9:2). 사람이 죽으면 영혼이 가는 곳이다(사 26:14). 이곳은 항상 어둡고 음침하며 한 번 간 사람은 다시 돌아오지 못하는 곳이다(삼하 12:23, 욥 10:21,22). 음부는 땅 중심부에 놓여 있다. 성서에서 가장 높은 곳과 가장 깊은 것을 대조시킬 때에 하늘과 음부를 사용한 것을 보면 알 수 있다(마 11:23, 눅 10:15). 음부에는 항상 불꽃이 타오르고 있으며 그곳에 있는 영혼들에게 고통을 준다(눅 16:24).

정리하면, 성서가 가르치는 음부는 땅 중심부 깊은 곳에 있으며 많은 죽은 영혼들을 수용할 수 있는 커다란 공간으로 항상 불꽃이 타오르며 항상 깜깜하고 음침한 곳으로 한번 들어가면 다시 돌아 올 수 없는 지하 세계이다.

호화로운 생활을 하던 부자와 그 집 대문간에서 구걸하며 살던 나사로라는 거지가 죽었다. 천사들이 거지 나사로를 아브라함의 품으로 데리고 갔다. 나사로는 거기서 위로를 받으며 안식하고 있었다. 반면에 부자는 죽어 땅에 묻혔고 음부로 보내져 불 속에서 고통을 받고 있었다. 부자는 고통 가운데서 아브라함이 품에 안고 있는 나사로를 보게 되었다. 부자는 나사로를 보내어 물 한 방울이라도 혀를 축이게 해달라고 아브라함에게 간청했다. 아브라함은 부자에게 나사로가 있는 곳과 부자가 있는 음부 사이에는 깊은 구렁이 있어서 서로 왕래할 수가 없다고 말해 주었다(눅 16:19-31).

위의 이야기는 예수의 가르침이다. 부자는 음부로 내려가서 불 속에서 고통당하고 있다. 반면에 거지 나사로는 음부가 아니라 아브라함 품 안에 있다. 여기서 알 수 있는 것은 음부는 불의한 자들, 죄인들이 죽어서 가는 장소이다. 나사로와 같이 하나님의 긍휼하심을 입은 사람들은 음부로 가지 않고 아브라함이 있는 천상의 세계 즉 하늘나라로 올라간다. 예수가 십자가에 달릴 때, 옆에서 죽어가는 강도에게 "너는 오늘 나와 함께 낙원에 있게 될 것이다"라고 말한 것도 마찬가지이다(눅 23:43). 예수를 믿는 사람들 곧 의인들은 죽으면 곧장 하늘나라로 가게 된다. 예수의 약속이 음부의 권세로부터 보호해주기 때문에 성도들은 죽은 후에 음부에 있지 않고 예수와 함께 하늘나라에 있는 것이다(마 16:18,19, 빌 1:23). 하지만 불의한 자들의 영혼은 음부로 가서 벌을 받는다(눅 16:23). 음부는 죄인들의 영혼들만 가는 곳이기 때문에 지하에 있는 "감옥"(φυλακή:풀라케)이라고도 부른다. 십자가 처형을 받고 무덤에 묻힌 삼일동안 예수는 이곳에 가서 말씀을 선포하기도 했다(벧전 3:19, 4:6).

성서에 의하면, 모든 사람에게는 죽음 이후 커다란 사건이 기다리고 있다. 그것은 장차 일어날 부활과 심판이다(사 26:19). 결국 아브라함의 품 안에 있는 영혼들이나 음부에 있는 영혼들은 모두 다가올 부활을 기다리고 있는 것이다. 이런 점에서 "음부"는 부활 때까지만 죄인들의 영혼들을 붙잡아 놓는 임시 장소인 셈이다. 예수기 재림할 때기 되면 음부는 죽온 영혼을 다시 내어준다(계 20:13). 그것으로 음부는 임시 역할을 마치고 "불못"이라는 곳으로 영원히 던져진다(계 20:14).

최후의 심판을 통해서 형벌이 확정된 죄인들이 가는 곳은 지옥(地獄)이다. "지옥"은 희랍어 γέεννας(게엔나)[12]를 번역한 말이다. 신약에서 지옥

---

12) γέεννα는 '힌놈의 아들의 골짜기' (גֵּי בֶן־הִנֹּם,게벤힌놈)란 히브리어의 생략형인 גֵּיהִנֹּם(게힌놈)에서 파생된 아람어 גֵּיהִנָּם(게힌남)의 희랍어 표기이다. 이 이름은 남부 예루살렘에 있는 지명으로 아하스 왕과 므나세 왕 때에 몰록 신에게 바치는 희생제물을 그 골짜기에서 바쳤기 때문에 악명을 얻게 되었다(왕하 16:3, 21:6). 몰록 신에게 바치는 희생제물은 왕의 아들이었고 방법은 불 가운데로 아들을 지나가도록 하는 것이다. 힌놈의 골짜기는 기원전 2세기부터 묵시 문학에서 최후의 심판에서 지옥과 동일하게 취급되었다. 참고, γέεννα, Joachim Jeremias, TDNT, vol. I, 657.

이란 "게엔나"(γέεννα)와 음부란 하데스(ᾅδης)는 분명하게 구별된다. 첫째로, 음부(ᾅδης)는 죄인들이 죽은 후부터 부활 이전까지만 그들의 영혼을 가두어 놓는 장소이다. 반면에 지옥(γέεννα)은 최후의 심판 이후 영원히 죄인들을 가두어 놓는 형벌의 장소이다. 앞에 음부의 고통은 일시적인 것이지만 지옥의 고통은 영원한 것이다(막 9:43, 9:48). 둘째로, 죄인들은 영혼만 음부(ᾅδης)에 들어가 있다가 부활할 때에는 몸과 영혼이 결합되어 지옥으로 던져지게 되고 그곳에 꺼지지 않는 불에 의해 영원토록 멸망당하게 된다(막 9:43, 45, 47, 48, 마 10:28). 지옥은 처음부터 불의한 자들과 죄인들을 수용하기 위해서 준비된 장소이다(마 25:41)[13]

음부와 지옥 외에도 지하세계에 무저갱(無低坑)이라는 것이 있다. 무저갱은 희랍어 ἄβυσσος[14](아뷔소스)를 번역한 것이다. 본래 ἄβυσσος(아뷔소스)는 땅을 수식하는 형용사로써 '끝도 없이 깊은'이란 말이다. 무저갱은 바닥을 알 수 없는 깊은 땅속을 가리킨다. 신약에서는 무저갱을 '악한 영들의 감옥'으로 이해했다(계 9:1, 20:1, 3). 마치 우물 같은 무저갱은 입구가 있고 그 입구로부터는 지옥불의 연기가 올라온다(계 9:1,2). 무저갱 안에는 적그리스도(계 11:7, 17:8), 지하세계의 왕자(계 9:11), 귀신들(눅 8:31), 전갈들(계 9:3이하) 등이 종말 때 대환란 전까지 갇혀 있다. 그리스도의 재림 후에 사탄은 무저갱 안에 천년 동안 갇혀 있을 것이다(계 20:1,3).[15]

물론, 성서에서 언급한 음부(陰府)와 지옥(地獄)과 무저갱(無低坑) 등은 산 사람이 가는 장소가 아니라 죽은 사람들이 가는 장소이기에 물리적으

---

13) γέεννα, Joachim Jeremias, <u>TDNT</u>, vol. I, 658.

14) 희랍어 구약성서(70인역)에서 이 단어는 תְּהוֹם(테홈)을 번역한 것이다.

15) ἄβυσσος, Joachim Jeremias, <u>TDNT</u>, vol. I, 9-10.

로 논할 수가 없다. 누가복음 16장에서 음부에 빠져 있다는 부자가 천상에 있는 거지 나사로를 보기도 하고 아브라함과 대화한다는 표현처럼 음부, 지옥, 무저갱 등은 물리적인 장소가 아니라 영적인, 초월적인 장소이다. 그럼에도 성서는 물리적인 표현을 사용해서 땅 속에 음부, 지옥, 무저갱 등이 있다고 가르친다. 그곳에는 영원히 꺼지지 않는 불이 타고 있으며 특히 음부나 지옥은 죄를 지은 자들이 죽어서 가게 되는 장소라고 가르쳐왔다. 그런데 과학은 땅속에 관해서 논할 때 지옥을 말하지 않고 다음과 같이 말한다.

과학은 지구의 내부 구조를 화학적인 특성이나 또는 물리적인 특성에 의해서 구분한다. 우리가 밟고 있는 땅은 지구의 가장 바깥 부분인 지각이고 그 아래는 맨틀이 있고 그 아래는 핵이 있다고 한다.

자세히 설명하자면, 지각은 암석으로 굳어진 껍질로써 화학적으로 맨틀과 분명히 구분된다. 지각은 화성암, 변성암, 퇴적암과 같은 다양한 암석들로 구성되어 있다. 지각 아래는 맨틀이 있는데 맨틀의 상부는 지각을 덮고 있는 보통 암석들보다 밀도가 높은 감람암(peridotite)으로 대부분 구성되어 있다. 지각은 지구 질량의 약 1퍼센트도 안 된다. 대양지각과 대륙지각은 서로 차이가 있다. 대양지각은 두께가 5km에서 10km에 이르며 주로 현무암, 현무암의 일종인 휘록암(輝綠岩, diabase), 화성암의 일종인 반려암(斑糲岩, gabbro) 등으로 구성되어 있다. 대륙지각은 두께가 30km에서 50km까지 이르며 대부분 대양지각보다는 밀도가 낮은 화강암과 같은 암석들로 구성되어 있다. 지각의 온도는 깊이 들어갈수록 증가되며 맨틀과 경계를 이르는 지점에서는 섭씨 200도에서 400도까지 이른다. 지각과 그 아래 있는 용해되지 않고 상대적으로 굳어있는 맨틀 상부는 암석권 (lithosphere)을 형성한다. 암석권 아래와 맨틀 상부에 있는 진흙처럼 유연한 연약권(asthenosphere)은 천천히 움직이고 있다. 이 때문에 판구조론 (Plate tectonics)에서 말하는 지각 판들이 이동하는 것이다. 즉 연약권 위에 있는 대륙들이 서로 갈라져 나간다는 것이다.

맨틀은 지각과 외핵 사이에 있는 점성이 매우 높은 층이다. 맨틀은 약 2,970km의 두께가 되는 암석층으로 지구 질량의 약 84퍼센트를 차지한다. 일반적으로 지각과 맨틀을 구분하는 방법은 화학, 암석 모양, 유동학(流動學 Rheology), 지진 진동 특성 등에 기초한다. 사실 지각은 용해된 맨틀에 의해 만들어진다. 맨틀의 온도는 지각에 가까운 부분은 섭씨 500도에서 900도에 이르며 외핵과 경계가 되는 부분에서는 섭씨 4,000도까지 이른다. 비록 맨틀 암석들은 용해되는 온도(감람석 경우 섭씨 1,200도)를 훨씬 초과하지만 엄청난 암석층의 압력으로 인해 맨틀은 예외적으로 거의 굳어 있는 상태이다.

맨틀 아래는 철과 니켈로 구성된 약 2,260km 두께의 유동체로 된 외핵이 있다. 외핵의 바깥 부분 온도는 섭씨 4,400도가 되며 내핵에 인접한 부분은 섭씨 6,100도가 된다. 외핵이 내핵과 비슷한 물질로 구성되어 있지만 고체화시킬 만큼 충분한 압력이 없기 때문에 액체의 형태로 남아 있다. 지구의 가장 깊숙한 곳에 가장 뜨거운 부분인 내핵이 들어있다. 내핵은 본래 고체로 되었으며 반경이 약 1,220km가 된다. 내핵은 주로 철과 니켈 합금으로 되어 있다고 여겨지며 내핵의 온도는 섭씨 약 5,500도로 태양표면 온도와 비슷하다. 지구 내부의 열의 20퍼센트는 행성 융합과정에서 생겨났던 열들 가운데 남은 것들이고 80퍼센트는 지구 내부에서 일어나는 방사능 물질의 붕괴과정에서 생겨난 것으로 알려졌다.

　성서는 죽은 사람의 영혼들이나 마귀 귀신들과 같은 악령들이 있는 음부, 지옥, 무저갱 등이 지하세계 속에 있다고 말한다. 그러나 과학은 그러한 장소를 전혀 논하지 않는다. 대신에 땅과 땅속을 지각, 맨틀, 핵 등으로 구분하여 설명한다.

　성서는 초월적인 하늘, 음부, 지옥, 무저갱 등을 말하고 과학은 물리적인 하늘, 우주, 대기권, 지각, 맨틀, 핵 등을 말한다. 초월적인 세계관과 물리적인 세계관의 충돌이 일어난 것이다.

3. 역사관 충돌: 구속사와 자연사

성서의 첫 번째 책인 창세기는 우주의 기원에 대해서 다음과 같이 설
명한다.

> 태초에 아직 땅은 형태가 없고 텅 비어 있었으며 깊은 어둠에 덮
> 여 있었다. 첫째 날, 하나님은 빛을 만들었다. 그리고 빛과 어두움
> 을 나누어 빛을 '낮'이라고 했고 어둠을 '밤'이라고 불렀다. 둘
> 째 날, 하나님은 하늘을 만들었다. 셋째 날, 하나님은 땅과 바다
> 를 만들었다. 그리고 땅 위에서 자라는 온갖 풀과 나무를 만들어
> 놓았다. 넷째 날, 하나님은 하늘에 해와 달과 별들을 만들어 낮과
> 밤에 따라 땅을 비추게 했다. 다섯째 날, 하나님은 바다에서 사는
> 온갖 물고기와 공중에 날아다니는 온갖 새들을 만들었다. 여섯째
> 날, 하나님은 땅 위에 온갖 짐승들을 만들어 놓았다. 그리고 하나
> 님의 모습을 닮은 사람을 만들어 놓았다. 이렇게 엿새 동안 하늘
> 과 땅에 있는 모든 것들을 만들고 일곱째 날 쉬셨다.(창 1:1-2:4)

성서는 이렇게 창조된 지구는 한번 커다란 변화를 겪었다고 한다. 인류
의 죄악으로 인한 다음과 같은 대홍수가 있었던 것이다.

> 사십일 밤낮으로 폭우가 쏟아지고 땅 밑에서는 모든 큰 샘물들이
> 터져 올라왔다. 결국 물이 불어나 땅위에 모든 산들을 덮어버렸
> 다. 사람 뿐 아니라 새나 짐승이나 벌레와 같이 땅위에 살던 모든
> 생물들이 죽었다. 불어난 물은 150일 동안 땅위에 고여 있다가 다

시 줄어들기 시작해서 오늘날처럼 마른 땅이 드러나게 되었다. 이런 홍수 멸망으로 살아남은 것은 방주 안에 있었던 노아 가족들과 생물들뿐이었다.(창 6:5-8:22)

18세기까지 유럽에서 지구 역사에 대한 과학적인 해석은 주로 위에 기록한 창조 이야기와 노아 홍수 이야기에 근거했었다. 이 당시 사람들은 지구는 하나님의 직접적인 창조 행위에 의해서 약 6천 년 전에서 1만 년 전 사이에 만들어 졌다고 믿었다. 창세기에 있는 본문을 근거로 24시간을 하루로 계산해서 하나님이 6일 동안 천지만물 곧 우주를 창조했다고 믿었다. 이를 근거로 지구 나이를 계산해 볼 때 많아야 1만년 정도 된다고 보았다. 산꼭대기에 올라가서 볼 수 있는 바다 생물에 대한 화석들을 설명하는 것도 별 문제가 되지 않았다. 노아 홍수 때에 물이 온 세상을 덮었다고 기록되어 있기 때문이다. 지구상에 있는 모든 산들의 꼭대기까지 물이 덮었었다. 그때 산꼭대기에 남아있던 바다 생물들은 물이 갑자기 줄어들면서 그곳에서 죽어 화석이 된 것으로 해석했었다.

사람들의 관심은 그렇게 단순하지만은 않았다. 해안가나 벼랑에 지층들이나 암석들을 보면서 과학적으로 이해가 되는 설명을 찾았던 것이다. 이 문제는 18세기 유럽 지질학에 있었던 "암석 수성론"(Neptunism 巖石 水成論)과 "암석 화성론"(Plutonism 巖石 火成論)의 논쟁과 함께 시작되었다. 수성론은 바다의 신 이름인 넵튠(Neptune)에서 온 것이고 화성론은 지하세계의 신인 플루토(Pluto)에서 기인했다.

지금은 진부한 과학이론으로 취급되는 암석 수성론(Neptunism)은 다

음과 같다. 18세기 유럽의 지질학은 당시 광산업의 발달과 함께 광물들을
연구하면서 발전했었다. 독일의 프라이베르크(Freiberg)에 광산 아카데미
에서 광물학 교수이며 광산 검열관이었던 베르너(Abraham Gottlob Wer-
ner)는 1787년에 『암석의 분류와 설명』 16)을 발표했다. 그는 이전과 다르게
지층 순서에 근거한 연대에 따라 암석들을 분류하였다. 그는 최초의 지구
는 광물들이 포함된 물로 구성되어 있었다고 했다. 그러다가 침전되는 과
정을 거쳐 지구의 중심부와 대륙들이 만들어지면서 여러 지층들이 순서대
로 형성되었다고 했다. 그중 가장 오래되고 가장 딱딱한 것은 화강암을 형
성했고 새로운 지층들은 점점 화석들을 포함하게 되었다. 모래, 자갈, 진흙
등은 바닷물이 대륙에서 줄어드는 과정에서 생겨난 것들이다. 성서에 노아
의 홍수 사건 또한 이런 과정을 되풀이 하면서 새로운 암석층들을 만들어
낸 것이라고 한다. 암석 수성론은 지층의 변화를 일으킨 힘들이 더 이상 작
용하지 않는다는 주장 때문에 성서의 창조 이야기와 쉽게 어울릴 수 있었
다. 이런 주장을 하는 사람들은 지구는 신의 계획에 따라 인간의 거주하기
에 안정된 장소로 만들어졌다고 믿었다.

바다로부터 암석층들이 형성되었다는 이론을 반대하는 것이 암석 화성
론(Plutonism 巖石 火成論)이다. 암석들이 물이 아닌 불에 의해서 형성되
었다는 것이다. 이 이론은 화산으로 형성된 섬들을 연구했던 모로(Anton
Moro, 1687-1750)에 의해서 제안되었고 균일론자(Uniformitarian)인 허튼
(James Hutton, 1726-1797)에 의해 발전되었다. "균일론"이란 지층은 끊임
없이 균일하게 작용하는 힘에 의해 변한다는 이론이다. 최초로 현대적 지
질학자로 인정받기도 하는 허튼은 무수한 시간동안 암석들은 풍화 침식

---

16) Short Classification and Description of Rocks

작용에 의해 퇴적되다가 열과 압력에 의해 다시 암석이 된다고 주장했다. 허튼은 창세기에 관해서 언급한 적도 없고 또한 지구의 기원에 대해서 설명한 적도 없다. 그는 자신이 관찰할 수 있는 것들과 지구의 현재 모습으로부터 추론할 수 있는 것들만 제한을 두었다. 그럼에도 불구하고 그가 발견한 것들은 그로 하여금 지구가 헤아리기 어려울 만큼 오랫동안 존재했다는 결론을 내리도록 했다. 허튼 당시 대부분 지질학자들은 암석 수성론자들이었다.

이런 논쟁은 19세기 초까지 계속되다가 라이엘(Charles Lyell)이 1830-33년 사이에 세 권으로 된 책『지질학의 원리』[17]를 발표하면서 균일론자 허튼과 암석 화성론자들의 입장이 우세하게 되었다. 라이엘은 "현재는 과거를 풀 수 있는 열쇠"라는 입장에서 과거 오랜 세월동안 쌓여온 지질학적 유물들은 현재 관찰과 실험을 통하여 설명될 수 있으며 또한 설명되어야 한다고 주장했다. 라이엘은 무수하게 오랜 세월을 거쳐 미소하게 변화된 것들이 꾸준하게 축적되는 과정을 통하여 지질의 변화가 일어났다고 해석했다. 이런 라이엘의 이론은 다윈(Charles Darwin)에게도 커다란 영향을 주었다.

19세기에 지질학은 화석과 지층들을 연구하면서 지구의 성확한 나이에 대한 관심을 갖기 시작했다. 학자들마다 1만년부터 10억년까지 다양했다. 그러다가 1960년대에 지각과 맨틀의 "상층판구조론"(plate tectonics)이 발표되면서 새로운 면을 맞게 되었다. 다음과 같은 사실들이 밝혀지면서 이 판구조론은 학계에 인정받기 시작했다. 해저에서 계속되는 화산 활동은 새로운 지표면을 만들어 내고 있고 새로 만들어진 지면은 중앙 해령(mid-ocean ridges)에서 점차 멀어지고 있으며 결과적으로 바다 지면이 늘

---

17) Principles of Geology

어나고 있는 것이 지질학적으로 관찰된 것이다. 판구조론은 육지 또한 본래 하나의 땅이었었는데 서로 갈라져 나가서 오늘날과 같은 여러 대륙들로 나뉘어졌다는 주장이다.

러시아에 있는 담수호 바이칼호는 서쪽으로는 유라시아 판(Eurasian Plate)과 동쪽으로는 아무르 판(Amur Plate)의 경계선에 위치하고 있기 때문에 "바이칼 지구대"(Baikal Rift Zone)라고 부른다. 이곳은 매년 약 4mm씩 일본 쪽을 향해 벌어지고 있다. 이런 사실에 근거하면 본래 지구는 한 덩어리로 된 땅(Rodinia)이었는데 약 6억 년 전, 8개의 대륙으로 갈라졌다가 다시 한 덩어리(Pangaea)로 합쳐졌었다. 이후 북반구에 위치한 북아메리카, 유럽, 아시아 등을 포함한 대륙(Laurasia)과 남반구에 위치한 남아메리카, 아프리카, 오스트레일리아 등을 포함한 대륙(Gondwana)로 갈라져 오늘에 이르렀다는 것이다.

대륙이 갈라졌다는 주장은 1596년에 오르텔리우스(Abraham Ortelius, 1527-1598)에 의해 처음으로 제안되었던 가설이었다. 오르텔리우스는 지도 제작자이며 지리학자였다. 그의 책『지리의 보고』[18]에서 누구든지 세계 지도를 펼쳐놓고 세 개의 대륙들(아메리카, 유럽, 아프리카)의 해안들을 자세히 살펴보면 그 대륙들이 떨어져 나간 흔적들을 발견할 것이라는 언급을 했다. 후에 서로 다른 대륙의 해안가에서 유사한 식물과 동물의 화석들이 발견되면서 그들이 한때는 붙어 있었다는 이 가설은 사실로 입증되어 왔다.

지층과 화석 사이의 관련을 연구하던 스테노(Nicolas Steno, 1638-1686)는 그의 연구 결과들을 가지고 지층학적 공식을 만들어 냈다. 1790년

---

18) Thesaurus Geographicus

대에 영국의 자연주의자 스미스(William Smith)는 만일 서로 다른 지역에 두 지층들이 같은 화석들을 포함하고 있다면 그 두 지층들은 서로 같은 시대에 형성되었을 가능성이 높다는 가설을 발표했다. 스미스의 매제이며 동시에 학생이었던 필립스(John Phillips)는 이런 방법을 통해서 지구의 나이를 9천6백만 년이라고 계산했다. 그러다가 방사성 연대 측정방법이 개발되고 호주 잭힐(Jack Hills)에서 발견된 지르콘(zircons)이 약 45억 년 전에 형성된 지구상 가장 오래된 광물로 알려지면서 현재는 지구 나이를 약 45억5천만 년이라고 보고 있다.

이렇게 발전되어 온 과학은 지구의 기원에 대해서도 성서와 다른 이론을 제시했다. 45억5천만 년 전에 거대한 분자 가스 구름이 붕괴하는 과정을 통해 태양계 전체 질량의 99.86 퍼센트를 차지하는 태양이 만들어졌고 동시에 태양을 구성하고 떨어져 남은 먼지와 가스로 지구를 포함한 행성들이 만들어 졌다고 한다. 이때 만들어진 행성들은 태양의 중력에 붙잡혀서 태양계를 형성한 것이다. 지구는 처음에는 분자 융합 과정 때문에 용해되어 있다가 표면이 식어지면서 많게는 천만년에서 2천만년 후에 지구의 모양을 갖추게 되었나. 식어서 딱딱하게 굳어진 표면은 지각을 형성했고 물은 대기 중에 축적되기 시작했다. 땅이라고도 불리는 지각 위에는 생물들이 저절로 생겨나기 시작했으며 또한 처음 땅은 지각 변동에 따라 갈라지고 합치는 과정을 통해 오늘날에는 6개의 대륙을 형성했다.

이제는 과학이 발견한 45억5천만 년이란 지구의 역사와 성서의 역사를 도저히 맞출 수가 없게 됐다. 그동안 성서의 역사를 지구의 자연 역사에 맞추어보려는 많은 가여운 노력들이 있었다. 버클랜드(William Buckland,

1784-1856)는 그의 『브리지워터 논문』 [19]에서 "대부분 지구의 지질학적 연대들은 성서의 '태초'와 '첫째 날' 사이에서 이루어졌다"고 주장했다.

> 하나님이 첫째 날에 천지를 창조했다고 기록된 곳은 어디에도 없고 태초에 창
> 조했다고 기록하고 있다. 이 태초는 헤아릴 수 없는 오랜 기간일 수 있다.[20]

스코틀랜드 자연주의자 밀러(Hugh Miller, 1802-1856)는 태초와 첫째 날 사이에 지질학적 연대를 두고 창조일정인 6일은 보통 24시간으로 된 하루라고 여겼던 버클랜드의 가설을 반박하였다. 밀러는 천지창조의 6일은 보통 6일이 아니라 시간적으로 상당한 긴 기간이라고 해석하면서 성서적인 창조 순서를 지질학적 연대와 맞추었다. 이런 밀러의 주장에 대해 굿윈(Goodwin)은 다음과 같이 논박한다.

> 양서류들이 조류와 포유류 전 시기에 존재했었다는 지질학의 발견과 성서에
> 서 새의 창조는 5일째 이루어졌고 양서류의 창조는 6일째 이루어졌다는 성서
> 의 순서는 서로 일치하지 않는다. 더욱이 3일째에 창조된 대표적인 것으로 식
> 물들과 나무들에 대한 문제는 받아들이기 어렵다. (중략)
> 천지창조에서 하루가 광대한 지질학적 연대를 의미한다는 이론은 아주 이
> 상한 결과를 초래하게 된다. 성서에서 하루를 구성하는 저녁과 아침은 무엇이
> 란 말인가? 그렇다면 지질학적 연대가 두 개의 긴 간격으로 하나는 완전 어둠
> 의 시대이고 다른 하나는 빛의 시대로 나누어졌단 말인가?

---

19) Bridgewater Treatise

20) "On the Mosaic Cosmogony," Essays and Reviews, 10th ed. (London: Longman, Green, Longman, and Roberts, London, 1862), 254.

　　그렇다면 3일째 또는 세 번째 시대에 창조된 식물들과 나무들은 어떻게 되는 것인가? (중략) 그것들은 아직 태양이 아직도 만들어지기 전인 3일째 되는 날에 태양이 공급하는 희미한 빛의 기운도 받지 못한 채 완전히 어둠에 쌓인 절반 시기를 보내야만 한다. 이런 순서라면 창조된 식물 전체가 완전히 멸종되었을 것이다.[21]

　　과학의 시대에 살고 있는 현대인들은 성서의 역사를 가지고 자연의 역사를 설명한다는 것에 무리가 있다는 것을 안다. 성서에서 설명하는 세상의 역사는 하나님의 천지창조로부터 시작한다. 창조된 인간은 뱀의 유혹에 빠져 죄를 저지르고 낙원에서 쫓겨난 후에 이 땅에서 고통의 인생을 살아가야 하는 운명을 받게 된다. 이후 하나님은 이스라엘 민족을 선택하여 그들에게 당신의 뜻을 계시한다. 그 후에 하나님은 인류를 구원하기 위해서 그의 아들 예수를 이 땅에 보낸다. 예수는 지상 사역을 십자가에서 대속의 죽음으로 끝내고 죽은 지 삼 일만에 부활하여 하늘로 승천한다. 하늘로 승천한 예수는 하나님 우편에 앉았다가 세상 끝 날에 심판하기 위해서 이 땅에 재림한다는 것이 성서에 입각한 세상 역사이다.

　　결국 성서의 역사관은 태초에 하나님의 창조로 시작해서 세상의 종말에 하나님의 심판과 구원으로 끝난다. 이런 역사관을 신학에서는 "구원의 역사" 즉 "구속사"(救贖史, history of salvation)라고 한다. 성서는 이런 구속사적인 틀 안에서 자연 현상을 설명한다. 기후의 변화 특히 가뭄이나 지진 활동 등은 하나님의 구원의 섭리에 근거해서 해석되어진다. 성서의 역사관에는 항상 구원이란 전제가 분명하게 들어 있다.

---

21) Ibid., 288-9.

오늘날 자연과학이 발견한 역사를 자연사(history of nature 또는 natural history)라고 한다. 자연사에서는 태초의 시작을 137억만 년 전에 일어난 우주의 대폭발이라는 빅뱅이론으로 설명한다. 지구의 탄생은 45억5천만 년 전에 일어난 태양계의 형성과 동시에 이루어진 것으로 설명하며 그 이후로 기계처럼 반복되면서 일어난 자연 현상으로 생명이 생겨나고 변화되어 온 역사를 말할 뿐이다.

성서는 하나님의 구원이 있는 구원의 역사를 말하고 과학은 무상한 세월동안 기계처럼 흘러온 자연의 역사를 말한다. 구속사와 자연사의 충돌이 생겨난 것이다.

4. 인간론 충돌: 창조론과 진화론

기독교 성서를 보면, 하나님 다음으로 가장 중요한 존재는 인간이다. 하늘과 땅도 인간을 위한 무대에 불과하다. 역사의 중심에도 역시 인간이 놓여 있다. 천지창조 이야기 가운데 인간 창조는 다음과 같이 각별하게 기록되어 있다.

> 하나님이 천지를 창조하던 여섯째 날이었다. 하나님은 천지 만물 중에서 유일하게 하나님을 닮은 존재인 인간을 만들기로 했다. 그래서 남자와 여자를 만들었다. 그리고 인간들로 하여금 땅 위에 짐승들을 다스리게 하였다. 땅 위에 번성하여 땅을 정복하도록 하였다(창 1:26-28).
>
> 특히 남자인 아담을 만들 때에 하나님은 먼저 흙으로 빚어서 사람의 모양을 만들었다. 그리고 그 코에 하나님의 입김을 불어넣었다. 그랬더니 진흙으로 만들었던 사람은 숨을 쉬기 시작하였고 살아있는 사람이 되었다. 다음으로 하나님은 에덴동산을 만들어 놓고 흙으로 짐승과 새를 만들어 에덴동산 안에 두었다. 그리고 최초의 인간인 아담을 거기서 살게 하였다. 이후에 하나님은 아담이 혼자 있는 것을 좋지 않게 여겨 여자인 하와를 다음과 같이 만들었다. 아담을 깊이 잠들게 한 후에 아담의 갈비뼈를 하나 뽑았다. 그리고 그 뼈로 여자를 만들어서 아담에게 주었다. 이 여자가 최초의 여자로 인류의 어머니인 하와인 것이다(창 2:7-4:20).

성서에 의하면, 인간의 시작은 하나님의 창조로 말미암아 시작되었다.

하나님이 흙을 이겨서 사람의 육체를 만들었고 코에 영을 불어 넣어서 생명이 있는 육체가 되었다고 한다. 여기서 육체는 땅에서 왔고 영은 하나님으로부터 온 것이다. 땅에서 온 육체 또한 하나님의 손으로 지음을 받았다. 이와 같은 인간 창조 이야기는 인간을 하나님과 연결시키고 있다. 성서에서 인간의 정체성과 가치는 하나님과의 관계를 통해서 확립된다.

18세기까지 대부분 사람들은 생물의 모든 종류(種類)는 창조주에 의해서 만들어졌으며 절대로 변하지 않는다고 믿어왔다. 특히 팔리(William Paley, 1743-1805)의 다음과 같은 시계공의 유비(Watchmaker analogy)가 이런 입장을 지지하였다. 첫째로 시계 내부의 복잡한 부품들을 작동하기 위해서는 반드시 어떤 지적인 설계자(an intelligent designer)가 필요하다. 둘째로 하나의 시계처럼 복잡한 어떤 신체 기관, 유기체, 생명체, 태양계, 우주 등을 작동하기 위해서도 역시 어떤 설계자가 필요하다. 결국 모든 생명체는 창조주와 같은 지적 설계자에 의해서 만들어졌다. 이것이 당시에 지배적인 사상이었다. 이런 사상은 다윈(Charles Darwin, 1809-1882)에게도 크게 영향을 끼쳤었다. 그러나 다윈은 "자연선택"(Natural selection)이란 법칙을 발견하면서 팔리의 지적 설계(Intelligent design)를 포기한다. 다윈은 자서전에서 다음과 같이 언급했다.

> 전에 나는 팔리가 제안했던 자연의 지적 설계에 관한 옛 주장을 매우 확고하게 받아들였었다. 그러나 자연 선택의 법칙을 발견한 지금 그 주장은 잘못된 것이 분명하다. 한 예를 들면, 쌍각류 껍질의 아름다운 이음매 모양은 사람이

---

22) The Autobiography of Charles Darwin 1809-1882, ed. Nora Barlow (London: Collins Clear-Type Press, 1958), 87.

만든 문의 경첩처럼 어떤 지적 존재에 의해 만들어졌다고 주장할 수 없다. 그 이음매는 바람 부는 경로에 적응하기 위해 유기체 스스로 변화를 선택하면서 생겨난 모양인 것이다. 즉 자연 선택에 결과라는 말이다.[22]

전통적인 이론에 의하면, 생물의 각 종류(種類)들은 하나님에 의해 직접 창조되었다. 각 종(種)들의 독특성은 이런 하나님의 창조에 의해 설명될 수 있었다. 또한 이렇게 창조된 종들은 아무리 세월이 흐른다고 할지라도 변할 수 없는 것이다. 사람은 처음부터 사람으로 지음을 받았고 지금까지 사람으로 존재하고 있는 것이다.

그러나 진화론의 경우는 다르다. 현재 존재하는 종들은 진화의 과정을 통하여 지금의 모습을 갖추게 된 것이다. 이런 진화를 설명하기 위해서 다윈은 "자연선택"(Natural selection)이란 원리를 제시했다. 그는 오랫동안 동식물들의 생활을 지속적으로 관찰하면서 열악한 환경에서도 잘 적응한 종들은 살아남을 가능성이 크고 환경에 잘 적응하지 못하는 종들은 멸종할 가능성이 크다는 것을 발견한 것이다. 하등동물들에서 고등동물들로 진화를 하게 된 원인은 자연선택에 있는 것이다. 한 조상이나 또는 소수의 조상들로부터 다른 모양을 가진 후손 종들로 진화를 하게 된 원인 역시 자연선택에 있는 것이다. 이런 원리에 근거해서 1859년에 다윈은 『종의 기원』[23]을 발표했다.

다윈이 동시대 사람들을 불편하게 했던 것은 생물의 종류(種類)를 구분

---

22) <u>The Autobiography of Charles Darwin 1809-1882</u>, ed. Nora Barlow (London: Collins Clear-Type Press, 1958), 87.

23) <u>On the Origin of Species by Means of Natural Selection or the Preservation of Favored Races in the Struggle for Life</u>

할 때 사람을 동물 부류와 같게 취급한 것이었다. 다윈은 동물들과는 탁월하게 구별되는 인간의 도덕적 능력과 지적인 능력에 관한 주장으로 인해 진화론의 자연선택 이론이 공격받는 것을 걱정했다. 다윈 역시 사람과 동물들 사이의 상당한 차이를 부인하지 않았다. 그러나 동물의 행동을 오랫동안 연구하면서 차이는 정도의 차이지 종(種)의 차이가 아니라고 확신했다. 그러한 차이 역시 오랫동안 시간이 경과하면서 생긴 진화의 결과로 설명될 수 있다고 확신했다. 드디어 다윈은 1871년에 자연의 역사에서 인간의 위치에 대한 자신의 견해를 밝히기 위해 『인간의 혈통』[24]이란 책을 출간했다.

이 책에서 다윈은 인간과 다른 동물들과 비슷한 점들을 제시한다. 몸의 구조, 발생학(embryology), 퇴화기관(rudimentary organs) 등에 관하여 해부학적으로 닮은 점들을 제시한다. 발생학적인 면에서 사람과 개의 태아의 유사성들을 제시한다. 인간에게 남아 있는 꼬리뼈(coccyx)와 같은 퇴화기관들은 인간이 진화하는 과정 가운데 한 때 사용했던 기관임을 추측케 하는 것들이라고 한다.

다윈은 정신적인 특성들 또한 인간만 가진 것이 아니라며 동물들 가운데 볼 수 있는 유사한 정신적 능력과 특징들을 증거로 제시한다. 특히 사랑, 영리함, 종교, 친절함, 이타주의 등에 대한 아날로지를 원숭이나 개에게서 찾는다. 인간과 다른 고등동물들 사이에 정신적인 차이라는 것은 정도의 문제이지 종(種)의 차이는 아니라고 한다. 인간의 사회적 종교적 본성 역시 진화된 것이라고 보았다. 인간의 문명은 미개하고 야만적인 사회로부터 진화된 것이다. 인간의 종교 역시 미개한 물신숭배로부터 진화된 것이다. 이 것은 "인간의 야만성이란 하나님의 은총으로부터 타락했기 때문에 생겨났

---

24) The Descent of Man

다"는 당시에 성서 주석가들의 입장을 정면으로 도전하는 것이었다.

위와 같은 증거들에 입각해서 다윈은 인간의 기원을 설명해 나간다. 먼저 젖을 먹이는 동물인 포유동물 가운데서 새끼를 낳는 대신에 알을 낳는 고대 단공류(單孔類) 동물들(Monotremata)을 설명한다. 단공류 동물들은 파충류에서 포유류로 진화되는 중간 과정에 존재했다고 해석한다. 이 단공류 동물이 캥거루처럼 어미가 새끼를 주머니에 넣고 다니는 고대 유대류(有袋類) 동물들(Marsupials)로 진화된다. 이 유대류 동물이 진화되어 새끼를 낳을 수 있는 태반이 있는 포유동물의 초기 조상들이 생겨난다. 태반이 있는 포유동물 가운데서 진화되어 여우원숭이들(Lemuridae)이 생겨난다. 여우원숭이들로부터 유인원들(類人猿, Simiadae)이 생겨난다. 이 유인원들이 진화되어 새 세계(New World) 원숭이들과 옛 세계(Old World) 원숭이들로 나누어진다. 그리고 옛 세계의 원숭이들 중에서 진화되어 인간이 나타나게 된 것이다.[25]

다윈에게 인간은 하등동물에서 고등동물로 진화되는 과정에 생겨난 것이다. 즉 우둔한 동물의 종으로부터 인간이 시작된 것이다. 이것은 성서의 인간론과 정면으로 대치되는 것이었다. 성서에 인간은 본래 하나님이 창조한 친상의 완전한 존재였다. 그리다가 죄로 인해 타락한 것이다. 이 타락한 인간에게는 하나님의 구원이 필요한 것이다. 이런 성서의 창조, 타락, 구원에 대한 필요성은 다윈의 진화론이 등장하면서 증발된 것이다. 다윈의 진화론은 결국 역사 속에 하나님의 섭리를 제거시킨 것이다.

다윈이 『종의 기원』을 발표한 후 종교재판과 같은 교회의 공격이 1860년 6월 옥스퍼드에서 열린 한 모임에서 있었다. 이 모임에서 윌버포스 감독(Bishop Whilberforce)은 다윈의 이론을 공격하였다. 이 공격에 대해 후에

---

25) Charles Darwin, The Descent of Man and Selection in Relation to Sex, (NY: D. Appleton and Company, 1896), 165.

헉슬리(Huxley)가 윌버포스 감독의 공격에 다음과 같이 변호하였다.

저는 다시 말하는 것이지만 사람이 원숭이를 조상으로 가졌다는 것에 대해 부끄러워할 이유가 없다고 주장합니다. 그리고 내가 기억하기에 부끄러움을 느끼는 조상이 있다면 그것은 오히려 인간입니다. (중략) 미사여구로 사람들을 어둡게 하며 설득력 있는 여담과 종교적 편견으로 청중들에게 호소해서 문제의 본질을 흐리게 하는 그런 인간 말입니다.[26]

다윈이 종의 기원에서 주장한 이론들 가운데는 현대 과학에서 이미 거부된 것들도 있고 변경되거나 확장된 것들도 있다. 물론 아직도 해결이 안된 채 남아 있는 문제들도 있다. 그럼에도 불구하고 진화와 자연 선택이란 진화의 메커니즘에 관한 다윈 이론의 중심들은 지금까지 자연 과학자들에게 일반적으로 받아들여지고 있다. 다윈의 진화론이 발표되고 지구의 나이가 발표되면서 사람들은 생명의 기원을 찾는 일에 열심을 낸다. 자연발생론(Abiogenesis)에서는 지구 초기에 자연 물질들이 자연적인 화학 반응을 통해 아미노산(Amino acids)을 만들어 냈다고 본다. 이 아미노산이 단백질을 구성하게 되고 이렇게 만들어진 단백질은 핵산(Nucleic acids)에 의해 조정되었을 것이라고 추측한다. 결국 지구 생명체의 기원에 관한 문제는 "어떻게 처음으로 핵산이 생겨났는가?"란 문제로 귀착된다. 1993년에 캘리포니아 주립대학 교수 쇼프(J. William Schopf)는 과학 잡지『사이언스』[27]에 "35억 년 전 것으로 추정되는 청록색 미생물들(cyanobacteria microbes)

---

26) Letters of John Richard Green, ed. Leslie Stephen, (London: MacMillan and Co., 1901), 45.

27) J. William Schopf, "Microfossils of the Early Archean Apex Chert: New Evidence of the Antiquity of Life," Science, vol. 260, no.5108, (April 30 1993): 640-646.

이 들어있는 화석을 발견했다"고 발표했다. 주장이 사실이라면 지구상에 알려진 최초의 생명체일 수 있다. 놀라운 발견이 아닐 수 없다.

하나님에 의해 창조된 인간은 우주가 생긴 이래로 지금까지 변화되지 않고 현재와 같은 인간의 모습으로 살아왔다는 것이 성서의 창조론이다. 그러나 자연과학은 다윈의 진화론에 근거해서 전혀 다른 설명을 한다. 현재 우리가 말하는 인간이란 종은 지구가 생긴 초기에는 존재하지 않았다는 것이다. 미생물이 진화의 과정을 거쳐 수많은 종들로 변화되었고 그중에 하나가 인간이 되었다는 것이다. 성서의 인간 창조론은 과학의 진화론과 분명한 충돌을 하고 있다.

5. 방황의 역사

5.1. 중세기: 종교의 지배로 인한 과학의 방황 시대

1615년 카치니(Tommaso Caccini)는 로마로 가서 아라꿸리 추기경(Cardinal Aracoeli)을 만난다. 종교재판 법정에 출두해서 플로렌스(Florence) 지방에서 일어났던 사건들을 증언하기 위해서이다. 3월 19일 교황 바울 5세(Paul V)는 카치니를 심문할 것을 종교 재판소에 명령한다. 다음날 로마 종교 재판소의 대심판관 세기찌(Fr. Michelangelo Seghizzi)의 주재 하에 카치니에 대한 심문이 열렸다. 여기서 진술한 카치니의 증언은 이듬해인 1616년에 있을 갈릴레오 재판의 시초가 되었다.[28] 이 증언에서 카치니는 플로렌스에 있는 한 교회(Santa Maria Novella)에서 코페르니쿠스를 반박한 자신의 설교를 먼저 언급한다. 이 설교는 태양을 멈추게 한 하나님의 기적이 기록된 여호수아서 10장 13절에 근거한 것이었다. 법정에 기록된 카치니의 증언은 다음과 같다.

> 이 본문(수 10:13)을 나는 무엇보다도 문자적으로 해석했습니다. 그런 후에 영혼의 구원을 위한 영적인 의미로 해석했습니다. 그리고 내 직분에 맞게 조심성을 가지고 코페르니쿠스(Nicholas Copernicus)와 지금은 수학자 갈릴레오(Galileo Galilei) 선생이 가르치고 있는 주장을 비난할 기회로 삼았습니다.
>
> 갈릴레오의 가르침은 플로렌스 지방에 널리 퍼져 있습니다. 그에 따르면 태양이 세상의 중심이기 때문에 태양이 한 장소에서 다른 장소로 점진적으로 이동한다는 것을 있을 수 없다고 합니다. 그래서 나는 이런 주장은 이름 있는 학

---

28) Richard J. Blackwell, <u>Galileo, Bellarmine, and the Bible</u>, (Notre Dame: University of Notre Dame Press, 1991), 112.

자들이 가톨릭 신앙을 반대하려는 것이라고 말했습니다. 왜냐하면 그 가르침은 성서 안에 여러 구절들과 모순되기 때문입니다. 초대 교부들에 의해 결정된 성서 본문은 그런 가르침과는 반대로 말하고 있습니다. 앞에 인용한 여호수아 본문 이외에도 시편 18편, 전도서 1장, 이사야 38장 등이 그 증거입니다.

내가 말하고 있는 것이 내 상상에서 나온 것이 아니라는 것을 지성이 있는 청중들에게 확신시키기 위해서 나는 그들에게 세라리오(Niccolo Serrario)의 가르침을 읽어주었습니다. 세라리오는 코페르니쿠스의 이런 입장은 거의 모든 철학자들, 신학자들, 초대 교부들의 일반적인 판단에 위배된다고 가르쳤습니다. 그런 다음 세라리오는 위에 언급한 성서 구절들에서 알 수 있듯이 그런 가르침은 이단적이라고 단언하였습니다. 이런 사실들을 알려준 후에 나는 어떤 사람도 초대 교부들과 어긋나게 성서를 해석하는 것을 허락하지 않는다고 경고하였습니다. 왜냐하면 이런 해석은 교황 레오 10세(Leo X) 주재 하에 있었던 라테란 공의회(Lateran Council)와 트렌트 공의회(Council of Trent)에서 금지시켰기 때문입니다.[29]

카치니는 그의 증인을 다음과 같이 요약하면서 끝을 맺는다.

그래서 나는 위에 언급한 갈릴레오가 다음과 같은 두 가지 주장을 했다는 것이 이미 널리 알려진 사실이라는 것을 이 거룩한 법정에서 증언합니다. 즉 지구는 주기적으로 운동을 하고 있다는 주장과 태양은 움직이지 않는다는 주장입니다. 이런 주장들은 나의 양심과 지성에 따르면 초대 교부들이 이해했던 것처럼 성서에 반대되며 결과적으로 신앙에 반대됩니다. 신앙은 성서 안에 기

---

29) Ibid., 112-113; Opere, XIX, 307-311; Pagano, I documenti, 80-85.

록된 것은 무엇이든 진실한 것임을 믿어야 한다고 가르칩니다.[30]

이렇게 시작된 증언들을 토대로 종교 재판소의 11명의 신학 고문들은 위의 주장들이 신앙에 위배되는가를 조사한 후에 이듬해인 1616년 2월에 다음과 같은 견책으로 결론을 맺었다.

(1) 태양이 세상의 중심이며 또한 공간 이동이란 면에서 볼 때 전혀 움직임이 없다.

견책: 위의 주장은 철학적으로 볼 때 어리석고 부조리한 것이다. 공식적으로 볼 때, 이단적이라는 점에 모두 동의했다. 왜냐하면, 초대 교부들과 학식 있는 신학자들의 공통적인 해석에서 볼 때 이 주장은 성서 안에 여러 곳에서 발견되는 구절들과 분명히 모순이 되기 때문이다.

(2) 지구는 세상의 중심이 아니며 정지하고 있는 것이 아니다. 오히려 지구 전체가 움직이며 또한 주기적인 운동을 한다.

견책: 이런 주장은 철학에서도 비난을 받고 있다는 점에 모두 동의 했다. 신학적으로 볼 때도 그것은 어쨌든 신앙적으로 잘못된 주장이다.[31]

위와 같은 조사가 비밀스럽게 진행되고 있었던 것을 몰랐던 갈릴레오는 1615년 12월에 자신의 주장을 교황에게 변호하기 위해 낙관적인 생각으로 로마로 간다. 그러나 이듬해 2월 25일에 위와 같은 신학 고문단의 보고서가 교황

---

30) Richard J. Blackwell, Galileo, Bellarmine, and the Bible, 114.
31) Opere XIX, 320-321; Pagano, I documenti, 99-100.

126

에게 전달되자 교황은 즉시로 코페르니쿠스의 입장을 가진 갈릴레오를 개인적으로 만나보라고 벨라마인 추기경(Cardinal Bellarmine)에게 명령한다. 벨라마인에게 내린 교황의 지침은 다음과 같이 상당히 구체적이다.

> 교황은 탁월한 벨라마인 추기경에게 갈릴레오라는 자를 소환해서 그가 주장하는 의견을 포기하라고 권할 것을 명령한다. 그리고 만일 그가 복종하지 않으면 위원회는 공중과 증인들 앞에서 그런 사상이나 의견을 절대로 가르치거나 변호하거나 또는 토론하지 말라는 금지 명령을 그에게 부과하여야 한다. 만일 그래도 듣지 않으면 그는 투옥될 것이다.[32]

다음날 벨라마인과 갈릴레오의 만남이 추기경 저택에서 있었다. 한해 전 카치니가 진술했을 때 사건을 주재했던 대심판관 세기찌(Seghizzi)도 동참했다. 이 모임에서 무슨 일이 일어났는지 정확하게 알 수 없지만 이 모임에 참석했던 무명의 서기가 기록한 다음과 같은 각서가 종교 재판소 서류로 보관되어 있다.

> 재판 위원회는 법정에 출두한 갈릴레오에게 그가 주장한 의견들을 모두 포기할 것을 그의 이름과, 교황의 이름과, 법정 안에 회중들의 이름에 의거하여 명령하였다. 포기해야 할 의견이란 태양이 우주의 중심 안에 있으며 움직이지 않다는 것과 지구는 움직이고 있다는 것이다. 앞으로 그것을 구두로나 기록으로나 어떤 방법으로든지 주장하거나 가르치거나 변호하지 말 것을 명령한 것이다. 만일 지키지 않으면 종교 재판소는 그에 대한 소송을 제기할 것이다. 갈릴

레오는 이런 판결에 묵인하였고 그것을 따르기로 약속하였다.[33]

1623년에 갈릴레오가 존경하며 잘 알고 지냈던 플로렌스의 추기경 바르베리니(Maffeo Barberini)가 교황으로 선출되면서 우르반 8세(Urban VIII)라는 이름을 받는다. 갈릴레오는 새 교황을 만난 후에 확신을 가지고 그동안 미루어 왔던 우주의 구조에 관한 책을 출판하기로 결심한다. 만성 질병과 싸워가면서 8년에 거쳐 작품을 완성하고 로마와 플로렌스 교회의 검열관들로부터 허락을 받은 후에 마침내 1632년 2월에 플로렌스에서 그의 대작『프톨레미 세계관과 코페르니쿠스 세계관, 두 개의 중요한 우주 체계에 관한 대화』[34]를 출판했다. 이 책은 금방 여러 분야에서 거센 항의를 불러일으켰으며 결국에는 판매 금지를 당했고 인쇄된 책들은 1632년 여름까지 몰수당했다. 갈릴레오의 책 출판은 "구두로나 기록으로나 어떤 방법으로든지 주장하거나 가르치거나 변호하지 말라"는 금지 명령을 분명히 거역한 것이었다. 결국 갈릴레오는 1633년 봄에 소송에 걸려 로마로 소환되어 재판을 받게 되었다.[35] 이때 갈릴레오의 나이는 69세였다. 다음은 법정에서 갈릴레오와 심판관들 사이에 대화를 기록한 것으로 갈릴레오가 1633년 6월 21일에 서명한 것이다.

심문관: 그 책 자체에서 지구는 움직이고 태양은 움직이지 않는다는 것을 주장해 왔을 뿐 아니라 그것을 긍정적인 면으로 전개시킨 것을 보면 그(갈릴레

---

33) Opere XIX, 321-322; Pagano, I documenti, 101-102.

34) Dialogue Concerning the Two Chief World Systems, Ptolemaic and Copernican

35) Richard J. Blackwell, Galileo, Bellarmine, and the Bible, 130.

오)는 코페르니쿠스의 의견을 지지하고 있거나 아니면 적어도 한 번은 그것을
주장했었다고 생각됩니다. 만일 그가 진실을 말하지 않는다면 그에 대한 법적
인 처리와 적절한 조치를 취할 것을 요청합니다.

갈릴레오: 저는 코페르니쿠스의 의견을 주장하지 않습니다. 그리고 저는 그
것을 포기하라는 금지명령을 받은 후로 그것을 주장한 적이 없습니다. 나머
지에 대해서는 제가 여기 당신들 손 안에 있기 때문에 당신들의 뜻대로 처리
하시기 바랍니다.

심문관: 그는 진실을 말해야 한다고 들었습니다. 만일 그렇지 않는다면 고문
을 할 것을 요청합니다.

갈릴레오: 저는 순응하기 위해서 여기 서 있는 것입니다. 이미 말씀드린 대로
그 법정 결정이 이루어진 후에는 그 의견을 주장한 적이 없습니다.
그래서 이 판결 외에 다른 어떤 혐의가 없기 때문에 그가 아래와 같이 서명한
후에 그의 처소로 보내졌나.

나 갈릴레오 갈릴레이는 위에 기록된 것이 사실임을 인정합니다.[36]

이 재판을 받은 후 6월 30일 갈릴레오는 교황으로부터 시에나(Siena)로
여행할 수 있는 허가를 받는다. 거기서 갈릴레오는 그의 절친한 친구인 대

---

36) Maurice A. Finocchiaro, "That Galileo Was Imprisoned And Tortured Fro Advocating Coper-
nicanism," in Galileo Goes to Jail, ed by Ronald L. Numbers (Cambridge: Harvard University
Press, 2009), 75.

주교의 관저에서 5개월 동안 가택 연금 상태로 생활한다. 1633년 12월 갈릴레오는 플로렌스에 인접한 자신의 집으로 돌아가서 1642년 사망 때까지 가택 연금 상태로 살았다.[37]

종교가 지배하던 중세 유럽에서 과학적 지식은 수백 년 동안 거의 변화가 없었다. 당시 교회는 고대 그리스나 로마의 사상에 종교적인 교리를 결합시킨 가르침을 기초로 신앙체계를 유지시켜 왔다. 이 기간 동안 과학적인 탐구나 실험 등은 거의 없었다. 과학도들은 단지 권위가 있는 사람들이 쓴 글이나 말들을 진리로 받아들이는 수동적인 태도를 취하였다. 갈릴레오 당시까지도 성서에 기초한 교회의 교리가 지배하는 세상이었다. 과학적인 주장 역시 이런 교리 안에서만 허용된 것이다. 교리에 위배되거나 교리를 거부하는 과학들은 교회의 권력에 의해서 탄압을 받았다. 성서 안에 과학적 진리가 들어 있다는 중세기 교회의 가르침에 의해서 과학은 자유롭지 못하고 방황했던 것이다. 과학에 대한 종교의 횡포가 있던 시대였다. 과학이 방황했던 이 시대를 사람들은 암흑의 시대라고 한다.

5.2. 현 시대: 과학의 지배로 인한 종교의 방황 시대

종교개혁에 의해 교회의 권위가 무너지기 시작하고 계몽주의의 영향에 의해 인간의 합리적인 이성이 강조되기 시작하면서 과학은 교회의 통제로부터 벗어나게 되었다. 과학이 암흑의 시대로부터 빛의 시대 즉 자유의 시대를 맞이하게 된 것이다. 이 새로운 시대는 과학 혁명과 더불어 지난 5세기 동안 엄청난 속도로 발전해 오면서 세상을 지배하기 시작했다. 종교가 지배했던 세상이 과학이 지배하는 세상으로 바뀐 것이다.

---

37) Ibid., 74.

세상을 지배하게 된 과학은 다음과 같은 교리를 현대인들에게 주입시키고 있다. 최초의 우주에는 물질이란 것이 없었다. 단지 엄청난 고에너지가 고밀도, 고온, 고압 아래 평형을 유지하고 있었던 상태였다. 이 고에너지의 평형 상태가 지금으로부터 약 137억 년 전에 갑자기 깨져버린 것이다. 불과 수천 억조 분의 1초도 안 되는 시간 안에 상전이(相轉移, phase transition)가 일어나면서 우주가 기하급수적으로 팽창하기 시작한 것이다. 팽창이 정지된 후에 우주는 쿼크와 같은 여러 기본 소립자들(elementary particles)이 플라즈마(plasma)[38] 상태로 있었다. 이 소립자들은 고온 상태에서 불규칙한 운동을 하면서 서로 충돌하기 시작했다. 이 충돌로 인해 입자(particle)와 반입자(anti-particle)들의 생성과 소멸이 계속해서 일어났다.

어느 시점에서 중입자 창조설(baryogenesis)로 불리는 알 수 없는 반응이 일어났다. 이 반응으로 인해 그동안 보전되던 중입자 수(baryon number)의 균형이 깨진 것이다. 즉 쿼크들(quarks)과 렙톤들(leptons)의 숫자가 반쿼크들(anti-quarks)과 반렙톤(anti-leptions)들의 숫자보다 극소량 초과되면서 최초로 물질이 생겨난 것이다. 그래서 현재 우주 안에는 물질(matter)이 반물질(antimatter)보다 우세하게 된 것이다. 온도가 수십억도가 되고 기체의 밀도가 엄청 높아지는 몇 분 동안에 중성자들(neutrons)과 양자들(proton)이 결합하기 시작했다. 빅뱅 핵 합성(Big Bang nucleosynthesis)이라 불리는 이 과정을 통해서 중수소(重水素, deuterium), 헬륨(helium), 핵(nucleus)들이 만들어졌다. 대부분의 양자들은 수소 핵들처럼 결합되지 않은 채 남아 있었다.

이로부터 약 38만년 후에 전자와 핵들이 결합되면서 원자들을 만들어

---

38) 원자핵이나 전자와 같은 기초 소립자들이 분리되어 있는 가스 상태를 말한다.

냈다. 주로 수소 원자가 생겨났다. 이후 오랜 기간 동안 물질이 거의 일정하게 흩어져 있던 밀집 지역에서는 중력에 의해 가까운 물질들끼리 서로 잡아당기며 뭉쳐지는 일이 생겨났다. 이렇게 뭉쳐지면서 더 짙은 성운들, 태양과 같은 항성들, 은하계와 같은 소우주들이 생겨난 것이다. 이 과정은 각 물질의 양과 형태에 따라서 다양하게 나타났다.

지구가 속해있는 태양계는 약 46억 년 전에 거대한 분자 구름의 붕괴로 시작되었다. 이 붕괴로 대부분의 물질들은 중앙으로 집중되어 태양을 형성하였다. 그리고 나머지 물질들은 행성, 위성, 소행성 등을 만들어 냈다. 태양은 태양계 전체 질량의 99.86퍼센트를 차지하고 있기 때문에 태양계 안에 있는 모든 행성들을 중력에 의해서 묶어 놓고 있는 것이다. 이렇게 만들어진 태양은 앞으로 50억년 후면 식어져서 빛을 잃게 되어 죽은 별(white dwarf)이 된다.

태양이 만들어지면서 동시에 생겨난 지구는 표면이 식어가면서 땅을 만들어 냈고 물은 대기 중에 축적되기 시작했다. 지구에 생물체가 존재할 수 있는 환경이 만들어진 것이다. 생명체가 어떻게 생겨났는지에 대한 논의는 여러 주장들이 있지만 그중에는 무기물의 단순한 화학 반응들에 의해서 생물의 복잡한 화학적 구조가 형성되었다고 주장하는 학설(Abiogenesis)이 있다. 다윈의 진화론에 입각해서 설명하면 지구상의 생물들은 본래 하나의 조상을 가지고 있었는데 그것이 다른 종들로 분화되고 생존과 멸종을 반복하면서 진화되어 오늘날과 같은 여러 종류의 생물들이 생겨났다고 한다.

약 30-40억 년 전에 박테리아와 같이 세포에 핵이 없는 원핵생물(Prokaryota)이 생겨났었다. 그 후 오늘날 식물과 동물의 세포와 같이 세포 내에 핵과 세포소기관들을 가진 진핵생물(Eukaryota)이 출현하게 되었다. 최초 진핵생물의 출현 시기는 16억 년 전에서 27억 년 전까지 추정한다. 이후에 여러 개의 세포로 이루어진 다세포 생물(Multicellular organism)이 생겨난다. 다세포 생물은 급격한 진화 과정을 거쳐 식물과 버섯과 같은 균계생물, 곤충들과 같은 절지동물들을 출현시킨다. 물에서는 물고기가 생기고 이후 물과 땅에서 사는 양서류가 분화되다가 양서류에서 파충류가 분화된다. 이후 지금으로부터 2억 년 전에 파충류에서 포유류가 출현하고 1억 년 전에는 파충류에서 조류가 분화되어 나온다. 포유동물에서 원숭이들이 분화된 후 옛 세계의 원숭이들 중에서 인간을 포함하여 오랑우탄, 고릴라, 침팬지 등이 분화된다.

위와 같이 과학은 나름대로 우주와 지구의 기원, 자연의 역사, 지구 생명체와 인간의 기원 등에 대해 총체적으로 설명하고 있다. 여러 가지로 발전된 과학적인 측정 방법들이 위와 같은 과학 이론들을 설득력 있게 입증하고 있다. 옛날에는 망원경으로 쳐다보면서 설명하던 과학의 주장들을 오늘날에는 우주선을 타고 직접 방문하여 만져보며 입증하는 시대가 된 것이다.

물론 과학이 지금까지 발견한 것들을 모두 절대적인 진리라고 말하는 사람은 없다. 현대 과학이 천체를 발견했다고 해서 천체에 관해 완전하게 알고 있다고 주장할 수는 없는 것이다. 아직도 지구에 가장 가까운 달조차 그것이 어떻게 형성되었는지 학자들에 따라 서로 다른 이론들을 제시하고 있는 실정이다. 현대 물리학은 우리가 살고 있는 3차원 공간과는 아주 다른 눈에 보이는 않는 미시적(微視的) 공간을 논한다. 이런 미시적 공간을 논하는 양자역학(Quantum mechanics)에서는 끈 이론(String theory)을 통하여 10차원 심지어는 26차원까지 주장하기도 한다. 쉽게 말하면 우리 눈에 보이는 공간이 전부가 아니란 말이다. 그럼에도 불구하고 과학은 앞으로 더 정확한 발견을 위해서 진보하고 있는 것은 사실이다.

이제 과학은 수학적인 체계를 바탕으로 과학의 교리를 현대인들에게 정확하게 설명해주고 있다. 말로만이 아니다. 현대인들이 거부할 수 없도록 실험적 증거를 분명하게 제시하고 있다. 지금까지 축적된 과학 기술에 의해 발명한 헤아릴 수 없이 많은 선물들을 과학은 현대인들에게 안겨주고 있다. 현대인들은 과학의 확실한 논증과 풍성한 혜택에 이미 빠져 있다. 현대인들은 과학에 중독되어 있는 것이다. 마치 중세기에 사람들이 종교에 중독되어 있었듯이 말이다.

지나온 과학의 역사를 통해서 우리가 알 수 있는 것은 과학이 윤리적인 면을 제외하고 모든 것으로부터 자유로워질 때 인류를 위해서 엄청난 공헌을 할 것이란 사실이다. 그런데 만일 우리가 과학이 발견한 많은 사실들을 무조건 거부만한다면 우리는 여천히 중세기적 사고 속에 사는 현대인이 될 것이다. 과학이 지배하는 사회 속에서 사는 이방인이 되는 것이다. 그렇다. 이제는 과학이 지배하는 시대가 된 것이다. 현 시대를 지배하는 과학은 나름대로의 교리를 현대인들에게 가르치고 있다. 과학은 우주의 시작, 지구의 역사, 생명의 역사, 인간의 기원 등 다양한 가르침을 현대인들에게 제시하고 있다. 이미 과학적 논리에 빠져 있는 현대인들, 계몽주의 이후 세대들은 주저 없이 과학의 가르침을 수용한다.

문제는 이런 과학의 가르침이 성서의 창조론, 구원론, 인간론, 천국, 지옥 등 기독교의 기초가 되는 교리들과 충돌하게 된 것이다. 기독교란 종교의 세계 안에서 우주 만물을 이해하려면 반드시 하나님이란 전제를 필요로 한다. 하나님을 시간과 공간의 근원이며 기반라고 여기는 것이다. 그러나 과학의 세계는 더 이상 하나님이 필요로 하지 않는다. 이 말은 과학이 장악하고 있는 현 시대는 하나님을 필요로 하지 않는 시대란 말도 된다. 과학은 자신의 이론과 방법으로 기독교의 교리를 거침없이 해체시키며 증발시키고 있는 것이다. 과거 중세기에는 성서의 구원의 역사가 과학의 자연의 역사를 옭아매고 있었다. 그러나 이제는 상황이 역전되어서 과학의 자연의 역사가 종교의 구원의 역사를 옭아매고 있다.

이런 과학의 힘에 눌려 있는 많은 현대 기독교인들은 지금 방황하고 있다. 이들은 성서 안에 교리들을 쉽게 포기하거나 선택적으로 받아들이고 있다. 과학적 우주관을 절대적으로 신뢰하고 성서에 있는 종교적 우주관은 과학적으로 근거 없는 것으로 여겨 쉽게 포기한다. 결국 성서 안에 공간에 관련된 모든 종교적인 표현들이 동시에 사라진다. 하나님은 더 이상 우주 공간 어느 곳에도 계시지 않는다. 하나님이 계신 장소가 증발해버린 것이다. 이 시대에 장소를 잃은 하나님이 살아남는 유일한 길은 철학적인 개념으로 탈바꿈하는 것이다. 즉 종교적인 하나님이 철학적인 하나님으로 바꾸어지는 것이다.

예수의 그리스도 초월성 역시 증발되어 버린다. 그가 선재했던 하늘, 부활 승천하여 올라갔다고 하는 그 하늘이란 본래 존재하지 않는 장소라고 여기기 때문이다. 예수의 초림 승천 재림 등의 종교적 의미가 상실된다. 물론 성육신 교리조차 의미를 상실하게 된다. 기독교의 중요 교리들이 자리를 잃고 허공으로 증발된다. 그나마 철학적인 개념으로 해석될 수 있는 것들 몇 개만 남아서 기독교의 가르침이라고 주장하게 된다. 앙상한 뼈만 몇 개 남아 있는 나약한 기독교가 된 것이다.

종교성을 잃어버린 기독교인들은 결국 방황하게 된다. 자신의 정체성을 잃어버린 것이다. 자신이 누구인지 어디서 왔는지 어디를 향해 가는지 아무도 말해주지 않는다. 물론 이전에는 기독교의 기초가 되는 성서의 교리들이 단순하면서도 분명하게 이런 질문에 답해주었다. 그러나 이제는 과학에 눌려서 이 모든 것을 상실해 버렸다. 창조주의 손으로 시작된 자신의 모습이 사라져 버렸다. 지금까지 바라보고 달려왔던 삶의 목적인 구원이 사라져 버렸다. 죽은 다음에 들어가려고 했던 천국이 증발되어 버린 것이다. 현대 기독교인들은 구원을 잃어버리고 허무함에 빠지게 되었다. 천국을 잃어버리고 공허함에 빠져버린 것이다. 방황하는 교회, 방황하는 기독교인 이것이 현대 기독교의 특징이 된 것이다.

그런데 기독교만 방황하는 것이 아니다. 과학의 지배아래 사는 현대인들이 모두 방황하고 있는 것이다. 기독교를 기반으로 했던 유럽 대륙은 정신적 아노미 상태에 빠져버렸다. 과학이 놀라운 속도로 발달하고 현대인들에게 엄청난 양의 정확한 지식을 전달해주고 있는데 현대인들은 무언가 잃어버리고 방황하고 있는 것이다. 과학이 정확한 증거를 들이대면서 설명하는 것을 들어보면 맞기는 한데 무언가 잃어버린 것 같다.

과학은 우주의 지름이 930억 광년이 된다고 상상을 초월하는 수치들로 설명한다. 현대인들은 그런 광활한 우주 공간에 비하면 너무 너무 작고 초라한 자신을 깨닫게 되어 공허함에 빠진다. 예전에는 인간이 우주의 중심이었다. 그러나 과학에 의해서 인간은 우주의 중심이었던 자신의 자리를 박탈당했다. 있을 공간이 없어진 것이다. 그래서 공허한 것이다. 137억년이란 우주의 역사는 상상키도 어렵다. 그것에 비하면 80년 인생은 한 순간과 같다. 셀 수도 없는 엄청난 우주 역사 앞에서 유한하고 초라한 자신의 인생을 보니 허망해진다. 그 짧은 기간 동안 수고하며 살아가는 자신의 모습이 한없이 초라해진다. 무엇을 이루어 본다는 것 역시 허망한 짓이다. 허무한 것이다. 우주가 아무리 커도 아무리 오래 됐어도 나의 인생에 어떤 의미나 목적을 부여하지 못한다. 오히려 그런 과학 지식은 나의 삶의 가치를 증발시킬 뿐이다.

또한 과학은 "인간"이란 무상한 세월동안 생물학적으로 진화해온 결정체일 뿐이라고 발견된 화석들을 들이대며 설명을 한다. 그럴 듯하지만 그런 진화론적 설명이 나의 인생의 가치를 부여하지 못한다. 현대인들은 과학의 지배아래 살면서 자신들의 내면에 있는 공허와 허무가 어디에서 온 것인지 알지 못하고 방황하고 있다. 여과할 겨를도 없이 쏟아져 나오는 과학 정보의 홍수 속에 쓸려 다니며 방황하고 있다. 이 공허와 허무가 사실은 냉철하고 합리적이고 분석적인 과학이 가져다준 증상인지도 모르고 말이다.

과거 인류는 종교를 통해서 자기의 근원을 이해했고 죽음 너머 영원을 소망했었다. 종교는 인간에게 시간과 공간의 가치와 의미를 부여해주었던 것이다. 그런데 과학의 가르침이 지배하기 시작하면서 종교의 공간이 텅 비게 되었고 그 결과 인류는 절박한 공허감에 빠져 헤어 나오지 못하게 되었다. 물론 종교의 시간도 사라져버리면서 허무를 경험하기 시작한 것이다. 종교가 사라져버린 이런 "공허와 허무"의 시대에 도마스 하디(Thomas Hardy)는 하나님의 죽음을 암시하는 「신의 장례식」(God's Funeral)이란 아래와 같은 시를 썼다.

|

나는 보았다 천천히 발걸음을 옮기고 있는 장례 행렬을.

이마엔 주름살이 그려지고 움푹 팬 눈과 굽은 허리와 늙어버린,

어둠이 깔린 평원을 가로지르는 행렬이 따르고 있는,

이상하고도 신비스런 형상 그것을 맨 앞에서 나르고 있었다.

.

IX

시간은 멈추지 않고 은밀하게 반복되고 있을 때

타협할 줄 모르는 야만의 실체가

우리가 만들어 놓은 제왕(神)을 난도질할 때까지

그는 떨었다. 쓰러졌다. 이제 그는 사라져버렸다.

.

X

그래서 신화의 망각 주변에서

어둠 속에 말라버린 입술로 우리는 기면서 더듬고 있다.

바벨론에서 울었던 자들보다 더 애통해 하면서

그들에게는 시온이란 살아있는 희망이나 있었다.

.

XI

이미 지나가버린 옛 시절에 삶은 얼마나 달콤했었던가!

확신에 찬 기도로 반복되는 하루를 시작하며

저녁 무렵에는 충실하게 잠자리에 들고

그가 거기 있었다는 은총의 확신을 가졌던 삶.

.

XII

그런데 누가 또는 무엇이 그 자리를 채워 줄 것인가?

방황하는 인간들은 초점을 잃은 눈을 어디로 돌려야 하는가?

V. 신의 죽음의 시대에
방황한 사람들:
포이엘바하, 칼 마르크스, 니체

신학=
방황?

V. 신의 죽음의 시대에 방황한 사람들: 포이엘바하, 칼 마르크스, 니체

1. 포이엘바하(Ludwig Feuerbach, 1804-1872)

1.1. 제 2의 종교개혁자: 인간이 신이다

"하나님이 인간을 창조한 것이 아니라 인간이 하나님을 창조하였다"는 것이 포이엘바하의 주장이다. 인간은 본성적으로 성취하고 싶어 하는 자신의 모습을 밖으로 투사시켜서 "하나님" 즉 "신"(神)이라고 만들어 놓고 숭배 대상으로 삼는다. 그러므로 신이란 표출되고 대상화된 인간 자신의 모습인 셈이다. 신을 만든 주체(主體)가 되는 인간은 자신의 모습을 투사시킨 신을 예배의 대상 즉 객체(客體)로 만들어 섬긴다. 종교 안에서 주체가 되는 자신과 대상화된 자신 사이에 분열이 일어난 것이다(주객분열). 이런 의미에서 종교에서 말하는 신은 인간 스스로 대상화시켜서 포기해버린 자기 자신 즉 소외된 자아(自我, self)이다.

결국, 종교의 본질이란 인간 자신의 소외된 자아에 있는 것이다. 그래서 포이엘바하는 1851년에 발간한 『기독교의 본질』[1]이란 책 제목을 본래 "너 자신을 알라"란 제목으로 쓰려고 했었다. 그는 자신을 제 2의 마틴 루터로 여겼다. 루터가 종교개혁을 통해 옛 기독교에서 새로운 기독교를 탄생시켰던 것처럼 포이엘바하는 자신을 기독교란 전통종교에서 새로운 "인간의 종교"를 출범시킨 "제 2의 종교 개혁자"로 여긴다.

포이엘바하는 자신이 무신론자가 아니라고 한다. 왜냐하면 그에게는 신이 있기 때문이다. 그에게 신은 곧 '인간'이며 그의 종교는 '인간의 종교'이다. 그는 신의 존재를 가지고 유신론과 무신론을 구분 짓는 것은 16세기나 17세기 방식이라고 한다. 전통적으로 신이란 세상을 초월해 있는 '전적 타자'(ganz Andere)[2]였다. 포이엘바하는 이런 전통적인 신을 거부한다. 그에게는 인간이 곧 신이기 때문이다. 그래서 그에게 신이 존재하느냐 안하느냐란 질문은 인간이 존재하느냐 안하느냐에 관한 질문일 뿐이다.[3] 결국 그는 하나님을 인간으로 낮추는 반면에 인간을 하나님으로 높여 놓았다.[4] 또한 신을 연구하는 신학을 인간학으로 축소시켜버리고 오히려 인간 심리 연구하는 인간학을 신학의 자리로 높이 올려놓았다. 다시 말하면, 포이엘바하는 신학을 인간의 심리를 분석하는 인간학으로 전락시켜 놓은 것이다.[5]

이런 포이엘바하의 사상은 이후 세대들에게 커다란 영향을 끼쳤다. 철

---

1) The Essence of Christianity

2) "전적 타자" 는 칼 발트의 용어이다.

3) Sämtliche Werke, 1846, I, xiv-xv; Sidney Hook, From Hegel to Marx (New York: Humanities Press, 1950), 222-223에서 인용함

4) Ludwig Feuerbach, The Essence of Christianity, trans. Marian Evans, (NY: Calvin Blanchard, 1855) 9.

5) 현대 성서신학자인 불투만 역시 비슷한 말을 했다. "Deshalb und in diesem Sinne ist die paulinische Theologie zugleich Anthropologie." (그렇기 때문에 이런 의미에서 바울의 신학은 동시에 인간학이다.) Rudolf Bultmann, Theologie des Neuen Testaments, (Tübingen: J.C.B. Mohr, 1984) s.192.

학적으로는 실존주의 철학에서 키르케고(Kierkegaard), 니체(Nietzsche), 하이데거(Heidegger), 사르트르(Sartre)뿐 아니라, 심리학에서는 프로이트(Freud)와 프롬(Eric Fromm) 등에게, 사회경제학에서는 마르크스(Karl Marx)와 엥겔스(Friedrich Engels) 등에게 깊은 영향을 끼쳤다.

1.2. 신학을 포기한 사람

본래 포이엘바하는 목회자가 되려고 신학을 공부하기 위해서 하이델베르크 대학에 입학했다. 1824년에 아버지의 반대에도 불구하고 슐라이에르마허(Friedrich D. E. Schleiermacher, 1768-1834), 마르하이네케(Phillip K. Marheineke, 1780-1846), 네안더(Johann A. W. Neander, 1789-1850)의 강의를 듣기 위해 베를린 대학으로 옮겼다. 여기서 그는 당시 인기가 높은 헤겔(Georg W. F. Hegel, 1770-1831)에게 빠지면서 신학보다 철학에 관심을 갖기 시작했다.

2년간 헤겔의 제자로 있다가 헤겔 철학의 좌파로 알려진 "헤겔 소장파들"(Young Hegelians)과 관계를 맺었다. 헤겔 우파들은 당시 프러시안 사회가 변증법적 과정을 거친 완전한 사회라고 본 반면에 이 소장파들은 완전한 사회를 이루기 위해서는 아직도 갈 길이 멀다며 당시 정치, 사회, 종교에 대한 비판을 일삼았다. 포이엘바하는 이 급진 개혁세력인 소장파들과 연관을 맺으면서 더 이상 신학을 공부하지 않겠다는 편지를 친구에게 썼다. 신학을 포기하고 오히려 전통적인 교회를 공격하는 쪽으로 돌아선 것이다.

포이엘바하는 1828년에 헤겔 밑에서 논문을 마치면서 에어랑겐(Erlangen) 대학에서 철학부 대학 강사(Privatdozent)가 되었다. 거기서 그는

1832년에 무명으로『죽음과 불멸에 대한 생각들』[6]이란 논문을 출판하였다. 기독교를 이기적이고 비인간적인 종교로 해석한 이 무명의 논문이 논란을 불러일으키면서 나중에 포이엘바하가 논문의 저자임이 밝혀지게 되었다. 문제의 책임을 지고 포이엘바하는 대학에서 사임하게 되었다

이로 인해 포이엘바하는 그의 학자적인 경력을 포기하고 재야의 학자가 되어 바바리안(Bavarian)이란 작은 마을에서 시간을 보내며 생활했다. 거기서 그는 철학과 종교에 관한 중요한 작품 세권을 썼다. 1841년에는『기독교의 본질』[7]을, 1843년에는『미래 철학』[8]을 출판했다. 1848년도에 하이델베르크에서『종교의 본질』[9]을 강의했고 이 강의록은 1851년까지 출판되지 않았었다. 1872년 죽을 때까지 그는 누렘베르크(Nuremberg) 근처에서 재야 학자로서 살았다.

1.3. 뒤집기 방법: 변형적 비평(transformational criticism)

포이엘바하는 데카르트 이후 그의 스승인 헤겔까지 주류를 이루어온 사색적이며 추상적인 이상주의 철학을 뒤집고 감각적이며 물질적인 경험철학을 전개한다. 변증법적으로 테제(thesis, 正立)인 헤겔의 이상주의 철학을 버리고 안티테제(antithesis, 反正立)인 경험적인 철학을 제시한 것이다. 포이엘바하는 "지금까지 철학자들이 감각 경험을 무시해 왔다"고 지적한다. 이런 철학자들은 머리로 더욱 명확하게 사고하기 위해서 눈을 빼버린 사람들과 같다고 한다. 물론 자신의 스승이었던 헤겔 역시 예외는 아니다.

---

6) Gedanken über Tod und Unsterblichkeit

7) The Essence of Christianity,

8) The Philosophy of the Future

9) The Essence of Religion

포이엘바하는 사상으로 철학을 시작한 헤겔과는 결별하고 이신론자들처럼 자연으로 그의 철학을 시작한다. 감각적으로 직접 경험되는 물질세계인 자연이 인간 의식과 사상의 직접적인 근거가 된다고 본 것이다. 철학은 추상적 사고로 시작하지 말고 감각적 경험을 통해 우리에게 직접 주어진 것들로부터 시작해야 한다는 것이다. 이런 점에서 신학에서 말하는 초자연적인 요소들은 고려해볼 가치가 없는 것이다. 결과적으로 포이엘바하는 헤겔철학과 함께 신학의 종말을 고한다.

> 헤겔 철학은 신학의 마지막 피난처이며 마지막 합리적인 후원자이다. 한때 가톨릭 신학자들이 개신교와 싸우기 위해 사실상 아리스토텔레스주의자들이 되었던 것처럼 지금은 개신교 신학자들이 무신론과 싸우기 위해서 헤겔주의자들이 되었다. 헤겔 철학은 철학이라는 수단에 의해 상실되고 패배한 기독교를 재건하기 위한 마지막 야심찬 시도이다. 영과 물질, 무한과 유한, 신성과 인간 등에 관하여 지나치게 칭송하는 그 사색적인 논리는 현시대에 저주받은 역설일 뿐이다. 그리고 형이상학의 최고봉에 있는 신앙과 불신앙, 신학과 철학, 송교와 무신론, 기독교와 이방종교에 관한 논의도 마찬가지이다.[10]

포이엘바하는 헤겔의 종교적 사색이 근본적으로 보여주는 것은 신(神) 인식에 반영된 인간 자신의 자기 소외(self-alienation)란 심리적 사실이라고 보았다. 종교는 스스로 소외된 인간성을 드러내고 있다는 사실을 헤겔은 무의식적으로 드러냈다는 것이다. 현실 속에 모순과 결점으로 뭉쳐있는

---

10) L. Feuerbach, "Zur Kritik der Hegelschen Philosophie," <u>Sämtliche Werke, II</u>, ed. F. Jodl and W. Bolin, (Stuttgart, 1959), 277.

인간은 완전한 자신의 모습을 상상한다. 자신(自我, self)은 현실 속에 자신과 상상 속에 자신으로 분리된다. 심리적으로 자기 분열이 일어난 것이다. 현실 속에 자신은 상상 속에 자신을 종교 안에 신에게 투사시킨다. 결국 종교에서 말하는 신은 현실 속에 인간 자신으로부터 멀어진 즉 소외(alienation)된 인간성을 반영하고 있는 것이다. 물론 인간이 스스로 자신을 소외(self-alienation)시킨 것이다. 포이엘바하는 헤겔에게서 이 점을 간파했다.

헤겔은 인간을 자기 소외(self-alienation)된 신으로 이해했다. 신이 인간을 소외시켰다는 말이다. 다시 말하면 인간은 신으로부터 떨어져 나온 존재란 말이다. 본래 신의 형상을 닮은 인간이 타락으로 인해 신에게서 쫓겨났다는 전통적인 기독교의 가르침에 근거한 입장이다. 그런데 포이엘바하는 이것을 정반대로 뒤집어서 이해했다. 하나님이란 자기 소외(self-alienation)된 인간으로 보았다. 인간이 자신의 모습을 "하나님"이란 이름으로 소외시켰다는 말이다. 신에게서 인간이 떨어져 나온 것이 아니라 인간에게서 신이 떨어져 나간 것이다.

결국 포이엘바하는 헤겔의 설명을 완전히 뒤집어서 이해했다. 그는 헤겔의 진리를 이해하기 위해서는 위와 같이 뒤집는 방법인 "변형적 비평"(transformational criticism)을 해야 한다고 주장한다. 헤겔이 "인간은 드러난 하나님이다"라고 하면 포이엘바하는 뒤집어서 "하나님은 드러난 인간이다"고 한다. 헤겔에게서 주어인 '인간은'과 서술어인 '드러난 하나님이다'가 포이엘바하에게서는 뒤집어졌다. 그래서 포이엘바하는 다음과 같이 말한다.

어디서든지 사색적인 신학을 뒤집기 위해서라면 주어가 있던 자리에 서술어

를 두면 충분하다. 그러면 우리는 단순하고 분명한 방식으로 감추어있던 진리에 도달하게 된다.[11]

포이엘바하는 헤겔의 사색적 신학을 위와 같이 뒤집어 보면 인간에 관한 비밀을 푸는 열쇠를 발견할 수 있다고 보았다. 왜냐하면 그에게 신학의 비밀은 곧 인간을 이해할 수 있는 인간학이기 때문이다.

1.4. 전통 종교 해체

인간에게는 스스로 생각할 수 있는 자의식(自意識)이라는 것이 있다. 이 의식은 본질적으로 무한하다.[12] 인간은 자기 마음대로 무엇이든지 무한하게 상상할 수 있다는 말이다. 이런 인간의 독특한 의식을 "무한 자의식"(無限 自意識)이라고 한다. 그런데 인간은 상상만 하는 것이 아니라 상상한 것을 실체로 대상화시킨다. 즉 인간은 경쟁에서 살아남기 위해서 자기보다 뛰어난 인물, 사상, 경향, 철학, 종교 등을 자신의 삶의 모델로 삼는다. 모델로 삼는다는 것은 자신의 상상을 통하여 이상적인 대상으로 투사시킨다는 말이다. 이렇게 투사시켜 만들어신 이상석인 대상은 또한 자신의 다른 모습일 뿐이다. 이렇게 투사된 모델들이 곧 자신의 신(神)이 된다.

결국 모든 인간들은 자신의 신을 가지고 있는 셈이다. 이렇게 만들어진 신의 가치는 자신의 삶의 가치를 결정한다. 자아(自我)는 상상하는 주체로서의 자아와 투사되어 대상이 된 객체로서의 자아로 분리되며 여기서 대상이 된 자아가 곧 그의 신 곧 하나님이 되는 것이다. 인간이 하나님을 안다는 것은 자신

---

11) L. Feuerbach, Kleine Philosophische Schriften, ed. Max Gustav Lange, (Leipzig, 1950), 56.
12) L. Feuerbach, The Essence of Christianity, 20.

을 안다는 것이 된다. 거꾸로 상대방이 믿고 있는 하나님을 알면 당신은 그 사람이 어떤 사람인지 알 수 있다는 것이다. 자의식(自意識)과 신의식(神意識)은 동일한 것이기 때문이다. 그 사람에게 하나님은 그의 내적인 본성을 표출시킨 자아이다.[13]

포이엘바하는 위와 같이 주체와 객체를 분리시키는 주객 도식으로 기독교를 예로 들어 전통 종교를 해체시킨다. 종교에서 신앙의 대상으로 숭배하는 신(神)은 인류의 무한 자의식이 투사된 것이다. 인류가 상상할 수 있는 최상의 절대적인 모습을 갖춘 것이 종교가 가지고 있는 신이란 것이다. 개인적인 자의식이 모여 집단 자의식이 되고 인류라는 집단의 자의식에 의해 집단적으로 숭배하는 신이 만들어지는 것이다.

이렇게 종교의 신을 투사하는 과정은 거의 무의식적으로 이루어진다. 인간이 신을 투사한다는 것은 자신이 주체적 자아(主體的 自我, 眞我, True self)와 신(神)이란 객체적 자아(客體的 自我)로 분리된다는 말이다. 참 자아(眞我, True self)가 무의식적으로 투사하여 대상화 시킨 신(神)은 완전한 모습을 갖춘 자아이다. 본질적으로 신으로 투사된 신의 본성 즉 신성(神性)이나 참 자아의 인간성(人性)은 같은 것이다. 그래서 포이엘바하는 다음과 같이 말한다.

> 만일 신성이 정말로 인간의 본성과 다르다면 어떤 분열도 일어날 수 없다. 만일 신이 실재로 나와 다른 존재라면 왜 신의 완전함 때문에 내가 괴로워해야 한단 말인가?[14]

---

13) Ibid., 33.

투사된 완벽한 신에 비해 상대적으로 투사하는 주체인 본인 즉 참 자아(眞我, True self)는 경멸적인 존재가 된다. 이로 인해 경멸적인 참 자아는 투사된 자아인 신(神)으로부터 소외(self-estrangement)당하는 것이다. 이에 대해 포이엘바하는 다음과 같이 말한다.

> 종교는 인간을 자신으로부터 분열시킨 것이다. 인간은 자신 앞에 하나님을 자신(正立)의 안티테제(反正立)로 둔다. 하나님은 인간이 아니고 인간은 하나님이 아니다. 하나님은 무한한 존재이며 인간은 유한한 존재이다. 하나님은 완전한 자이며 인간은 불완전한 존재이다. 하나님은 영원하며 인간은 일시적이다. 하나님은 전능하며 인간은 약하다. 하나님은 거룩하며 인간은 죄인이다. 하나님과 인간은 서로 극단이다. 하나님은 절대적으로 긍정적인 모든 실체들의 종합이다. 반면에 인간은 모든 부정적인 것들을 포함하고 있는 절대적으로 부정적인 실체이다.[15]

결국 인간이 경배하고 있는 신의 본성을 뒤집어보면 억압당하고 소외된 인간의 모습을 읽을 수 있다는 것이다. 범접할 수 없는 신의 초월성을 강조하는 종교일수록 인간의 본성은 더욱 경멸당한다고 한다.

> 신을 부요케 하면 인간은 가난해져야만 한다. 신이 모든 것이 되면 인간은 무(無)가 되어야 한다. (중략) 인생이 공허해질수록 신은 더욱 실재적이 된다. 현실 세계가 가난해지는 것과 신의 세계가 풍요해지는 것은 같은 것이다. 오직 가난

---

14) *Essence of Christianity*, pp. 33

15) Ibid., 56.

한 사람만이 부요한 하나님을 소유할 수 있다.[16]

포이엘바하는 종교 안에서 인간이 자신을 경멸하는 것은 자아를 잃어 버리는 것이 아니라고 한다. 그것은 소외되고 억압된 자신을 표출하는 것 뿐이다. 자신을 잃어버리는 무아(無我)의 경지에 빠지기를 소망하는 이유 는 새로운 자아가 신 안에 보전되기 때문이다. 자기를 포기하는 것은 신 안 에서 풍성함을 누릴 수 있기 때문이다. 종교 안에서 인간은 이런 경멸적인 자신을 부인함으로 신(神) 안에서 대리만족을 즐긴다.

수도사들은 하나님에게 순결을 맹세했다. 그들은 스스로 육체적인 성적 욕구 를 억제했다. 그렇게 함으로 그들은 사랑의 형상인 동정녀 마리아를 통해 천 상의 여인을 소유하게 되었다. 수도사들은 이 이상적인 여인을 더욱 깊이 사 랑하면 할수록 현실적인 여인들을 쉽게 포기할 수 있었다. 그들이 육체적인 감각을 거부하면 할수록 천상의 동정녀는 그들에게 더욱 절실하게 다가왔다. 그들에게 이 동정녀는 그리스도나 하나님을 대신하였다. 감각적 성향을 포 기하면 할수록 그들이 헌신하고 있는 하나님은 더욱 감각적이 되는 것이다.[17]

포이엘바하는 이런 종교적 성향이 주는 문제점을 지적한다. 인간은 현 실 세계에서 자신의 결핍을 경험한다. 이들 가운데 종교인들은 현실 세계 에서 가치와 의미를 상실당한 자신을 경멸하면서 신이 주는 보상을 소망 한다. 전능한 신이 인간의 문제를 해결해준다고 믿으며 자신을 위로한다.

---

16) Ibid., 21, 104f.

17) Ibid., 48,49..

결국 종교인은 자신의 능력으로 해결하려는 의지를 포기하고 신의 위로에 만족하는 무력한 인간으로 전락된다. 신이 전지전능할수록 인간은 더욱 신을 의지하는 수동적인 존재가 된다. 이것이 포이엘바하가 지적한 종교의 문제이다.

> 만들고 창조하는 능동적인 행동에 대한 사상은 자체가 신적인 사상이다. 그러므로 주저할 것도 없이 그것은 신에게 적용된다. 사실 인간은 스스로 능동적으로 행동할 때 자유함, 무한함, 행복을 느낀다. 반대로 수동적으로 행동할 때 인간은 유한함, 억압, 불행을 느낀다. 그래서 능동적 행동은 인간 성품의 긍정적인 면이다. (중략) 그리고 가장 행복하고 가장 축복된 능동적인 행동은 생산적인 행동이다. 인류는 이런 속성, 생산적인 행동을 신에게 내어준 것이다. 그것이 실체화되어 "하나님의 행위"라는 대상으로 전락되어버렸다.[18]

포이엘바하는 인간이 자신의 창조성을 하나님에게 넘겨버림으로 자신의 능력인 생산적인 능력을 가지고 사는데 실패한다고 지적한다. 인간은 영원한 창조주 하나님에 대한 환상적인 상상을 통하여 대리적으로 창조성을 경험한다. 결국 인간은 창조활동으로부터 소외된 자아로 전락되어 버린다. 이와 같이 인간에게 대리만족을 주는 환상 속에 하나님은 마르크스가 주장한 것처럼 이 땅의 현실적인 삶에 대한 "아편"과 같은 역할을 할 뿐이다. 결국 기독교와 같은 종교들은 인간으로 하여금 현실적인 문제에 대하여 수동적인 태도를 취하게 하거나 무기력하게 만든다고 비판한다.

---

18) Ibid., 278.

1.5. 포이엘바하의 종교개혁

기존 종교가 인간 문제의 원인이라고 포이엘바하가 지적한 것은 기존 종교의 신앙이나 실천들을 뿌리 뽑고 파괴시키려는 것이 아니다. 오히려 "변형적 비평"(transformational criticism)이란 방법을 통해서 주체인 인간과 투사된 객체인 신을 뒤집자는 것이다. 내가 창조적인 신이 되어서 그동안 경멸했던 수동적인 인간(眞我, True self)인 자신을 변화시키자는 것이다. 이전에는 하나님이 해야 할 일이라고 생각했던 것을 이제는 내가 능동적으로 하자는 것이다. 객관적으로 생각했던 것을 주체적으로 인식하자는 것이다. 칼 마르크스의 공산주의 주체사상 역시 이런 포이엘바하의 사상에 영향을 받은 것이다.

포이엘바하는 기독교의 교리들이나 성례전들은 객관적인 관점에서 볼 때, 단지 공상이나 환상일 뿐이지만 주체적으로 보면 인간 진리의 심오한 표현들을 내포하고 있다고 주장한다. 이런 점에서 기독교의 교리 즉 부활, 성육신 교리, 삼위일체 교리, 성령론, 기도, 세례, 성만찬 등에는 자연 인간의 희망과 이상들이 반영되어 있다고 한다. 그리고 포이엘바하는 이 교리들 안에 자신이 제시하는 인간론적인 종교의 본질이 들어있음을 입증하려는 시도를 했다. 다음은 기독교의 삼위일체의 교리에 관한 그의 설명이다.

성부(聖父)의 고요한 고독 속에는 그와는 다른 두 번째 신적인 인격 성자(聖子)가 놓인다. 그러나 본질적으로는 성자는 성부와 동일하다. 성부는 "나" 이고 성자는 "당신" 이다. (중략) 신실하며 풍요로운 신앙생활은 함께 참여하는 삶인 것이다. 인간 안에 자연스럽게 내재되어 있는 이런 단순한 사상은 삼위일체의 초자연적인 신비이며 비밀이다. (중략) 삼위일체에서 제 삼위인 성령

(聖靈)은 성부와 성자의 연합, 두 신적인 인격들이 서로를 향한 사랑, 공동체의 이상을 가리킨다.[19)]

포이엘바하는 기독교인들이 인간의 자연적인 사랑이나 가족의 자연스런 연합을 순전히 종교적인 삼위일체 교리로 대체시켰다고 한다. 즉 사람들과의 관계가 깨어지고 가족관계가 무너지는 경험을 통하여 소외된 인간이 이상적으로 완전하게 연합된 삼위일체 하나님을 만들어 냈다는 것이다. 사랑으로 연합된 삼위일체 하나님이 현실 세계에서 상실되어버린 인간관계와 깨져버린 가족관계를 만족스럽게 보상해주기 때문이다. 이런 점에서 삼위일체 교리는 기독교인들에게 계속 경이의 대상이 되어왔다고 한다.[20)]

그러나 이런 삼위일체 교리도 뒤집어보면 인간이 현실 속에서 상실, 거절, 결핍, 분열 등을 경험하면서 소외되어버린 자기 자신을 반영한 것뿐라고 한다. 사실 인간은 본성적으로 분열되고, 제한되고, 소외된, 개별적인 존재가 아니라 '전체적인 존재'이다. 그래서 인간은 삼위일체 하나님처럼 서로 연합해서 하나가 될 때 행복해진다. 결국 포이엘바하는 인간이 자신을 소외된 존재가 아니라 모든 사람들이 연합된 선제로 인식하는 것이 삼위일체에 대한 올바른 이해라고 한다.[21)]

포이엘바하는 위와 같이 기독교 교리들 안에 숨겨져 있는 '잠재적인' 진리를 깨닫게 되면 인간은 더 이상 신앙의 대상으로서 하나님을 필요로 하지 않는다고 한다. 하나님이 나의 문제를 해결해주는 것이 아니다. 나 자신

---

19) Ibid., 97.

20) Ibid., 101.

21) Ibid., 95.

이 주체가 되어 그것을 해결해야 한다. 주체가 하나님에서 나 자신으로 전환된다. 나 자신이 완전한 인간으로 주체가 되어 능동적으로 문제를 해결해야 한다. 그렇게 되어야 진정으로 자아를 실현할 수 있다. 이와 같은 포이엘바하의 인간화된 종교는 그 중심을 이웃 사랑에 둔다. 환상적인 신의 사랑이 아니라 다음과 같은 참 인간의 사랑 말이다.

> 인간은 실제로 '나' 와 '당신' 으로 구별은 되지만 그럼에도 불구하고 서로 교제하고 서로 연합함으로 인간이 되는 것이다. 자신만을 위한 인간은 보통 의미로 인간이다. 그러나 연합된 인간 즉 '나' 와 '당신' 의 연합이 이루어진 인간은 곧 하나님이다.[22]

포이엘바하는 이러한 사랑에 근거한 사회적 연합만이 참된 공동체를 이룩할 수 있다고 본다. 사랑은 참된 공동체의 기초일 뿐만 아니라 목적 있는 삶의 뿌리이다. 진짜 무신론자는 참 사랑이 결여된 사람으로 인생의 목적이 없는 사람을 가리킨다.

> 모든 인간은 자신 앞에 하나의 신을 두어야 한다. 즉 목적, 목표 말이다. 그 목표는 인생에 있어서 의식적이며 자발적이고 본질적인 추진력이다. (중략) 목적이 없는 인간은 집도 없고 성소도 없다. 목적이 없다는 것은 가장 큰 불행이다. (중략) 참되고 본질적인 목적이 있는 인간은 하나의 종교를 가진 것이다. 이성적이며 보편적인 면에서 고려해야 할 유일한 것은 오직 참 사랑뿐이다.[23]

---

22) L. Feuerbach, Kleine Philosophische Schriften, 169.

23) L. Feuerbach, The Essence of Christianity, 94.

하나님 없는 포이엘바하의 인간의 종교는 세속적인 일상생활에서 일어나는 모든 일들을 다음과 같은 거룩한 종교예식처럼 행할 것을 요청한다.

그러므로 배고픔의 고통에서 당신을 구해주는 빵 한 조각을 대할 때마다, 당신의 마음에 즐거움을 주는 포도주 한 잔을 대할 때마다, 그것들을 자비로운 선물로 당신에게 공급해주는 하나님인 인간을 생각하라. 그러나 인간에 대한 당신의 감사에 거룩한 자연에 대한 감사 또한 잊지 말라! (중략) 당신이 빵과 포도주의 자연적인 특성에 은혜를 입고 있다는 감사를 잊지 말라. (중략)

배고픔과 목마름은 인간의 육체적인 힘 뿐 아니라 정신적이고 윤리적인 힘도 파괴한다. 그것들은 사람에게서 인간성을 박탈한다. (중략) 매일 쓰던 물건들도 공급이 중단이 되면 그것들이 생활에 있어서 아주 중요하다는 것을 알게 될 것이다. 그러므로 빵이 거룩히 여김을 받게 하라 포도주가 거룩히 여김을 받게 하라 또한 물이 거룩히 여김을 받게 하라. 아멘[24]

포이엘바하는 당시까지 지배적이던 사색적인 신학의 종말을 고하고 전통적 기독교에서 믿하는 초월적인 신을 제거시켰다. 인간은 머리로 생각해서 실체를 확인하는 것이 아니라 감각적인 경험을 통해서 확인해야한다고 주장했다. 그래서 성서에 묘사된 초월적인 존재들은 사색적인 것에 불과하기 때문에 고려의 대상이 되지 못한다. 오히려 눈으로 볼 수 있고 손으로 만질 수 있는 인간이나 자연 등이 참된 대상이 되는 것이다. 종교에서 신이라고 부른 것은 인간의 무한 자의식이 투사해서 만들어낸 또 다른 인간 본성일 뿐 아무것도 아니라고 했다.

---

24) Ibid., 349

결론적으로 포이엘바하의 종교개혁이란 전통적인 사상과 교리를 뒤집어버리는 것이었다. 전통 종교 안에 있는 신, 교리, 종교 예식 등을 뒤집어보면 그 안에서 인간 본성 안에 내재되어 있는 진리를 발견할 수 있다고 했다. 이런 내재된 궁극적인 진리란 인간이 자기 삶에 주인이 되어서 자아를 실현하고, 인간들끼리 서로 사랑으로 연합하고, 자연이 공급하는 모든 것들에 감사하며 살아가는 것이다. 전통적인 신은 버리고 인간이 주체가 된 "인간의 종교"를 제창하고 나선 것이다.

포이엘바하의 철학도 계몽주의에서 강조했던 인간 스스로 행동하는 자율과 이신론자들이 주장했던 인간의 행복을 향한 도덕성의 완성을 그대로 답습하고 있음을 보여준다.

2. 마르크스(Karl Heinrich Marx, 1818-1883)

2.1. 기독교인이었던 마르크스

본래 칼 마르크스의 부모들은 유대 랍비 혈통을 이어받은 유태인들이었다. 그런데 칼 마르크스가 태어나기 전에 그의 아버지 하인리히 마르크스(Heinrich Marx, Herschel Mordechai)는 개신교파인 루터교로 전향해서 복음 교회(Evangelical Established Church)에서 세례를 받았다. 집안이 기독교로 개종한 셈이다. 그의 아버지 하인리히 마르크스는 당시 그 지역 트리어(Trier)에서 가장 존경받는 변호사였으며 철학자 칸트(Kant)와 이신론자들인 볼테르(Voltaire)나 레싱(Lessing)에게 심취했던 계몽주의자이기도 했다.

집안의 기독교 신앙을 따라 칼 마르크스 역시 6살 때에 세례를 받았다.[25] 칼 마르크스는 본래 철학과 문학에 관심이 많았다. 그러나 법학을 공부하라는 아버지의 강압적인 권유에 의해 17살 나이에 본(Bonn)대학에 등록했다. 본 대학에 있는 동안 그는 나중에 부인이 될 예니 폰 베스트팔렌(Jenny von Westphalen)을 만났다. 또한 대학 음주클럽(Trier Tavern Club)에 가입해서 한때는 회장을 역임하기도 했다.

칼 마르크스의 학교 성적이 나쁜 것을 알아차린 아버지는 이듬해 베를린(Berlin)대학으로 아들을 강제 전학시켰다. 베를린에서 칼 마르크스는 법학보다는 철학과 역사에 관심을 더 갖게 되었다. 특히 당시 베를린을 지배했던 헤겔 사상에 빠졌다. 그러다가 개혁 급진 세력으로 헤겔 사상의 좌파인 "헤겔 소장파들"(Young Hegelians)에 가입했다. 거기서 슈트라우스(Strauss), 바우어(Bauer), 포이엘바하(Feuerbach) 등의 영향을 받았다. 이

---

25) James, C. Livingston, <u>Modern Christian</u> Thought, 188.

소장파들은 당시 기독교와 프러시안 귀족정치에 대해 강하게 비판을 해댔다. 이후 칼 마르크스는 베를린 대학조차 보수적이라고 여기고 예나(Jena) 대학으로 옮겨서 거기서 1841년에 박사학위를 받았다.

졸업 후, 이듬해부터 칼 마르크스는 저널리스트로서 파란 만장한 삶을 시작했다. 새로 설립한 신문사(Rheinische Zeitung) 직원으로 입사했다가 이내 편집장으로 승진되었다. 1843년 6월에는 성 바울교회(Kreuznacher Pauluskirche)에서 예니(Jenny von Westphalen)와 결혼했다. 이후 칼 마르크스는 일곱 명의 자녀를 두었는데 가난으로 인해 네 명의 자녀를 일찍 잃고 단지 세 명의 자녀만 성년이 되었다.[26] 이외에도 가정부(Helene Demuth)와의 불륜으로 생긴 아들 프레더릭(Frederick Lewis Demuth, 1851-1929)도 있었다.

칼 마르크스는 자신의 처와 자녀들에게 사회적인 신분과 그 이상의 것을 제공하기 위해서는 어느 정도 여유가 있는 생활이 필요하다고 생각했다. 그러나 칼 마르크스는 당시 유산계급들의 호화생활에 비해 상대적인 빈곤을 경험하며 살았다. 신문사 편집장으로 일하는 동안 프러시안 정부는 신문 검열을 통하여 신문을 탄압하였다. 이로 인해 칼 마르크스는 신문사를 퇴직하고 1843년10월에 파리로 가서 『독일-프랑스 연감』[27]을 출간했다.

이 당시 파리는 독일, 영국, 폴란드, 이태리 등지에서 온 혁명가들의 본거지였다. 1844년에 칼 마르크스는 영국에서 온 엥겔스(Friedrich Engels)를 만나 그가 최근에 출판한 『1844년도에 영국 노동 계급의 조건』[28] 이란 책

---

26) Peter Singer, <u>Marx: a very short introduction</u>, (New York: Oxford University Press, 2000), 5.

27) <u>Deutsch- Französische Jahrbücher</u>

28) <u>The Condition of the Working Class in England in 1844</u>

을 소개받았다. 이 책은 엥겔스가 영국 맨체스터(Manchester)에서 공업으로 부자가 된 아버지의 공장에서 일하면서 영국의 노동자 계급의 노동 조건들을 연구한 것이었다. 칼 마르크스는 이 책을 통하여 노동계급이 역사에서 결정적인 혁명 도구가 될 수 있음을 확신하게 되었다.

1845년에 칼 마르크스와 그의 동료들은 프랑스 파리에서 추방당하게 되어 브뤼셀(Brussels)로 옮겼다. 거기서 칼 마르크스는『포이엘바하에 관한 논문』[29]을 썼다. 이 논문은 칼 마르크스가 포이엘바하와 결별하고 종교에 대한 그의 사회경제적 비평의 출현을 알리는 것이었다.

1847년 칼 마르크스는 국제 공산당 연맹(International Communist League)과 관련을 맺고 엥겔스와 함께 런던에서 열리는 그 연맹의 회합을 위한 목적 선언문을 쓰도록 위임을 받는다. 이로 인해 만들어진 것이 바로『공산주의 선언문』이다. 1864년 그는 국제 노동자 조합(International Working Men's Association)을 창설하고 1867년에는 노동자 계급의 성서라고 불리는『자본론』[30] 첫 권을 함부르크(Hamburg)에서 출판했다. 두 번째와 세 번째 책들은 칼 마르크스가 죽은 후에 1885년과 1894년에 엥겔스에 의해 출판되었다.

2.2. 포이엘바하와 결별

어릴 때 루터교회에서 세례를 받은 칼 마르크스는 도중에 그의 기독교 신앙을 잃어 버렸다. 어렸을 때 받은 아버지의 영향도 있었을 것이다. 그의 아버지는 계몽주의 당시에 기독교와 가톨릭교회를 비난했던 프랑스 이신

---

29) Theses on Feuerbach

30) Das Kapital

론자 볼테르(Voltaire)에게 심취되었던 인물이었다. 18세기에 기독교에 위협을 가했던 사람들은 볼테르, 라이마루스(Reimarus), 레싱(Lessing) 등과 같은 여러 이신론자들이 있었다. 칼 마르크스는 이런 18세기 이신론자들 즉 합리론자들의 사상 앞에 기독교의 신학 사상이 이미 무릎을 꿇었다고 『공산주의 선언문』에 기록하고 있다.[31] 그러나 칼 마르크스가 기독교와 결별하게 되는 결정적인 영향은 그가 대학에서 "헤겔 소장파들"(Young Hegelians)에 가입하면서 만나게 된 포이엘바하였을 것이다.

당시 포이엘바하는 기독교에 관련한 헤겔의 난해한 사색적 신학을 인간 중심의 학문으로 해체시켰다. 하나님 중심의 추상적인 사상을 인간 중심의 경험적인 사상으로 바꾸어 놓았다. 기독교 성서의 하나님이 신이 아니라 인간이 신이 된 것이다. 인간이 실재적인 생활에서 나약함이나 박탈감이나 소외감 등을 경험하기 때문에 이것들을 충족시키기 위해서 신을 만들고 종교를 만들었다는 것이다. 인간의 나약함을 충족시켜줄 전능한 신, 인간의 박탈감을 충족시켜줄 풍요롭고 충만한 신, 인간의 소외감을 충족시켜줄 사랑의 신을 만들어서 이상적인 세상인 하늘나라에 둔 것이다. 이에 연관된 교리들을 통하여 현실 속에 인간은 천상의 위로를 받고 대리 만족을 얻는다고 했다. 현실 속에서 불완전한 참 자아(True self)가 상상을 통해 완전하고 이상적인 자기 모습을 만들어서 "신"이란 이름으로 자신으로부터 분리시켰다. 이렇게 자신으로부터 떨어져 나간 것이 신이다. 그래서 포이엘바하는 신은 자기로부터 소외된 것이라고 했다. 현실에서 소외당한 참 자아가 이상적인 자아인 신을 소외시켜 놓았다. 결국 포이엘바하는 인간의 "자

---

31) Karl Marx & Frederick Engels, The Communist Manifesto, (NY: International Publishers Co., 1948), 29.

기 소외"(self-alienation)라는 열쇠를 가지고 기독교를 해체시켰다. 칼 마르크스가 이런 포이엘바하의 사상을 받아들인 것은 이미 전통적인 루터교회 신앙을 완전히 포기한 것이라고 볼 수 있다.

칼 마르크스는 인간의 자기 소외를 중심으로 펼치는 포이엘바하의 논의 역시 추상적인 것으로 취급한다. 인간이 사회에서 소외당하기 때문에 도피방법으로 종교를 만들었다는 주장은 추상적인 논의에 불과할 뿐이라고 한다. 종교의 기원을 심리발생적인 방법으로 설명한 또 하나의 사색적인 논의라는 것이다. 그런 포이엘바하의 논의는 인간의 근본적인 문제를 해결하지 못한다고 보았다. 즉 포이엘바하는 인간이 자기소외로 인한 심리적인 결과를 종교라고 제시했을 뿐이지 정작 인간을 소외하게 만드는 근본 원인이 인간의 현실 사회에 있음을 밝혀내지 못한 것이다. 여기에서 칼 마르크스는 포이엘바하와 결별하게 된다. 다음은 포이엘바하를 향한 칼 마르크스의 비판이다.

포이엘바하는 종교적 자기 소외란 문제로부터 출발한다. '종교적 자기 소외'란 현실 세상을 모방한 종교적이며 환상적인 세계를 만들어 놓고 그것을 실제 세상인 것처럼 여김으로 인간을 현실로부터 소외시키는 것이라고 한다. 그의 글은 세속적인 기초를 가지고 종교적인 세계를 해체시키는 내용으로 구성되어 있다. 그는 이런 작업을 해냈지만 여전히 해결되어야 할 중요한 문제가 남아 있다는 사실을 간과한다. 그 세속적인 기초 또한 자기분열과 자기모순을 가지고 있다는 것이다. 실제로 그 세속적인 기초는 스스로 분리되기도 하며 또한 스스로 하나의 독립적인 영역처럼 비현실적으로 자리 잡기도 한다. 그래서 우선 자기모순은 그 모순 안에서 이해되어야 하며 그리고 나서 실제로 그 모순을 제거하는 혁명이 뒤따라야 한다. 예를 들면, 이 땅의 가족이 거룩한 가족이 될 수 있는 비밀이라는 것을 깨닫는다면 이 땅의 가족은 이론적으로는 자아비판(自我批判)을 받아야 하고 실제적으로는 혁명되어야 한다.[32]

칼 마르크스는 인간의 자기 소외의 원인을 환상과 같은 종교 세계에서 찾는 것이 아니라 실제로 경험되는 현실 세계에서 찾는다. 종교를 공상의 세계로 보고 현실을 참 세상으로 본 것이다. 현실 세계에서 인간이 경험하는 소외감을 포이엘바하는 인간 내부 문제 즉 심리적인 문제로 보았다. 하지만 칼 마르크스는 외부적인 문제 즉 인간의 사회생활에서 그 원인을 찾았다. 인간의 가치를 타락시키고 인간을 노예화시키는 자기 소외의 원인은 천상의 세계에 있는 것이 아니라 사회 경제적으로 엮여있는 인간의 현실 세계 속에 있다고 본 것이다. 이런 현실 세계의 사회 경제적 문제가 인간을 소외시키기 때문에 소외당한 인간은 현실 도피방법으로 종교적인 환영들을 만들어 놓고 대리만족을 얻는다고 보았다.

그래서 칼 마르크스는 인간을 소외시키는 모든 사회 경제적 조건들을 제거시키면 인간의 근본 문제가 해결된다고 했다. 그의 말에 따르면, 그것들을 제거시키기 위해서 혁명을 일으켜야 하는 것이다. 혁명을 통해 유토피아 즉 신세계가 건설되면 더 이상 인간은 자기 소외를 경험하지 않을 것이고 모든 종교는 이 땅에서 사라지게 될 것이라고 예언했다. 이런 이상적인 세상에 대한 꿈을 가지고 칼 마르크스는 혁명적인 과업을 전개한다. 그의 사상은 더 이상 사색적이거나 추상적인 철학이 아니다. 행동하는 철학인 것이다. 그는 포이엘바하를 비판하면서 다음과 같이 선언한다.

---

32) Karl Marx and Friedrich Engels, On Religion, (NY: Schocken Books, 1967), 70.

"Die Philosophen haben die Welt nur verschieden interpretiert, es kommt aber darauf an, sie zu verändern." (철학자들은 단지 세상을 여러 방식으로 해석만 해왔다. 그러나 문제는 그것을 변화시키는 것이다)[33]

2.3. 돈과 자본주의와 기독교

칼 마르크스는 자본주의 사회에서 인간을 소외시키는 근본적인 원인을 돈으로 보았다. 인간의 가치를 박탈시키며 인간을 노예화시키는 원인을 돈으로 본 것이다. 그래서 돈을 기준으로해서 사회를 나눈다. 돈 가진 사람들인 "부르주와"(bourgeois) 즉 "유산계급"과 돈이 없는 가난한 사람들인 "프롤레타리아"(proletariat) 즉 "무산계급"으로 나누었다.

칼 마르크스의 돈에 대한 사상은 당시 헤스(Moses Hess, 1812-1875)의 영향을 받은 것이다. 헤스에 의하면, 인간에게는 태어날 때부터 자연 본성으로 주어진 고유한 '창조성', '생산 활동', '노동력' 등이 있다. 그런데 이런 거룩한 인간의 자연 본성이 이기적인 인간들에 의해 왜곡되었다고 한다. 이기적인 인간들은 자신들의 소득을 높이고, 재산을 축적하기 위해서 다른 사람들의 창소성이나 생산 능력, 노동력을 착취해왔다. 이로 인해 이기적인 인간들과 그들에게 이용당하고 착취당하는 인간들 사이에 분열이 생겼다. 돈 때문에 인간이 인간을 소외시키고, 그 결과로 인간이 소외당하는 '인간소외'가 발생했다고 한다. 포이엘바하가 인간의 자기소외를 종교적으로 해석한 것을 헤스는 뒤집어서 경제적으로 해석했다. 포이엘바하가 "신"이라고 말한 부분을 헤스는 "돈"으로 바꾸어 다음과 같이 말한다.

---

33) Ibid., 72.

"돈은 공동으로 소외된 인간들의 산물이다. 돈은 외적으로 드러난 인간이
다." [34]

포이엘바하는 말하기를, 개인적으로 소외당한 인간들이 대리만족을 얻
기 위해서 신을 만들어 놓았고, 이런 신에 대한 의식들이 집단적으로 모아
져 집단 자의식을 형성했으며, 이렇게 형성된 인류의 집단 자의식을 통해서
집단적으로 숭배하는 종교의 신이 만들어졌다고 했다. 결국 신이란 인간
의식 속에 내재되어 있는 자신을 드러낸 것이다. 헤스는 이런 포이엘바하의
사상을 뒤집어서 '신' 대신에 '돈'으로 설명한다. 사회에서 경제적으로 소외
당한 인간들이 자신들의 빈곤을 채우기 위해서 공동으로 사용할 수 있는
돈을 만들어 놓고 돈을 숭배한다. 그래서 돈이란 소외되고 가난한 인간이
마음속에서 그리던 풍요로운 자신의 모습을 겉으로 드러낸 것이다. 그래서
돈에 대한 그 사람의 이해가 곧 그 사람의 본래의 모습이 된다.

헤스는 포이엘바하가 제시한 기독교 안에 인간소외와 자본주의 사회 안
에 인간소외 간에 유사점을 찾아낸다. 그는 기독교와 자본주의를 똑같이
이기적인 종교적 현상의 다른 표현이라고 해석했다. 돈과 하나님은 둘 다
외적으로 드러난 인간 즉 인간이 투사시켜서 소외시켜버린 다른 모습들이
다. 기독교는 인간이 심리학적으로 하나님 안에 자신을 드러낸 것이고 자
본주의는 인간이 물질적으로 돈 안에 자신의 모습을 드러낸 것이라고 보았
다. 즉 인간의 결핍된 욕망을 종교적으로 투사하면 신이 되고 사회적으로
투사하면 돈이 되는 것이다. 그래서 헤스에게는 본질적으로 신이나 돈이나

---

34) Hess, <u>Sozialistische Aufsätze</u>, 167; Robert Tucker, <u>Philosophy and Myth in Karl Marx</u>
(Cambridge: Cambridge University Press, 1961), 110에서 인용.

같은 것이다. 그에게는 신의 지배가 실현된 하나님 나라나 돈의 지배가 실현된 자본주의 국가나 같은 것이었다. 신의 지배에 의해서 인간소외가 이루어지는 것이나 돈의 지배에 의해서 인간소외가 이루어지는 것을 같이 본 것이다. 결과적으로 헤스는 하나님을 경배하는 것과 돈을 숭배하는 것 모두 포기하라고 요청한다.

> 당신은 하나님과 맘몬 두 주인을 한꺼번에 섬길 수 없다고 들은 적이 있을 것이다. 그러나 우리는 그 둘 중에 어느 하나도 섬길 수 없다고 당신에게 말한다. 만일 당신이 인간적으로 생각하고 느낀다면 말이다. 서로 사랑하라. 진심으로 연합하라. 그러면 당신이 밖에 있는 하나님에게 그렇게 헛되게 갈구했던 축복으로 당신의 마음이 채워질 것이다. 현실 세상 안에서 결성하고 동맹하라. 그런 당신의 행동과 노력에 의해서 그동안 당신이 돈을 벌기 위해 그렇게 헛되게 갈구했던 그 모든 부를 얻게 될 것이다. [35]

칼 마르크스는 돈에 관한 이런 헤스의 영향을 받아 들였다. 그래서 그는 헤스와 비슷한 주장을 그의 글 『유대인의 질문에 관하여』[36]의 결론 부분에서 언급한다.

> 유대인의 세속적인 제사는 무엇이냐? 강압적 판매가 아니냐? 누가 그의 세속적인 신이냐? 돈이 아니냐? (중략) 돈은 이스라엘의 질투하는 유일신이다. 그 신 외에 어떤 다른 신도 용납될 수 없다. 돈은 인간의 모든 신들을 쫓아내고 그것

---

35) Hess, Ibid., 149; Sidney Hook, Ibid., 198.

36) <u>On the Jewish Question</u>

들을 상품으로 바꾸어 놓는다. 돈은 보편적이며 독단적으로 제정된 만물의 가치이다. 그러므로 그 돈은 온 세상 즉 자연과 인간 세상을 착취해왔고 그것들의 가치를 박탈하여 왔다. 돈은 인간의 일과 인간 존재의 소외된 본질이다. 이런 소외된 존재, 돈이 인간을 다스린다. 그리고 인간은 그 돈을 숭배하고 있다.[37]

포이엘바하가 기독교에 의해 초래된 인간소외를 주장한 것처럼 칼 마르크스는 돈에 의해 초래된 인간소외를 주장한다. 칼 마르크스는 실제적인 돈의 종교를 "유대교"라고 칭했다. 독일어로 Judentum은 '상업'을 의미하기도 하고 유태인들이 믿는 종교 '유대교'를 가리키기도 한다. 또한 칼 마르크스는 독일에 사는 유태인들을 중산층에 해당되는 "부르주아"라고 불렀다.[38] 이런 유산계급들의 종교인 '유대교' 즉 자본주의가 세상을 유산계급과 무산계급으로 갈라놓고 있다고 한다. 이제는 무산계급인 '프롤레타리아'가 혁명을 통해서 승리를 쟁취해야 한다. 그래야만 인류의 근본적 질병인 인간소외를 극복할 수 있다고 한다.

2.4. 기독교 비판: 종교는 마약이다

포이엘바하처럼 칼 마르크스도 인간이 종교를 만든다고 보았다. 종교를 만드는 인간들 즉 종교인들은 자기 본 모습을 상실하고 방황하는 사람들이라는 것이다. 이런 인간들은 상실된 자아를 투사시켜서 신으로 또는 종교로 표현한다. 결국 칼 마르크스에게 종교는 자아상실로 인해 소외된 자아

---

37) K. Marx and F. Engels, Historische-Kritische Gesamtausgabe, erste Abteilung, vol. I. 1. 601, 603; Robert Tucker, Philosophy and Myth in Karl Marx, 111.에서 인용.

38) Karl Marx, in German Essays on Religion, ed. by Edward T. Oakes (NY: The Continuum Publishing Co., 1994), 104.

의식이며 자기감정인 것이다.

　인간은 집단적으로 모여 세상을 만들고 국가를 만들며 사회를 만든다. 그런데 이런 집단적인 사회 속에서 억압받고 착취당하고 소외당하는 인간들은 자아를 상실하게 되고 이 집단적으로 상실된 자아는 신을 만들어 내고 종교를 만들어 낸다. 그래서 종교는 사회적이며 문화적인 산물이다. 억압하고 착취하는 국가나 사회가 억압이 없고 착취가 없는 종교의 세계를 만들어 낸다는 말이다. 결국 억압이 있는 인간 세계와 억압이 없는 종교 세계는 정 반대가 된다. 그래서 칼 마르크스는 "종교란 하나의 뒤집혀진 세계의식(reversed world consciousness)이다"[39] 라고 말한다. 종교는 인간 세상 안에 내재된 독특한 문화이며 사회적인 갈등을 반영한다. 그래서 종교를 분석해보면 인간을 소외시키는 본질적인 문제를 찾아낼 수 있는 것이다.

　칼 마르크스에 의하면, 자본주의 사회구조 속에서 실제로 억압받는 인간은 자신의 현실적인 억압을 종교적인 고난으로 표현한다. 이런 종교적인 고난은 억압받는 인간의 반항의 표현이다. 이런 점에서 종교는 억압받는 피조물의 한숨이며 탄식인 것이다. 억압받는 피조물이 용기를 상실한 세상한 가운데에서 발견할 수 있는 용기가 종교이다. 냉혹한 세상 한 가운데서 찾을 수 있는 따듯한 마음이 종교이다. 포이엘바하가 인간이 종교를 통해서 대리만족을 얻는다고 한 것처럼 칼 마르크스 역시 억압받는 인간이 종교를 통해서 환각적인 위로를 얻는다고 보았다. 그래서 칼 마르크스는 "종교는 사람들의 아편"이라고 이해했다.[40] 종교는 아편과 같은 마약처럼 억압

---

39) Karl Marx, On Religion, 41-42.

40) Ibid., 42.

받는 사람들에게 환각적인 위로나 행복을 제시할 뿐 실제로 현실적인 문제는 해결해주지 못한다는 말이다. 그래서 칼 마르크스는 인간이 참 행복을 쟁취하기 위해서는 환각적인 행복을 주는 종교는 반드시 폐지되어야 한다고 주장했다.

칼 마르크스는 역사적으로 볼 때, 기독교의 교리가 돈의 종교인 자본주의를 섬겨왔다고 한다. 기독교 안에서 하나님에 대한 신앙은 인간의 현실적인 삶에 대한 대리적인 표현이라고 한다. 즉 소외된 인간이 현실 속에 있는 근본적인 문제를 해결하기 위해서 해야 할 행동을 신앙적인 행동으로 대체시킨 것이다. 이런 경향은 자본주의 안에서 노동자들이 근본적인 문제를 해결하기 위해서 사용해야 할 자신의 고유한 노동력을 다른 사람을 위한 대리 노동으로 쓰는 것을 합법화시킨다는 것이다. 또한 소외된 인간의 근본적인 문제는 해결이 안 되고 단지 심리적인 만족만 경험케 하는 기독교의 교리는 자본주의 사회에서 노동자들이 현실에 있는 근본적인 문제를 해결하려하지 않고 대리 노동의 대가로 주어지는 임금에 안주하게 만든다는 것이다. 결국 칼 마르크스가 그의 『자본론』[41]에서 지적한 것처럼 기독교는 자본주의 사회에 가장 알맞은 종교라고 보았다.[42]

당연히 칼 마르크스는 기독교가 인간소외의 원인이라고 주장하지는 않는다. 원인은 사회 경제 구조에 있는 것이다. 기독교는 단순히 사회경제 구조로 인해 수반되는 악한 결과들 중에 하나라고 보았다. 근본적으로 칼 마르크스는 종교를 공격하는 데에 큰 관심이 없었다. 왜냐하면 그러한 종교를 가능하게 만들어 낸 사회 경제적 질서 안에 혁명적인 변화가 일어나서

---

41) Capital

42) Karl Marx, On Religion, 135.

168

새로운 공산주의 사회가 만들어지기만 하면 기독교는 당연히 쇠퇴될 것이라고 확신했기 때문이다. 그는 프롤레타리아 혁명을 통해 인간소외의 원인인 사유재산 제도가 폐지되면 그러한 이상적인 사회가 도래할 것이라고 예언했다. 결론적으로 칼 마르크스는 역사 이래로 풀지 못했던 인간의 소외 문제 즉 인간과 인간 사이의 갈등을 분명하게 해결해줄 수 있는 것은 공산주의 혁명이라고 확신한 것이다.

2.5. 산업시대 노동자를 위한 복음: 공산주의

칼 마르크스가 살던 당시 19세기는 산업혁명으로 인해 농업, 광업, 공업, 교통 등에 엄청난 변화가 일어난 시기였다. 영국 산업혁명의 중심지라고 불리는 맨체스터에는 커다란 굴뚝을 세운 많은 직물 공장들이 우후죽순처럼 들어서기 시작했다. 공장 일자리를 찾기 위해서 수많은 사람들이 농촌에서 도시로 모여들었다. 이들은 비참한 노동조건 하에서 돌아가는 기계의 속도에 맞추어 오랜 시간 일을 해야 했다. 탄광, 직물 공장 등에서는 어린 아이들까지 저임금을 받고 노동에 투입되었다. 이곳에서 일하는 노동자들은 좁은 집에서 공동 화상실을 사용하였다. 노천 하수도와 습기가 많은 주거시설은 이들의 건강을 위협했다. 오염된 상수도를 통해서 질병이 전염되어 수많은 노동자들이 죽어갔다. 석탄으로 생기는 폐병, 오염된 물로 인한 콜레라, 장티푸스 외에도 천연두로 인한 희생자들이 늘어났다.

엥겔스(Friedrich Engels)의 아버지는 자신이 소유하고 있던 영국 맨체스터에 있는 직물 공장으로 22살 된 아들 엥겔스를 보냈다. 이때 엥겔스는 아버지의 의도와는 달리 산업혁명으로 인한 노동자들의 비참한 상황들

---

43) The Condition of the Working Class in England in 1844.

을 연구했다. 그리고 연구한 내용을 책[43]으로 출판한 후에 칼 마르크스에게 소개했다. 칼 마르크스는 노동자들의 비참한 상황은 산업혁명을 주도하고 있는 자본주의 사회의 유산계급이 무산계급을 착취하기 때문에 빚어진 결과로 보았다.

칼 마르크스는 사회에서 부를 창출하는 데 주된 역할을 하는 사람들은 무산계급들이라고 보았다. 문제는 다수의 무산계급(proletariat)이 생산해낸 부를 소수의 유산계급(bourgeois)이 착취해서 장악해버리는 것이다. 빈부의 격차가 벌어지면서 사회는 재산이 없는 가난한 무산계급과 재산을 쌓아 놓은 부유한 유산계급으로 양분된다. 돈을 숭배하는 자본주의 사회가 돈으로 사회를 갈라놓는다. 돈 있는 지주들은 돈 없는 소작농들의 신성한 생산력을 착취하여 자신들의 배를 채운다. 돈 있는 공장주들은 돈 없는 노동자들의 신성한 노동력을 착취하여 부를 축적한다.

노동자들은 저임금을 받으면서 짐승처럼 노예처럼 살아가고 있다. 산업혁명을 주도하는 자본주의 사회에서 소수의 유산계급은 다수의 무산계급인 노동자들을 비인간화시키고 있다. 수많은 노동자들이 비참한 현실 속에서 정신적으로 물질적으로 소외당하고 있다. 참 인간으로서 본인의 모습을 상실하고 비인간적으로 취급받고 있는 자신을 붙잡고 괴로워하고 있는 것이다. 유산계급으로부터 받는 돈 몇 푼에 목을 걸고 신음하고 있는 것이다.[44]

칼 마르크스는 역사적으로 볼 때 각 시대를 지배했던 사상은 항상 지배계급의 이데올로기였다고 보았다.[45] 정치적으로나 경제적으로 힘을 가졌던

---

44) Karl Marx & Frederick Engels, The Communist Manifesto, (NY: International Publishers Co., 1948), 16.

45) Karl Marx, On Religion, 88.

지배계급은 자신들의 이익을 유지하기 위해서 법률 분야, 철학 분야, 종교 분야 등 사회 각 분야에 자신들의 의도를 반영한 이데올로기를 발전시켜왔던 것이다.[46] 이데올로기를 형성하는데 결정적인 요인은 당연히 인간 생활에 직접적인 영향을 주는 권력이나 부였다. 자본주의 사회에서도 부는 단순히 돈의 가치를 넘어서 힘 즉 권력을 가리킨다. 그래서 부를 거머쥔 유산계급은 자본주의 사회에서 권력을 휘두르는 지배계급이 된다. 유산계급은 자본주의의 우상인 부에 기초한 이데올로기를 발전시킨다. 유산계급은 자신들의 이데올로기를 가지고 무산계급들을 정신적으로도 지배한다.

칼 마르크스는 문제의 해결이 추상적이며 사색적인 데에 있는 것이 아니라고 한다. 현실적이며 구체적이며 물질적인 것에 있는 것이다. 즉 돈에 있는 것이다. 돈을 숭배하는 자본주의 사회가 돈을 가진 자와 없는 자 사이를 분리시킨 것이다. 그래서 가진 자의 착취와 없는 자의 인간성 상실 문제는 돈 외에 다른 어떤 것으로도 해결될 수 없다고 보았다. 모두가 공평한 재산을 가진 사회, 사유재산이 없고 공동으로 재산을 운영하는 사회, 즉 공산주의만이 비인간적인 자본주의 사회를 극복할 수 있는 가장 이상적인 대안이다.[47]

공산주의에는 모든 사람이 만족할 수 있는 노동이 있고 노동에 의해 생산된 재산들을 각자 필요에 따라 공평하게 분배하는 제도가 있다. 공산주가 실현되는 최종 단계에서는 계급도 없어지고 정부도 더 이상 필요 없게 된다. 차별과 억압이 사라지고 모두가 자유를 누릴 수 있는 자유사회가 곧 궁극적으로 실현된 공산주의인 것이다. 공산주의 시대가 되면 인간 소외란

---

46) Ibid., 20.

47) Karl Marx & Frederick Engels, The Communist Manifesto, 23.

인류의 근본 문제가 해결되는 것이다. 이런 사회가 되면 당연히 종교는 사라진다. 그동안 사회적, 경제적 갈등으로 인해 소외당한 인간들이 한숨을 짓고 탄식하고 있을 때에 종교는 마약과 같은 종교적 환상을 통해서 위로를 주어왔다. 그러나 사회적 갈등이 제거되고 인간의 한숨과 탄식이 사라진 공산주의 사회가 실현되면 종교는 더 이상 필요 없게 되는 것이다.

이와 같은 이상적 공산주의를 실현시키는 대리자는 노동자와 같은 일반 대중 즉 무산계급이다.[48] 공산주의 사회를 이룩하는 데에 가장 큰 장애물은 현재 기득권을 가진 유산계급이다. 유산계급은 순수하게 기득권을 포기하지 않는다. 그래서 무력을 쓸 수밖에 없다. 공산주의를 실현하기 위한 첫 단계로 무산계급의 무력 혁명 즉 프롤레타리아 혁명(proletariat revolution)이 필요한 것이다.[49] 프롤레타리아 혁명은 사회적이며 정치적인 혁명으로 유산계급을 뒤집는다. 이 혁명은 능히 가능하다. 유산계급은 소수 기득권층이고 무산계급이 다수 일반 대중이기 때문이다. 공산주의는 인류 역사의 마지막 단계로서 인간이 하나님 없이 이 땅에 건설할 수 있는 지상 천국인 것이다. 곧 도래할 유토피아인 것이다. 전 세계의 노동자들은 대동단결하여 망치와 낫을 들고 일어나라! 돈 없는 사람도 인간대접 받는 세상을 만들자! 공산주의 혁명으로 지배계급을 흔들어 놓자! 무산계급은 구속되는 것 이외 아무것도 잃어버릴 것이 없다. 무산계급은 반드시 승리해서 그들의 세상을 쟁취하게 될 것이다. 만국의 노동자들이여 단합하라![50]

칼 마르크스는 당시 자본주의 사회에서 유산계급의 억압과 착취 아래

---

48) Ibid., 19.

49) Ibid., 30.

50) Ibid., 44.

신임하고 있는 노동자들을 위해 복음을 선포했다. 결국 칼 마르크스는 공산주의란 하나의 종교적 신화를 만든 사람이었다. 그에게 인간의 창조성과 생산성은 기독교의 하나님의 형상처럼 누구에게도 빼앗겨서는 안 되는 인간 고유의 신성한 것이었다. 인간이 자신의 이기적인 욕심 때문에 타락하게 되고 낙원에서 추방당한다는 기독교의 교리처럼 칼 마르크스는 무산계급들 간에도 이기적인 욕심이 있는 자는 동료로부터 소외시켜야 한다고 가르쳤다.

칼 마르크스에게 자본주의자들은 적그리스도들이며 프롤레타리아 혁명은 인류가 치러야 할 아마겟돈 전쟁이다. 혁명을 통해 초래될 자본주의의 몰락은 인류 최후의 심판이며 역사 안에서 궁극적으로 실현될 계급 없는 공산주의 사회는 곧 도래할 새 예루살렘이다.[51] 할레(Louis Halle)가 지적한 것처럼 칼 마르크스는 산업 시대를 사는 사람들을 위해 공산주의란 새로운 종교를 통하여 구원을 선포한 메시아적 예언자였다.[52] 칼 마르크스의 임박한 공산주의 도래에 대한 예언을 받아들인 것은 비단 노동자들만이 아니었다. 공산주의 유토피아를 꿈꾸는 수많은 지식인들도 이 운동에 가담했다.

수많은 사람들이 이 땅에 곧 도래할 공산주의를 건설하기 위해서 목숨을 걸었다. 또한 유산계급으로 취급된 수많은 사람들이 공산주의 혁명 과정에서 목숨을 잃었다. 이들의 피 값으로 오늘날 공산주의 국가들이 생겨나게 됐다. 사유재산이 없는 사회, 계급이 없는 사회, 인종 차별이 없는 사회, 억압이 없는 사회, 모든 사람이 주체가 된 자유사회라는 공산주의가 탄

---

51) James C. Livingston, <u>Modern Christian Thought</u>, 192-193.

52) Louis J. Halle, "Marx's Religious Drama," <u>Encounter</u>, October 1965, 37.

생됐다. 칼 마르크스가 그렇게도 꿈꾸던 지상 천국이 실현된 것이다.

그런데 이렇게 실현된 오늘날의 공산주의 국가들은 칼 마르크스의의 말과는 달리 방황하고 있다. 사실은 무너져 가고 있는 현실이다. 이론은 이상적인데 실재는 참담한 것이다. 그동안 공산주의 이상을 실현하기 위해서 목숨을 걸고 피를 흘렸던 수많은 사람들의 죽음이 헛된 희생이 된 것이다. 분명히 무엇인가 잘못된 것이다.

3. 니체(Friedrich Nietzsche, 1844-1900)

3.1. 미친 사람: 신은 죽었다

계몽주의 이신론 출현, 과학혁명, 산업혁명, 공산주의 등의 사회 변동은 기독교의 기반을 흔들어 놓았다. 특히 18세기 이신론자들에 의해 종교개혁 이후 기독교의 기반이 되었던 성서의 권위와 신앙의 초월성이 무섭게 공격받으면서 무너지기 시작했다. 이 공격에 과학혁명과 함께 발전한 자연과학이 가세하면서 성서에서 논하는 초월적인 공간이 우주 공간으로, 구원의 역사가 자연의 역사로, 창조된 인간이 진화된 인간으로 대체되기 시작했다. 결국에는 성서의 근원이며 신앙의 기반인 하나님이 증발되어버린 시대가 바로 니체가 살았던 19세기 유럽이었다. 이런 시대정신(Zeitgeist)을 파악한 니체는 다음과 같은 신의 죽음을 노래한다.

> 당신은 미친 사람에 대해 들어본 적이 있습니까? 밝은 아침 시각에 등불을 켜고 시장으로 내달리면서 쉬지 않고 "나는 신을 찾는다! 나는 신을 찾는다!"라고 외쳤던 사람 말입니다. 그 당시 그의 주변에 서있던 무신론자들은 있는 대로 비웃었습니다. "그가 길을 잃었냐?" 한 사람이 말했습니다. "그기 어린애처럼 길을 잃었냐?" 다른 사람이 말했습니다. "아니면 그가 숨어버렸냐? 그가 우리를 무서워하나? 그가 항해를 떠났냐? 아니면 이민을 갔느냐?"고 그렇게 그들은 소리치며 웃어댔습니다.
>
> 그 미친 사람은 그들 한 가운데 뛰어들어 번득이는 눈으로 뚫어지게 쳐다보았습니다. "신이 어디에 있어?" 그가 소리를 질렀습니다. "내가 당신들에게 말하겠는데 우리가 그를 죽여 버렸어. 당신과 내가 말이야. 우리 모두는 그를 죽인 살인자들이야. 그런데 어떻게 우리가 이런 짓을 했지? (중략) 우

리는 어디로 가고 있는가? (중략) 우리는 계속해서 돌진하고 있지 않는가? 뒤로, 옆으로, 앞으로, 사방으로? 거기 위에 아니면 아래에 무어라도 남아있나? 우리는 무한한 무(無)를 통과하는 것처럼 빗나가고 있지 않는가? 우리는 텅 빈 공간의 바람을 느끼고 있지 않는가? 더 추워지고 있지 않는가? 밤이 내내 우리를 사로잡고 있지 않는가? 아침에 등불들을 켜야 하지 않는가? 아직도 신(神)을 묻고 있는 무덤 파는 사람들의 시끄러운 소리를 듣지 못하는가? 아직도 신이 썩어가는 냄새를 맡지 못하는가? 신이 부패하고 있다.

신이 죽었다. 신은 죽어버렸다. 우리가 그를 죽여 버렸다. 모든 살인자들 중에 살인자들이여, 우리가 어떻게 우리 자신을 위로해야 하는가? 지금까지 세상에 있었던 가장 거룩하고 가장 강력했었던 것이 우리의 칼 아래 피를 흘리며 죽었다. 누가 우리에게 묻은 이 피를 닦아 줄 것인가? 거기 우리가 씻을 물이나 있는가? (중략) 이런 위대한 행위는 우리에게 너무 엄청난 것이 아닌가? 우리는 우리들이 그만한 가치가 있어 보이는 신들이 되어야 하지 않는가? 일찍이 이보다 더 위대한 행동은 결코 없었다. (중략) 여기서 그 미친 사람은 침묵에 빠졌다. 그리고 다시 청중들을 쳐다보았다. 그러자 그들 역시 침묵하고 그를 놀라운 눈초리로 쳐다보았다.

마침내 그는 그 등불을 땅바닥에 던졌다. 그리고 그것을 부수고 떠나버렸다. 그러면서 그가 소리쳤다. "내가 너무 일찍 왔어. 아직 내 때가 아니다. 이런 엄청난 사건은 아직 진행 중이다. 여전히 방황하고 있는 중이다. (중략) 그런데 벌써 그들은 스스로 그것을 끝내버렸다." 같은 날 그 미친 사람은 여러 교회로 밀고 들어가서 거기서 그의 「신을 위한 영원한 장송곡」(Requiem aeternam Deo)을 불러댄 일이 있었다. 끌려나와 이유를 물을 때마다 그는 매번 다음과 같이 대답했다고 한다. "이 교회들이 신의 매장지, 무덤들이 아니면 무엇이란 말인가?" [53]

3.2. 목사의 아들

1844년 10월 15일 니체의 생일은 당시 왕의 축복을 받은 날이었다. 49년 전 같은 날에 프러시아(Prussia)의 왕 프리드리히 빌헬름 4세(Friedrich Wilhelm IV)가 탄생했다. 이 왕은 켄(Röcken)에 있는 한 교구를 니체의 아버지인 칼 루드빅 니체(Carl Ludwig Nietzsche)에게 맡겼다. 이에 감사해서 칼은 자신의 아들을 왕의 이름을 따라 프리드리히 빌헬름 니체(Friedrich Wilhelm Nietzsche)라고 불렀다. 그런데 왕은 나중에 독일 기독교 공화국을 세우려는 꿈을 실현하지 못하고 미쳐서 죽었다. 니체의 아버지 역시 뇌에 이상이 생겨서 죽었다. 니체 또한 말년에 미친 사람으로 살다가 죽었다.

니체의 아버지 칼은 아들 프리드리히 니체에게 세례를 주면서 다음과 같은 독백을 하였다.

> 오, 축복의 달 10월이여! 전에도 내 인생에 가장 중요한 사건들이 이 달에 일어났구나. 내가 나의 아들에게 세례를 주는 이 시간이 얼마나 놀랍고 영광스러운 순간인가! 축복의 시간, 축복된 성례, 인간의 생각을 넘어선 거룩한 신비, 주의 이름이여 축복이 있을지어다.[54]

니체는 버릇없는 응석받이로 자라났다. 어린 니체는 네 살 때부터 그는 읽고 쓰기를 시작할 정도로 영리했다. 니체의 가정에 어둠이 깃들기 시작한 것은 아버지 칼이 아프기 시작할 때부터였다. 1848년에 니체의 아버지

---

53) The Gay Science, in The Portable Nietzsche, tr. and ed. W. Kaufmann (New York: Penguin Books, 1976), 95-96. Die Fröliche Wissenschaft, (1882) 125. Also Sprach Zarathustra, II.

54) Sämtliche Werke, Kritische Studienausgabe, edited by Giorgio Colli and Mazzino Montinari, (Munich/Berlin, 1980), vol. 5, 386.

칼은 매우 심각한 발작 중세를 보였다. 얼굴 한쪽이 마비되었고 말까지 더듬었다. 종종 혼수상태에 빠지곤 했다. 어린 니체는 아버지가 정신 발작으로 의식을 잃고 눈을 뜬 채로 의자에 쓰러져 있는 것을 자주 목격하였다. 나중에는 언어 능력까지 상실하였다. 점점 주변 상황도 인식하지 못하다가 시력까지 잃었다. 칼이 몹시 고통스러운 아픔을 견디지 못해 지르는 그의 비명소리는 길거리에서도 들릴 정도였다. 거의 일 년 동안 그런 고통을 당하다가 1849년에 36세의 일기로 생을 마감했다. 부검결과 뇌가 썩는 병을 앓고 있었음이 밝혀졌다.

아버지 칼이 죽었을 당시 니체는 다섯 살 밖에 되지 않았다. 아버지의 죽음 이후 니체는 다음과 같은 악몽을 꾸었다. 그런데 그 악몽을 꾼 다음 날 두 살짜리 동생 요셉(Joseph)도 갑자기 앓다가 숨을 거두었다.[55]

나는 꿈을 꾸었다. 교회에서 장례식 때에 연주하는 웅장한 오르간 소리가 들렸다. 그때 갑자기 한 무덤이 내 눈 앞에서 열리더니 아버지가 그곳에서 걸어 나왔다. 그는 급하게 교회를 들어가더니 팔에 어린애 하나를 안고 돌아왔다. 무덤이 다시 열렸고 아버지는 그곳으로 들어갔다. 그리고 무덤이 닫혔다. 곧 오르간은 연주를 멈추었고 나는 잠에서 깨어났다.[56]

1850년 봄에 니체는 목사관이 있던 켄(Röcken)을 떠나 나움부르크(Naumburg)라는 도시로 이사하게 됐다. 거기서 어머니, 여동생, 할머니,

---

55) Joachim Köhler, _Zarathustra' s Secret_, trans. by Ronald Taylor (New Haven: Yale University Press 2002),   9-10.

56) _Sämtliche Werke, Kritische Studienausgabe_, vol. 4, 218.

두 명의 이모 등 여자들 틈에서 성장했다. 어머니는 니체를 스파르타식으로 엄하게 교육시켰다. 할아버지나 아버지가 모두 목사였기 때문에 할머니와 어머니는 니체 역시 대를 잇는 목사가 될 것을 기대했다. 니체 자신도 그래야 한다는 것을 알고 있었다. 다른 선택이 없었다.

어릴 때 니체는 "작은 목사"[57]란 별명을 가질 정도로 조숙했다. 어린 니체가 기도문을 암송하면 듣는 사람들이 감동해서 눈물을 흘릴 정도였다. 심지어 짐승들조차 니체의 천부적인 재주를 인정하는 것 같았다. 니체 가족이 서커스를 보러 갔을 때 관중들 가운데 가장 현명하고 부지런한 사람을 찾아내도록 훈련받은 말 한 마리가 장 안을 돌다가 니체 앞에 서서 세 번이나 인사를 했었다고 한다.[58]

니체가 기독교와 멀어지기 시작한 것은 학교에 들어가면서부터였다. 학교에서 그리스 문화에 관해 눈을 뜨게 되면서 기독교를 멀리하기 시작했다. 1864년 니체는 본(Bonn)대학에 들어갔다. 이듬해 그는 자유주의 신학의 선구자인 리츨(Friedrich Ritschl, 1822-1889) 아래서 계속 철학을 공부하기 위해 라이프치히(Leipzig)로 이사했다. 거기서 니체는 무신론에 관한 슈펜하우어(Shopenhauer, 1788-1860)의 글을 접하면서 기독교와 단절하게 된다. 1869년에 리츨의 추천으로 니체는 박사 학위도 끝나지 않았는데 바젤(Basel) 대학에 철학부 교수로 임명된다. 니체는 계속되는 자신의 건강 악화와 교수들의 학문적 현학에 대해 불만이 커지면서 1879년에 바젤에서 교수직을 사임했다. 그리곤 10년 동안 자신의 신체적인 질병을 고쳐보기

---

57) Begegnungen mit Nietzsche, edited by Sander L. Gilman and Ingeborg Reichenbach, (Bonn, 1981), 4.

58) Ibid., 20.

위해서 스위스와 독일 등 여러 곳으로 옮겨 다니는 방랑하는 생활을 했다. 이 시기에 그는 기독교를 형이상학, 전통적 도덕성, 자기 포기 등을 혼합시킨 대표적인 악으로 보고 공격을 시작했다.

3.3. 기독교 비판: 기독교는 독약이다.

죽음의 문턱을 드나드는 아버지를 바라보던 니체와 가족들은 아버지를 위해 아무것도 도울 수가 없었다. 가족들이 아버지를 위해서 해줄 수 있는 것이라고는 하나님의 도움을 요청하는 기도뿐이었다. 그러나 가족들의 간절한 기도에도 불구하고 아버지는 고통스럽게 죽어갔다. 하나님은 아무런 도움도 되지 못했다.

이때부터 어린 니체의 마음 안에 무능한 신 하나님에 대한 증오심이 생기기 시작했을 것이다. 니체는 성장해가면서 어릴 때 무능한 신으로 여겼던 그 하나님이 당시 철학과 과학에 의해 해체되고 증발되는 현상을 목격하게 되었다. 계몽주의 이신론자들에 의해서 시작된 기독교에 대한 공격이 "헤겔 소장파들"(Young Hegelians)의 철학적인 공격으로 이어지면서 기독교는 여지없이 무너지고 기독교의 하나님은 해체되면서 증발되고 있는 현상을 니체는 바라보게 된 것이다. 뿐만 아니라 과학 혁명이후 발전한 자연과학으로 인해 성서의 우주관, 인간론, 역사관 등이 흔들리며 무너지고 있는 것을 바라본 것이다. 이런 시기에 무너지는 기독교를 붙잡아보겠다고 등장한 것이 자유주의 신학이었다. 자유주의 신학은 나름대로 과학에 의해 발견된 진리를 수용해서 성서를 해체시키고 해체된 것을 가지고 합리적인 방법으로 재구성한 신학을 제시하면서 당시 지식인들을 설득해보려고 애를 썼다. 그러나 니체가 보기에 그 나약한 자유주의 신학은 헛된 노력을 하고 있는 것으로 여겨졌다.

전통적으로 유럽을 떠받히고 있었던 기독교 문명이 몰락하고 있었던 것이다. 지금까지는 신이 모든 전통적인 가치관의 궁극적인 기반이며 버팀목이었다. 지난 2천년 동안 신이 인간에게 해야 할 것과 하지 말아야 할 것을 정해주었다. 그런데 지금은 그런 신의 종말이 다가온 것이다. 인간에게 명령할 신이 없어진 것이다. 인간들이 복종했던 신이 사라진 것이다. 인간에게 궁극적 가치를 가르쳐 줄 신도 없고 인간이 목숨 걸고 따라갈 깃발 즉 복종할 신도 잃어버린 것이다. 신이 죽어버린 것이다. 인간은 무시무시한 딜레마에 빠지게 되었다. 니체에게 신의 죽음은 철학적 검증으로 인한 결과가 아니라 하나의 시대적 문화적 사실로서 당시 사람들의 의식 속에 들어 있었던 것이다.

역사 속에서, 자연 속에서, 또는 자연 뒤에서 우리는 어떤 신도 발견할 수가 없다. 그렇다고 이런 사실이 우리를 다르게 만드는 것은 아니다. 오히려 이런 사실은 그동안 '신처럼' 숭배해왔던 하나님을 비천한 것, 불합리한 것, 해로운 것으로 경험하게 한다. 단순한 하나의 잘못이 아니라 오히려 삶을 거슬리는 하나의 범죄로 경험하고 있다는 말이다. 그래서 우리는 하나님으로서의 하나님을 거부한다. 만일 기독교인의 이런 하나님을 누군가 우리에게 입증해 주었다면 우리는 조금이라도 그를 믿을 수 있었을 것이다.[59]

칼 마르크스가 '돈'에 의해서 사회를 유산계급과 무산계급으로 구분한 것처럼 니체는 '힘'에 의해서 사회를 힘이 있는 귀족들과 힘이 없는 군중들

---

59) Antichrist, 47; Kaufmann, The Portable Nietzsche, 627.

로 구분했다. 니체는 사람이나 짐승이나 마찬가지로 '힘' 즉 '권력'을 가지려고 하는 원초적인 의지(der Wille zur Macht)가 있다고 한다. 그래서 권력을 얻기 위해 목숨을 거는 전쟁도 불사한다. 이 "권력에로의 의지"(der Wille zur Macht)는 생명의 근원이요 삶의 기반인 것이다. 니체에 의하면 인간이 행동하는 동기는 다름이 아니라 힘을 얻으려고 하는 "권력에로의 의지"에 있다고 한다.

니체에게 인간 사회는 힘 있는 자와 힘이 없는 자로로 구성된 권력 구조이다. 이런 구조 안에서 힘이 없는 군중들은 힘을 가진 귀족들의 억압을 받으면서 산다. 그러면서 힘이 없는 군중들은 권력 있는 자들에 대한 원한과 증오를 갖는다. 이 원한과 증오는 힘이 없는 군중들의 행동의 근원이며, 동기이고, 실재 힘이다. 즉 힘을 쟁취하려는 군중들의 "권력에로의 의지"인 셈이다.

그런데 니체는 힘이 없는 군중들이 자신들의 원한이나 증오를 권력을 쟁취하려는 의지로 사용하지 않고 오히려 무의식적으로 기독교 안에 투사시켜서 교리를 만들고 하나님을 만들었다고 한다. 군중들의 원한과 증오는 자신들의 잃어버린 힘을 되찾을 수 있는 고유의 의지인 것이다. 그런데 그들은 이런 "권력에로의 의지"를 포기하였다. 대신에 자신들의 원한과 증오를 기독교 안에 투사시켜서 하나님에 의해 또는 교리에 의해 위로를 받고 있는 것이다. 뒤집어 말하면 기독교가 이런 군중들의 힘과 의지를 하나님이나 내세적인 교리로 변질시켰다고 보는 것이다. 힘을 상실한 군중들로 하여금 현실을 도피하게 만드는 것이 기독교라는 말이다. 이런 점에서 니체는 서구 사회가 쇠퇴하게 된 근본적인 뿌리는 기독교에 있다고 주장한다. 기독교의 하나님은 인간의 진정한 삶을 거역하게 하는 하나의 범죄라고 단정한다.

니체는 믿음이 있다는 신앙인들을 문제를 혼자서 스스로 해결하려는 의지가 결여된 사람들이라고 한다. 독립심이 없는 사람들이다. 자기 자신을 믿지 못하는 사람들이란 말이다. 자신을 잃어버린 사람들이다. 신앙인들이 말하는 믿음은 곧 자기 포기이며 자기 소외이다.[60] 상실한 힘 즉 권력을 회복해야 하는 자신을 포기한 것이며 그런 자신을 소외시킨 것이다. 결국 이런 신앙을 퍼뜨리고 있는 기독교는 인간의 강하고 정직한 자기 본성을 경멸하게 만든다. 오히려 그런 본성들로부터 도망치도록 부추긴다. 기독교가 인간을 나약하게 만들어 놓고 있다는 말이다. 그래서 니체는 다음과 같이 기독교를 비난한다.

나는 기독교를 증오한다. 나는 그동안 기독교 교회에 대해 비난했던 어떤 사람들보다 더 심한 비난을 퍼붓는다. 기독교는 알려진 부패들 가운데 가장 큰 부패이다. (중략) 교회가 하고 있는 짓은 단지 기생하는 것뿐이다. 생명이 없는 가르침을 가지고 모든 피를, 모든 사랑을, 모든 삶의 소망을 빨아먹으면서 소위 '거룩함'을 행한다고 한다. 초월적인 것이란 모든 현실을 부인하려는 의지와 같은 것이다. 십자가는 음모가 있었다는 것을 암시하는 표시이다. 그 음모란 무엇이든 좋은 것, 건강, 미(美), 용기, 정신, 혼의 자비로움 등과 같은 것들을 포기하게 만드는 음모를 말한다. (중략) 나는 기독교를 하나의 최악의 저주, 잔인한 복수의 본능이라고 부른다. 나는 그것을 인류의 불멸의 오점이라고 부른다.[61]

---

60) Antichrist, 54; Kaufmann, The Portable Nietzsche, 638-639.

61) Antichrist, 62; Kaufmann, The Portable Nietzsche, 655-656.

니체는 힘의 구조에 의해서 도덕성을 주인 도덕성(Master morality)과 노예 도덕성(Slave morality)으로 나눈다. 권력이 있는 주인의 도덕적 성향과 힘이 없는 노예의 도덕적 성향이 공존한다는 것이다. 문제는 노예 도덕성이다. 노예 도덕성은 주로 염세주의 또는 회의주의로 나타난다. 노예 도덕성은 주인을 넘어서려고 하지 않고 오히려 노예로 남아있는 것을 정당화시킨다. 노예 도덕성은 강한 것이 좋은 것이 아니라 쓸 만한 것이 좋은 것이라고 가르친다. 숫자적으로 볼 때 세상에는 강자가 적고 약자들은 많기 때문에 약자들은 "권력에로의 의지"란 악한 것이라고 강자들을 가르쳐서 타락시킨다. 그 결과로 세상에는 약자들의 가치관 즉 노예 도덕성이 세력을 얻게 되는 모순이 발생한다고 니체는 지적한다.

기독교가 탄생할 즈음에 이스라엘 땅의 주인은 정치적으로 로마인들이었고, 로마 권력에 지배를 받았던 노예와 같은 식민지 백성은 유대인들이었다. 이 당시 억압과 착취를 당했던 유대인들에게는 로마인들을 향한 증오와 분노가 있었다. 유대인들은 자신들의 주인인 로마인들을 증오하면서 노예도덕성을 만들어 냈다. 유대인들이 만들어 낸 노예 도덕성은 자기들의 주인인 로마 사람들의 문화적 가치관 즉 주인 도덕성을 뒤집은 것이었다. 니체는 유대인들이 자신들의 노예 도덕성으로 로마 사람들에게 앙갚음했다고 보았다.

유대인들은 당시 귀족들이 가지고 있던 선함, 고결함, 강함, 아름다움, 행복, 신들에게 사랑받음 등과 같은 가치관들을 뒤집었다. 특권도 없고 힘도 없는 그들은 증오심에 가득차서 계속 주장하기를, 가난한 자들 힘없는 자들만이 선한 사람들이고, 고통 받는 사람 병든 사람들 추한 사람들만이 진실로 축복받

은 사람들이라고 했다. 만일 그렇다면 지구상에 고귀하고 힘 있는 자들, 당신
들은 영원토록 악한 놈, 잔인한 놈, 탐욕이 가득한 놈, 신을 믿지 않는 놈, 그
래서 결국에는 저주받을 놈, 망할 놈이 되는 것이다.[62]

니체는 도덕에서 노예 혁명의 출발점은 악의가 가득 찬 약자들 곧 유대
인들의 원한이라고 본다. 유목민이었던 이들 유대인들 가슴 속에는 강한
로마인들에 대한 원한과 증오심이 들어 있었다. 자신들보다 뛰어난 강자들
에 대한 두려움 때문에 이들 약자들은 자기들끼리만 서로 사랑하고 뭉쳤
다. 이렇게 해서 모인 노예와 같은 유대인들은 주인인 로마인의 모든 가치
관들을 악한 것이라고 비난했다. 왜냐하면 주인의 가치관들이 약자들에게
는 없기 때문이다.

니체는 원한과 증오에 가득 찬 유대인들에 의해 만들어진 기독교는 "사
랑의 복음"이란 교리로 그 원한과 증오를 포장했다고 한다. 기독교인들이 외
치는 사랑은 강한 자기 훈련의 표현이 아니라 노예와 같은 약자들의 원한,
증오, 탄식의 산물이란 말이다.[63] 힘도 능력도 없는 약자가 강자에 의해 어
쩔 수 없이 희생을 당하면서도 마치 약자가 강자를 사랑하기 때문에 자발
적으로 희생하는 것처럼 포장했다는 말이다. 속으로는 강자에 대한 분노,
원한, 탄식, 증오가 있는데 겉으로는 사랑을 표현하고 있다는 것이다.

니체는 유대인들이 강자의 가치관을 약자의 가치관으로 가치전도(trans-
valuation of values)시킨 것을 예수와 기독교가 그대로 받아들인 다음 "사

---

62) Genealogy of Morals, tr. Francis Golffing (New York, 1959), 167-168.

63) Ibid., 168-169. 니체는 진정한 기독교의 사랑을 공격한 것이 아니라 연민처럼 감상적인 사랑의 개념
을 공격한 것이었다. 이것을 Erich Fromm은 약함과 무의식적인 착취에 근거한 "상징적인 사랑"이
라고 부른다.

랑의 복음"으로 포장해서 세상에 널리 전파시켰다고 한다. 이후 세상이 유대화 또는 기독교화 되면서 약자의 가치관 즉 노예 도덕성은 급속도로 번져나갔다. 니체는 "이런 독약이 인류의 몸 전체에 퍼지는 과정을 놓아둘 수 없다"고 한다.[64] 니체는 기독교를 인류를 죽이는 독약으로 이해한 것이다.

니체는 실제로 역사 속에 생존했던 예수 즉 역사적 예수를 존경한다. 니체에게 역사적 예수는 외적으로 짓밟는 어떤 힘에도 굴복하지 않고 흔들리지 않는 정직함과 평온함을 성취한 인간이다. 이것은 예수의 무조건적인 사랑, 무저항의 삶 속에서 나타나며 특히 죽음을 맞이한 예수의 태도에서 절정을 이룬다. 예수의 삶은 사람들을 구속하기 위해서가 아니라 사람들에게 어떻게 살아야 하는지 보여주기 위한 삶이다. 어떤 고난과 핍박 아래서도 반항하지 않고 자신의 권리를 변호하지 않는다. 책임을 남에게 돌리지도 않는다. 최악의 상황이 닥칠지라도 전혀 피하려 하지 않는다. 오히려 고난을 감수하면서 악하게 대하는 자들을 사랑한다.[65]

니체는 이 역사적 예수가 너무 일찍 죽었다고 한다. 만일 자기 나이만큼 살았다면 예수는 자신의 가르침을 철회했을 것이라고 한다. 철회하기에 충분할 만큼 예수는 고귀한 성품을 가졌다고 본 것이다.[66] 이런 점에서 니체는 역사적 예수를 존경하지만 세상을 거부하는 염세주의적인 경향 때문에 예수를 받아들이지는 않는다. 그에게 예수는 물질 세상인 현실을 거부하고 존재하지도 않는 초월적인 세계인 무(無)를 향한 의지를 소유했던 사람이다. 만일 이런 예수의 삶의 방식이 인류에게 퍼지면 그것은 문화의 가치를

---

64) Ibid., 170.

65) Antichrist, 35; Kaufmann, The Portable Nietzsche, 608-609.

66) Kaufmann, The Portable Nietzsche, 185.

파괴하며, 인간의 가치를 파괴하는 허무주의가 되었을 것이라고 한다.

니체는 예수의 복음이 십자가 사건 이후로 제자들에 의해서 심하게 왜곡되었다고 한다. 예수의 십자가의 죽음은 제자들이 예상치도 못했던 수치스런 사건이었다. 제자들은 왜 이런 사건이 일어났는가에 대한 의문을 품게 되었고 그 의문에 대한 대답을 예수를 죽인 유대인들에게서 찾았다. 당시 유대 사회를 지배하고 있었던 가장 높은 계층 사람들이 예수를 죽인 것이다.[67] 힘이 없고 무능한 제자들은 예수를 죽인 원수들을 향한 원망과 복수심에 불타게 된다. 물론 이것은 예수의 복음과는 아주 다른 감정이다. 예수의 수치스러운 십자가 죽음에 대하여 제자들은 잘못된 대답으로 전개해 나간다. 원수를 향한 복수심에 불타는 제자들은 하나님 나라가 임할 때에 원수들에게 있을 최후의 심판을 가르쳤다.[68] 예수의 십자가 죽음은 하나님이 죄의 용서를 위해 그의 아들을 희생 제물로 준 것이라고 가르쳤다. 여기서부터 점차로 예수의 이미지가 구속자의 모습으로 변화되고, 심판과 재림의 교리, 희생제물로서 죽음의 교리, 부활의 교리 등이 등장하게 된 것이라고 한다.[69]

역사적 예수의 순수 복음을 타락의 교리로 뒤집어 놓은 결정적인 사람은 바울이라고 니체는 지적한다. 그에 따르면, 바울은 자기 나름대로 기독교 역사를 만들었으며, 그의 허무주의 교리 중심에는 "믿음에 의한 칭의"(Justification by faith)란 신앙을 세워 놓았다고 한다. 바울은 실천을 강조하던 예수의 복음을 믿음에 의한 칭의 교리로 대체시킨 것이다. 믿음이

---

67) Ibid., 614-615

68) Ibid., 615.

69) Ibid., 616.

행함이나 실천의 대용물이 된 것이다. 예수가 가르친 과격한 행동을 실천하기에 부담을 느낀 바울이 칭의의 교리로 약빠르게 합리화시킨 것이다. 기독교 공동체가 예수의 행함을 실천하는데 실패하자 그것을 합리화시킬 의도로 믿음의 교리를 창안해낸 것이다.

니체는 바울의 믿음의 교리가 단순히 행함에 대한 실패를 합리화시킨 것만이 아니라 "이해의 희생"(sacrificium intellectus)을 정당화하는 데에도 사용되었다고 한다. 현대인들은 과학이 전달해주는 진리들을 수용하고 있다. 그런데 믿음이 있는 현대인들은 과학의 이해와 성서의 이해 사이에 충돌이 생기는 것을 경험하게 되면서 "믿음"이란 명목으로 과학의 이해를 희생시킨다(sacrificium intellectus). 그래서 니체는 "믿음은 과학을 대항하는 거부권이다"[70]라고 말했다. 니체는 바울의 믿음의 교리가 현대 기독교인들로 하여금 과학 이성으로 판단해야 하는 것을 포기하게 만들고 믿음만으로 결단하도록 조장시켜 왔다고 본 것이다.

3.4. 초인간(Übermensch)

기독교를 저주하며 하나님을 제거시킨 니체는 그 대안으로 새로운 인간상을 제시한다. 그것이 바로 초인간(超人間)이다. 니체는 증발된 하나님 자리를 초인간으로 대체시킨 것이다. 인간의 근본 문제인 억압과 소외는 기독교에서 말하는 초자연적인 은총에 의해서 해결되는 것이 아니라, 초인간의 "권력에로의 의지"(der Wille zur Macht)로 해결될 수 있다고 한다. 즉 자기 자신을 완전히 극복하는 힘으로 해결되는 것이다. 기독교의 영생의 교리 대신에 니체는 "영원회귀"(ewige Wiederkunft)의 황홀한 기쁨을 제시한다.

---

70) Ibid., 627.

니체는 초인간이란 새로운 형태의 인간이 도래할 것을 예견한다. 초인간이 오면 모든 전통적인 가치관들은 새로운 가치관으로 바뀌게 될 것이다. 초인간을 반대하는 기독교의 필사적인 저항에도 불구하고 나타날 것이다. 신의 죽음을 인식함으로 드러나는 기독교의 광기가 완전히 발산되고 나면 초인간이 나타나게 될 것이라고 니체는 예견한다. 이 초인간은 하나님의 계승자가 될 것이다.

인간은 극복되어야 하는 존재이다. 자기 자신을 극복한 사람이 초인간이 되는 것이다. 자기 극복은 "권력에로의 의지"와 관련이 있다. 인간이나 동물이나 모두 "권력에로의 의지"를 소유하고 있다. 그러나 인간이 동물과 다른 점은 "권력에로의 의지"를 자기 극복을 향해서 돌릴 수 있다는 것이다. 사실 자신을 극복하려면 가장 힘든 훈련을 해야 한다. 즉 초인간이 되려면 자신을 향한 가혹할 정도의 훈련을 필요로 한다. 초인간에게 가장 중요한 것은 무엇보다도 자기 훈련이다.

> 강력한 정신을 소유한 사람들은 가장 강한 사람들로서 다른 사람들이 파멸을 만날 수 있는 징소에서 행복을 발견한다. 즉 인생의 미로에서, 자신과 다른 사람들을 거슬리는 역경에서, 시험에서 행복을 발견한다. 이들의 기쁨은 자기 정복이다. 금욕주의가 그들의 본능, 필요, 본성이 된다. 어려운 일들이 그들에게 특권이 된다. (중략) 그들은 가장 존경할 만한 사람들이다.[71]

초인간이 자신을 가혹하게 대하고 자기를 정복하려는 목적은 다른 사람들 위에 군림하기 위해서가 절대 아니다. 자기를 극복한 초인간은 실제로

---

71) Ibid., 645-646.

강하지만 다른 사람들을 향해서는 최고의 선과 친절을 베푼다. 강하지 않으면서 친절을 베푸는 것은 약골들이나 하는 짓들이다. 초인간은 강한 권력 즉 힘을 가지고 있지만 사용하지 않는다. 이런 강한 초인간이 다른 사람들에게 자비를 베푸는 것은 약함의 표시가 아니라 강함의 표시이다.

초인간의 삶이란 넘치도록 충만하고 지나칠 정도로 기쁘다. 이 삶에는 "예"라고 긍정하는 본성이 들어있다. 비록 초월적인 구속이나 초자연적 존재에 대한 믿음을 상실했을 지라도, 인생에 대한 의미나 역사에 대한 궁극적인 의미를 상실했을 지라도, 초인간에게 기쁨을 주는 것은 바로 한 순간의 긍정이다. 초인간은 고난과 기쁨, 선과 악, 고통과 쾌락 같은 모든 것들은 영원히 반복된다는 차라투스트라(Zarathustra)의 가르침을 받아들이며 기뻐한다. 초인간만이 인생의 매 순간이 영원히 회귀(ewige Wiederkunft)되기를 바랄 수 있다. 초인간의 노래는 "한 번 더"(Once More)이다. 초인간의 좌우명은 "운명의 사랑"(amor fati)이다. 그는 운명을 견딜 뿐 아니라 그것을 사랑한다. 그는 주어진 운명을 긍정하는 사람 즉 다가오는 죽음에 "예"라고 대답하는 사람(Ja-sager)이 바로 초인간이다. 전통적인 가치 기준이었던 신을 상실하고 방황하는 사람들을 향하여 니체는 그런 시대적 현실을 과감하게 받아들이라고 소리친다. 그리고 "권력에로의 의지"를 가지고 상실한 자신을 극복한 초인간이 되라고 외친다. 주어진 운명을 긍정적으로 받아들임으로 순간 경험케 되는 삶의 충만함과 기쁨을 누리라고 한다. 자기를 극복한 강한 사람이지만 다른 사람에게는 자비와 친절을 베풀라고 권면한다.

190

3.5. 미친 사람이 된 니체

니체는 자신이 초인간의 도래를 알리는 특별한 사명을 받았다고 여겼다. 그러나 자신의 그런 깊은 생각을 다른 사람들과 나누는 데에 실패하게 된다. 옛 친구들과 관계가 점점 멀어지면서 고립된 자신을 깨닫는다. 이때 그는 그의 누이동생에게 "심오한 사람은 친구들이 필요하다. 만일 그에게 신이 정말로 없다면 말이다. 그런데 나는 신도 없고 친구도 없다!"란 내용의 편지를 썼다.

1883년에는 니체는 교수 자리를 알아보라는 어머니와 동생의 강권에 못 이겨 라이프치히로 가서 지원하지만 거절당하게 되면서 좌절감에 빠지게 된다. 1884년에는 제자처럼 사랑했던 폰 슈타인(Heinrich Baron von Stein)이 니체를 버리고 떠났다. 인쇄업자 슈마이처(Schmeitzer)는 니체가 넘겨준 원고『차라투스트라는 이렇게 말했다』[72]를 출판해주지 않았다. 결국 1885년에 니체는 이 원고의 일부인 제 4부를 그것도 40부만 개인적으로 출판했다. 같은 해인 1885년 5월에 결혼한 누이동생 엘리자베스와 반유대주의자인 그녀의 남편 피르스터 박사(Dr. Bernhard Förster)는 정치적인 문제를 가지고 니체를 괴롭혔다.

위와 같이 동료 친구들에 대한 갈증과 계속되는 고립감에 대한 증오와 반발이 극도에 달하면서 니체는 거의 광란에 가까울 정도로 저작 활동에 몰두한다. 니체는 그의 반항과 증오를 그의 글 속에서 다양한 형태로 표출한다. 이로 인해 1888년에 쓴『니체 대 바그너』[73],『우상의 황혼』[74], 『적

---

72) Also Sprach Zarathustra

73) Nietzsche contra Wagner

74) Die Götzen-Dämmerung

그리스도』[75], 『이 사람을 보라』[76] 등의 작품들은 반항적적이고 광란적이지만 날카롭고 강한 정신적 긴장의 극한상황까지 밀어붙인 작품들이다. 특히 『이 사람을 보라』란 엉뚱한 자기 찬양은 니체를 거의 정신착란까지 이르게 만든다.

1889년 1월 3일 이태리 튜린(Turin)에 있던 니체의 정신착란은 극도에 달한다. 집을 나설 때 니체는 사나운 마부가 말을 때리는 것을 보게 되었다. 니체는 말의 목을 껴안고 눈물을 쏟으며 울어대다가 실신해버린다. 이 당시 바젤에 있던 부르크하르트(Burchhardt)와 오버백(Overback)은 니체로부터 기괴한 편지를 받는다. 몇 일후에 오버백은 튜린으로 달려가 미쳐버린 니체를 발견하고 니체를 바젤 요양소로 데리고 간다. 니체를 진단한 의사는 다음과 보고서를 남겼다.[77]

눈동자가 다름. 오른쪽 눈동자가 왼쪽보다 더 크며 매우 느리게 반응한다. 사시(斜視) 현상. 강한 근시(近視). 혀가 두껍게 덮임. 일탈 행위 없음. 불안해하지 않음. 안면 신경에 약간 동요가 있음. 무릎 반응 강함. 병이 있다는 어떤 실제적인 진단은 없음. 기분이 아주 좋은 상태. 지난 몇 주 동안 아팠다고 하며 심한 두통에 자주 시달렸다고 함. 환자는 몇 번 발작이 일어났을 때 유별나게 기분이 매우 좋았으며 길거리 사람들을 끌어안고 키스하고 싶었으며 담장 위로 올라가고 싶었다고 말함.[78]

---

75) Der Antichrist

76) Ecce Homo

77) Ivo Frenzel, Friedrich Nietzsche, trans. by Joachim Neugroschel (NY: Western Publishing Co. 1967), 118.

78) E. F. Podach, Nietzsche's Collapse, (Nietzsche's Zusammenbruch), Heidelberg 1930, 77.

1월 중순 어머니가 니체를 찾아와서 오버백과 함께 니체를 데리고 예나(Jena)로 가서 빈스바그너(Binswagner)요양소에 입원시킨다. 바젤에서 니체가 받은 진단은 '진행성 마비'(Paralysis progressiva)였다. 니체가 걸렸던 성병 매독 때문일 가능성도 배제할 수 없다.[79] 이후 니체의 정신병은 더 깊어지면서 드러눕게 되었고 반대로 정신착란은 줄어들었다. 니체의 어머니는 예나로 이사를 가서 1890년 3월부터 직접 아들을 돌보았다. 도이센(Deussen)은 1894년 10월 15일 니체의 50세 생일 때에 니체를 방문하고 나서 다음과 같은 글을 남겼다.[80]

내가 곧 예나를 떠나야하기 때문에 잠깐만이라도 보기 위해 아침 일찍 들렀다. 어머니는 니체를 데리고 나왔다. 나는 그가 회복되기를 바라면서 그에게 오늘이 50회 생일이라고 말하고는 꽃 한 다발을 넘겨주었다. 그는 아무것도 이해하지 못했다. 단지 꽃송이들만 잠깐 동안 그의 관심을 일깨우는 것 같았다. 그리고는 그 꽃들도 생각 없이 내려놓았다.[81]

1897년 어머니가 죽은 후에 누이동생 엘리자베스(Elisabeth Förster Nietzsche)가 니체를 맡아 돌보았다. 엘리자베스는 1889년에 남편 푀르스터(Förster)가 자살한 후 4년 뒤에 파라과이에서 돌아와 바이마르(Weimar)에 있는 집으로 이사했었다. 엘리자베스는 병든 오빠를 돌보는 일 뿐 아니

---

79) Walter Kaufmann, Nietzsche, (Princeton: Princeton University Press 1974), 69. 일반적으로 니체가 걸린 매독은 퀼른이나 라이프치히에 있는 사창가에서 걸린 것이란 주장이 있고 최근에는 이탈리아 제노바(Genoa)에 있는 남창(男娼)과의 관계로 걸렸다는 주장이 제기되고 있다. 참고, Joachim Köhler, Zarathustra's Secret, trans. by Ronald Taylor (New Haven: Yale University Press 2002), xv.

80) Ivo Frenzel, Friedrich Nietzsche, 119.

81) P. Deussen, Reminiscences of Friedrich Nietzsche, (Leipzig 1901), 96.

라 니체의 책, 노트, 메모장 등을 수집 관리했다. 저작권을 관리하면서 엘리자베스는 니체가 죽기 전부터 니체를 유명하게 만들기 위해서 그에 관한 왜곡된 진술을 시작했다. 물론 니체는 이런 사실에 대해 전혀 알 수가 없었다. 니체는 1900년 8월 25일 죽어서 켄(Röcken)에 있는 아버지 무덤 옆에 매장되었다. 죽은 지 몇 년 안 되어 니체는 유럽 허무주의를 가장 정확하게 진단한 사람으로 알려지면서 그의 명성은 세계로 퍼져나갔다.

4. 우리의 현실: 불신의 시대

종교가 지배하던 역사를 탈피하고 인간이 주체가 되어서 스스로 생각하고 행동하는 계몽주의 역사가 시작되었다. 전에는 교회가 최고의 권위였지만 지금은 다르다. 인간이 최고의 권위이다. 인간이 역사의 중심이며 세상의 중심이라고 여기면서 인간에 의해 만들어질 지상 천국을 건설하기 시작한 것이다. 인간은 합리적인 사고에 기초해서 과학을 발전시켰다. 과학은 자연의 비밀을 벗겨내기 시작했고 세월이 지나면서 인류에게 편리함이란 선물을 안겨주었다. 사람들이 과학에 의해 발견된 진리와 과학이 제공하는 유익함에 도취되기 시작했다. 과학의 기초가 되는 자연이성, 계몽주의 이후로 강조해 왔던 합리적인 이성을 신봉하기 시작했다. 합리적 이성을 가진 인간들은 지상에 세워질 유토피아를 낙관적으로 대망하였다.

이런 유토피아를 건설하기 위해서 주체가 된 인간은 합리적이며 분석적인 이성의 칼을 높이 쳐들고 먼저 기독교를 해체하기 시작했다. 이신론자들이 앞장서서 성서의 초월성을 제거하기 시작했다. 성서 안에 계시, 기적, 예언 등이 제거되었다. 그리스도교의 중심인 예수의 신성도 제거되었다. 예수는 더 이상 하나님의 아들이 아니다. 그는 역사적으로 한 생애를 살았던 인간이 되었다. 그래서 이런 인간 예수에 대해 "역사적 예수"란 용어를 붙여 사용하기 시작했다. 이 역사적 예수는 좋게 말하면 "지혜 교사" 안 좋게 말하면 "유대 종말론에 심취했던 미치광이"란 표현으로 설명되곤 했다. 성서의 권위가 무너지고 예수의 신성이 제거되다가 급기야는 하나님이 증발된 것이다. 기독교의 하나님은 성서와 하나님의 아들을 통해서 선포되어왔다. 그런데 이것들이 모두 제거되었으니 하나님도 더불어 증발된 것이다.

과학에 의해서 밝혀진 진리 역시 기독교를 해체시키는 일에 합세했다.

지구과학 이론, 우주과학 이론, 진화론 등이 발표되면서 성서에 있는 천국, 지옥, 창조, 인간, 구원, 부활 등의 교리와 충돌을 빚게 되었다. 이 충돌과정에서 당연히 과학이 승하고 성서가 패하는 결과를 가져왔다. 과학혁명 이후 인간은 과학이 전해주는 지식과 베풀어주는 혜택에 중독되어 왔기 때문에 당연한 결과였다.

하나님 자리를 인간이 꿰차고 들어가서 하나님과 성서와 교회를 제거시켰다. 인간이 최고의 자리에 올라선 것이다. 그러고는 어떤 인간은 기독교를 마약이라고 한다. 어떤 인간은 기독교를 독약이라고 한다. 어떤 인간은 그동안 숭배해왔던 종교의 신은 사실 인류의 집단 무의식이 투사시켜 만들어낸 이상적인 인간의 모습이라고 한다. 쉽게 말하면 인간이 상상해서 만들어낸 것이 하나님이란 말이다. 계속되는 기독교에 대한 과학적이며 합리적인 무참한 공격에 버티다가 드디어는 기독교가 무너지기 시작한 것이다. 교회가 문을 닫는 일들이 여기저기서 벌어지고 있다. 기독교를 인류의 죄악이라고 부르짖는 이들은 기뻐했을 것이다.

종교개혁까지만 하더라도 성서의 하나님이 삶의 기준이며, 기독교가 삶의 기반이었다. 당시 사람들에겐 이런 분명한 기준과 기반이 있었다. 하나님의 말씀인 성서는 인생 여정에서 보고 따를 수 있는 눈에 보이는 깃발이었다. 그런데 지금은 하나님, 교회, 성서 모두 상실해버렸다.

계몽주의에 의해 하나님의 자리로 올라선 인간은 과학을 신봉하면서 자신들이 갖고 있던 최고의 권위를 과학에게 내주었다. 이렇게 역사의 주도권을 잡은 과학은 계몽주의 이후 최고의 권위를 자랑했던 인간의 가치를 끌어내리기 시작했다. 진화론을 들이대면서 인간이나 짐승이나 아니 벌레나 마찬가지라고 한다. 인간의 정신능력 역시 다른 동물들보다 차이만 다를 뿐 인간 고유의 특질이 아니다. 과학은 45억년의 지구의 역사를 들이대면서 80년의 인생을 보잘 것 없게 만든다. 당연 우주 역사에 비하면 나의 인생의 가치가 허망해진다. 하나님까지 제거시킨 그 권세 있는 인간이 살고 있는 지구라는 공간 또한 태양계가 속해 있는 소우주 은하계에 비하면 모래알보다 더 작을 것이다. 물론 천억 개 이상이나 되는 소우주를 가진 광활한 우주에 비하면 내가 그렇게 고집하며 살고 있는 땅은 없는 것이나 다름이 없다. 나의 존재의 가치가 공허해지는 것이다. 과학은 계속 생명이 없는 메마른 정보들을 우리에게 공급하고 있다. 인생의 의미를 부여하는 진리라기보다는 차라리 정보라고 말하는 것이 어울릴 것이다.

그럼에도 불구하고 여전히 인간은 자기도취에 빠져 스스로 지상 천국을 건설할 수 있다고 외쳐댔다. 합리적인 이성을 통해서 인류의 문제를 분석해보면 인간의 모든 문제를 해결할 수 있는 열쇠를 찾을 수 있다고 여겼다. 이런 사고를 가졌던 칼 마르크스는 "공산주의 사회"란 지상천국을 제시하였다. 합리적인 이성을 가진 수많은 젊은이와 노동자들이 공산주의 교리에 빠져들었다. 공산주의란 지상 천국을 세우기 위해서 수많은 사람들이 희생했고 그들의 피 값으로 오늘날 공산주의 국가들이 세워졌다. 그런데 이렇게 세워진 공산주의 국가들이 무너지고 있다. 그렇게 믿었던 인간의 유토피아조차 해체되고 있는 현실이다.

단지 공산주의 혁명만 문제는 아니다. 민족주의 깃발을 높이 든 세계 각 나라는 자국의 이익을 위해서 전쟁을 불사하고 있다. 자기 나라를 가장 잘 사는 나라로 만들 수 있다고 여러 가지 합리적인 정보를 들이대며 정치인들은 국민들을 선동하고 전쟁으로 몰아낸다. 우리는 1차, 2차 세계대전을 통해 수많은 사람들이 무고하게 죽어간 처참한 인류 역사를 기억하고 있다. 인간이 같은 인간을, 살아있는 인간을 과학 연구 대상으로 놓고 생체 실험하는 일들이 있었다. 전쟁에 이기기 위해 사람의 기름을 짜서 무기에 사용하던 일들이 있었다. 자율, 이성, 자연 등을 기본 원칙으로 삼고 있는 현대인들, 하나님이 없어도 스스로 알아서 잘 할 수 있다는 현대인들이 이런 말도 안 되는 일들을 저지르고 있다. 물론 이런 비인간적인 일에 과학이 합세했다.

사실 인간은 과학이 인류에게 은혜만 베풀어줄 것으로 기대했었다. 과학으로부터 인류가 많은 은혜를 받은 것은 사실인데 한편으로는 상상을 초월하는 공포도 안겨 주었다. 2차 세계대전 영국 런던 상공까지 날아와 영국 시민을 공포에 떨게 만든 독일 미사일 또한 과학의 선물이다. 일본 히로시마와 나가사키에 떨어진 원자폭탄 역시 과학의 발전으로 이룩한 결실이다. 한 순간에 히로시마에서는 원자폭탄 하나만으로 사망자 약 14만 명과 피해자 약 35만 명에 이르는 재난을 초래했다. 사람 뿐 아니라 히로시마 시 건물의 90 퍼센트가 넘는 7만여 채의 건물들을 파괴시켰다. 이전에는 인류가 상상할 수도 없었던 엄청난 파괴력을 과학이 만들어 낸 것이다. 2차 세계대전때만해도 과학의 힘에 의해 수많은 무고한 사람들이 살상되었다. 이후에도 인간은 계속해서 원자폭탄과 같은 대량 살상무기를 개발해왔고 지금도 개발하고 있다. 인간이 현재 보유하고 있는 무기만으로도 단숨에 인류 아니 지구 생명체들을 모두 파괴시킬 수 있게 되었다. 과학이 이루어 놓은 훌륭한 성과이다. 이제 인간은 역사 유래 없었던 파멸 직전에 와 있는 것이다. 어떻게 보면 인간은 과학으로부터 작은 혜택을 받으면서 목숨을 볼모로 잡힌 상황이 된 것이다.

인본주의와 출현과 함께 최고의 도덕성을 갖추고 이 땅에 천국을 건설해 줄 수 있는 인간은 오늘날 상상 속에만 남게 되었다. 니체가 예언한 초인간의 출연은 요원하기만 하다. 사실 역사 이래로 없었던 세계대전을 치르면서 인간은 인간에 대해서 실망하기 시작했다. 인간이 인간에게 부여했던 권위가 다시 증발되어 버렸다. 전쟁을 통해 인간은 여전히 악의 뿌리가 박혀 있는 자신들의 모습을 또렷하게 보게 된 것이다. 사람을 믿을 수 없는 세상이 되어버린 것이다.

과학에 대한 신뢰도 점점 무너지기 시작했다. 과학이 주는 것도 많지만 인간이 의식하지 못하는 사이에 빼앗아가는 것도 많았다. 과학이 혜택과 더불어 인류에게 안겨준 환경오염은 앞으로 어떤 재앙을 불러올지 아무도 예측할 수 없다. 그저 미래에 대한 불안감만 느낄 뿐이다. 사람도 믿을 수 없고 과학도 무조건 받아들일 수 없는 세상 이것이 우리의 현실이다.

이미 기독교는 과학적이고 역사적인 비평방법에 의해 해체되었다. 하나님, 예수 그리스도, 성서 등의 권위가 증발되어 버렸다. 사람도 믿을 수 없고 과학도 믿을 수 없고 하나님도 없는 이상한 세상이 된 것이다. 과학에 의해 신도 해체되고 인간도 해체되어 그 의미와 가치를 잃어버렸다. 이런 시대에 사는 현대인들의 삶은 아주 공허하고 허무하고 암담한 것이다. "공허", "허무", "암담" 이것이 이시대의 유행어가 되어 버렸다.

이런 암울한 시대에 과학은 현대인들에게 진화론에서 생존경쟁을 배우라고 가르친다. 어떻게 해서든지 현대인은 개인과 개인, 사회와 사회, 국가와 국가 간의 경쟁에서 살아남아야 한다고 가르친다. 무엇 때문에 사는지, 무엇을 위해 살아야하는지도 모르고 말이다. 이런 시대에 영국 록 가수 스팅(Sting)은 다음과 같은 노래[82]를 부른다.

---

82) 노래 제목: "If I Ever Lose My Faith in You." 참고, Harvey Cox, Fire From Heaven, (New York: Addison-Wesley Publishing Company, 1995), 299.

당신은 말할 것이다.

내가 과학과 진보에 대한 나의 신뢰를 잃어버렸다고.

당신은 말할 것이다.

내가 거룩한 교회에 대한 나의 신앙을 잃어버렸다고.

당신은 말할 것이다.

내가 방향감각을 잃어버렸다고.

VI. 성서신학의 위기

VI. 성서신학의 위기

1. 힘을 잃은 하나님 말씀

목숨을 위협하는 유대인들의 박해와 로마 정부의 거센 탄압 속에서도 초대 기독교는 살아남았다. 그 원동력은 다름 아닌 하나님의 말씀에 있었다. 예수가 선포한 말씀은 듣고 있던 제자들이나 백성들에게 생명, 능력, 소망을 공급해 주었다. 사도 바울의 이름으로 기록된 편지는 받아 읽는 초대 기독교인들에게 곧 하나님의 말씀이었다. 귀를 기울여 듣기만 하면, 정신을 차리고 읽기만하면 이해할 수 있도록 이 당시 하나님의 말씀은 모두에게 열려 있었다.

누구나 쉽게 이해할 수 있도록 열려 있던 하나님의 말씀은 중세기 동안에 닫혀버렸다. 굳이 그 이유를 찾는다면 당시 교회나 교인에게 공급할 수 있는 다량의 책이 없었기 때문이라고 할 수 있다. 인쇄 기술이 없었던 당시에는 원본을 보고 베껴 써야 책 한 권을 만들 수 있었다. 이렇게 만들어진 책을 사본(codex)라고 한다. 이런 방식으로 아무리 많은 사본을 만들더라도 당시 교회나 교인들의 숫자를 감당할 수 없었을 것이다. 다른 이유는 천 년이 넘는 세월을 지나오면서 생겨난 언어 문제를 들 수 있다. 당시 가지고 있는 성서 사본들은 주로 라틴어나 희랍어와 같은 고전어로 기록된 것들이 었다. 현재 사용하지 않는 언어들이기 때문에 번역이 없으면 책을 주어도 읽을 수 없었던 것이다. 그런데 앞에 제시한 이유보다도 더 근본적인 이유 는 교회가 번역을 금지시킨 것이다. 결국 교회가 일반인들이 하나님의 말씀 인 성서를 접근할 수 없도록 금지시킨 것이다.

이렇게 갇혀 있던 성서를 다시 일반인들이 접할 수 있도록 열어 놓은 사 람을 종교개혁자 마틴 루터라고 할 수 있다. 루터는 성서를 독일어로 번역 하여 구텐베르크가 발명한 인쇄술로 많은 책들을 만들어 보급시켰다. 일반 인들에게 들려진 성서는 루터가 시작한 종교개혁에 불을 붙이기 시작한 것 이다. 루터의 95개조 반박문은 시작에 불과한 것이었고 실제 종교 개혁의 원동력은 루터의 "오직 성서로"란 구호처럼 성서에서 나오는 힘에 있었던 것 이다. 당시 개혁 교회들은 성서로부터 개혁할 수 있는 힘을 받았다. 이 성 서로부터 공급되는 힘 때문에 로마 가톨릭교회의 숱한 박해에도 굴하지 않 고 개혁 의지를 불사른 것이다.

그런데 종교개혁 이후 5세기가 지난 지금 성서는 다시 닫혀 버렸다. 물 론 과거 어느 시대보다 현시대만큼 성서가 일반인들에게 많이 보급된 때는 없었다. 또한 사람들이 더 쉽게 이해할 수 있도록 점점 더 쉬운 언어로 번 역된 성서들이 소개되고 있는 현실이다. 이렇게 더 쉽고 더 많은 성서가 보 급된 현실임에도 불구하고 오늘날 성서 해석은 오리무중에 빠져있다. 성서 를 해석하려면 본문비평, 문헌비평, 양식비평, 편집비평, 전승사비평, 종교사 비평 등에 기초해야지 아니면 아주 무식하다는 소리를 듣게 된다. 또한 이런 성서 비평을 하려면 기본적으로 히브리어, 아람어, 희랍어, 콥틱어, 라틴어 등과 같은 고전어에 대한 지식이 있어야 한다. 결국 고전어 지식이 있는 전문적인 사람들에게만 성서 해석의 권한이 주어진 것이다.

극단적으로 말하면, 일반인들은 전문가들에 의해 성서 해석의 권한을 박탈당한 것이다. 신학교에 가면 성서 해석은 전문가인 성서 신학자나 하는 일이다. 그러니 성서신학을 전공하지 않은 신학생들은 성서 본문을 해석할 때 두려움을 갖게 된다. 이미 잘 번역된 성서를 있는 그대로 읽는 것조차 두려워하게 된다. 신학교를 졸업한 목사들조차 성서 본문보다 성서 신학자들이 쓴 주석을 더 의존한다. 성서는 더 쉽게 번역되었고 더 많이 보급되어 있는데 성서를 해석하는 데에 있어서는 보이지 않는 선이 그어져 있는 것이다. 성서 신학자란 이름하에 일반인의 접근을 금지시키는 그런 선 말이다.

2. 성서비평 역사

"성서신학"이란 성서 안에 있는 가르침을 기초로 해서 그 내용을 체계화
시킨 신학을 말할 수도 있고 반면에 성서란 책 자체의 기원과 발전 등을 연
구하는 학문이라고 할 수도 있다. 예를 들면, 바울이 기록한 모든 서신들
을 근거로 해서 바울의 신학을 체계화 시킨 것도 성서신학이라고 하고, 로
마서와 같이 성서 가운데 한권의 저자, 진정성, 특징, 신학 등을 연구하는
것도 성서신학이다. 간단하게 말하면 성서와 성서에 연관된 자료들을 연구
하는 학문이 성서신학이다.

성서신학을 하려면 무엇보다도 성서 비평방법들을 이해해야 한다. 오
늘날 성서신학에서는 여러 종류의 비평방법들을 거론한다. 주류를 이루
는 것은 역사비평, 종교사비평, 구속사비평, 본문비평, 문헌비평, 자료비평,
편집비평, 편집사비평, 전승사비평, 양식비평, 양식사비평 등이 있다. 사실
신학생들조차 쉽게 개념정리가 안 되는 수많은 방법과 용어들이 지난 300
여 년 동안 성서신학에 쏟아져 나왔다. 매우 복잡하게 얽혀있는 현대 성서
신학의 현주소를 이해하기 위해서는 비평방법의 흐름을 알아야 한다. 모
든 방법들을 다 다룰 수는 없지만 여기서는 성서신학에서 중요시하는 방
법들을 추려서 소개하고자 한다. 먼저 비평역사를 소개하고 이어서 비평
방법을 소개한다.

현대 성서신학의 토대는 종교개혁을 일으킨 마틴 루터가 이루어 놓았
다고 볼 수 있다. 루터의 성서 번역과 보급은 중세기까지 교리의 보조 역할
을 하면서 서로 조화를 이루어 오던 성서를 교리신학으로부터 벗어나게 만
들었다. 그동안 기독교의 권위로 자리 잡고 있었던 교리의 지배로부터, "오

직 성서로”(Sola Scriptura)란 구호를 외치며, 성서를 독립시킨 것이다. 독립만 시킨 것이 아니라 중세 교회의 기둥이었던 ‘교회의 전통’ 위에 성서의 권위를 올려놓았다.

중세기 교회의 전통은 교리를 위해서 성서를 해석했었다. 성서가 교리를 지원하는 역할만 한 셈이다. 그러나 성서를 교리의 지배로부터 해방시킨 루터는 다음과 같은 새로운 해석 원칙을 제시하였다. 첫째, “성서를 성서로 해석”(sui ipsius interpres)해야 한다. 성서 본문의 의미를 풀어낼 수 있는 열쇠가 교리와 같이 밖에 있는 것이 아니라 성서 자체 안에 들어있다는 것이다. 둘째, 바울이 언급한 것처럼 “문자와 영”(littera et spiritus)의 차이를 두어야 한다. 성서 본문 안에 문자적인 것과 영적인 것을 구별해서 영적으로 해석해야 한다는 말이다. 셋째, 성서 해석은 “율법과 복음”(lex et evangelium)을 분명하게 구분해야 한다. 율법은 문자적인 것이 되지만 복음은 사람을 살리는 영적인 것이다. 넷째, 모든 성서 해석은 “그리스도를 드러내는 것”(was Christum treibet)이어야 한다. 그리스도가 빠진 복음이 있을 수 없는 것처럼 성서해석 중심에는 항상 그리스도가 드러나야 한다는 것이다.

정리하면, 루터는 문자로 기록된 성서와 그리스도를 구분시켰다. 참된 성서 해석은 그리스도를 드러내는 것이라고 한다. 그래야 율법과 복음이 분명하게 구별된다고 했다. 루터는 구약과 신약이 그리스도를 중심으로 통일을 이루고 있다고 본 것이다.[1]

---

1) Gerhard F. Hasel, New Testament Theology: Basic Issues in the Current Debate, (Grand Rapids: William B. Eerdmans Publishing Co., 1993), 14-15.

2.1. 문헌비평 시작

루터의 종교개혁 이후 생겨난 계몽주의가 성서해석에 영향을 끼치면서 성서의 각 책(文獻, literature)에 대한 비평 즉 "문헌비평"이 생겨났다. 문헌비평은 성서 문헌에 관해 그동안 전통적으로 내려오던 가르침을 무조건 받아들이지 않고 계몽주의 방식대로 일단 의심을 갖고 이성에 의해 검증해보려는 하나의 시도였다. 문헌비평에 의해서 제기되는 문제를 아래와 같이 예를 들어본다.

구약의 처음 다섯 권을 모세가 기록한 "모세오경"(Pentateuch)이라고 부른다. 이렇게 부르는 근거는 전통적으로 그렇게 가르쳐왔기 때문이었다. 그런데 오경을 자세히 살펴보면, 모세가 썼다고 보기에 어려운 다음과 같은 구절들이 안에 들어있다. 구약에 의하면 모세는 애굽에서 나온 이스라엘 백성들이 가나안 땅에 들어가기 직전에 죽은 것으로 기록되어 있다. 그런데 오경 안에는 이스라엘이 이미 가나안 땅에 정착하고 있는 것을 암시하는 구절들(창 12:6, 13:7, 40:15, 50:10-11, 민 22:1, 신 1:1, 5)이 있다. 또한 오경을 기록한 사람이 모세 이후 시대 사람임을 암시하는 구절들(신 3:14, 34:6)도 있다. 더욱이 모세 이후의 정치적 상황을 표현하는 구절들(창 14:14, 36:31, 신17:14-20, 34:1)도 있다.[2] 모세가 기록했다는 전통적인 가르침과 성서 본문이 제시하고 있는 내용 사이에 모순이 드러난 것이다. 이와 같이 문헌비평은 성서 문헌을 자세히 관찰하면서 모순이나 문제점을 지적하기 시작했다.

창세기에 있는 천지창조 이야기를 히브리어 본문으로 읽으면서 1711년

---

2) Georg Fohrer, Einleitung in Das Alte Testament, trans. by David E. Green (Nashville: Abingdon Press, 1968), 107.

에 힐데스하임(Hildesheim)의 비테(B. Witter) 목사는 "야훼"(יהוה)와 "엘로힘"(אלהים)이란 두 종류의 하나님 이름이 본문에 따라 규칙적으로 나타나는 것을 발견하였다.[3] 창세기 1장 1절부터 2장 3절까지는 하나님의 이름이 "엘로힘"이란 히브리어로 규칙적으로 기록되다가 갑자기 2장 4절부터는 "야훼 엘로힘"이란 이름으로 바뀌어 규칙적으로 기록되었다. 이런 사실을 근거로 비테 목사는 창세기에 두 종류의 천지창조 이야기가 들어있다고 주장했다. 이런 주장은 이후에 적극적으로 논의되면서 오경의 문서 가설을 세우는 기초가 되었다. 비테 목사는 성서 본문 안에 들어 있는 개별적인 요소들을 찾아내서 그것들의 연대와 목적을 결정하는 문헌비평의 선구자라고 볼 수 있다.

2.2. 역사비평의 시작

종교개혁 때까지 성서해석의 초점은 주로 "성서가 현재 우리에게 무엇을 의미하는가?"(what it means)에 있었다. 즉 "하나님이 지금 나에게 무엇을 말씀하고 있는가?"를 찾는 데에 해석의 목적이 있었다. 이것을 "해석적 방식"(interpretive discipline)이라고 한다. 이런 해석적 방식은 당시 지배적인 철학에 의존한다. 그러나 과학 혁명과 계몽주의의 영향을 받으면서 성서해석의 초점이 "성서가 기록되던 당시에 무엇을 의미했는가?"(what it meant)로 바뀌어졌다. 이것을 "기술적인 방식"(descriptive discipline)이라고 한다. 성서 해석의 방향이 현재에서 과거로 전환된 것이다. 성서가 기록되던 당시 과거 역사에 관심을 갖게 된 것이다. 이것이 역사비평의 시작이다.

---

3) 참고, Fohrer, <u>Einleitung in Das Alte Testament</u>, 각주 5, 108.

2.2.1. 제믈러: 역사비평의 아버지

현대적인 성서해석을 위해 혁명적인 역할을 한 사람은 제믈러(Johann Solomo Semler, 1725-1791)이다. 제믈러는 4권으로 된 그의 책『경전에 대한 자유로운 검토에 관한 논문』[4]에서 하나님 말씀과 성서가 완전하게 일치하는 것은 아니라고 주장했다. 즉 성서 전부가 하나님의 영감을 받은 말씀이 아니란 말을 하고 있는 것이다. 성서 안에는 하나님의 말씀이 들어있지만 그것은 인간이 이해할 수 있도록 인간의 형식을 빌어서 기록되어 있다. 그래서 진짜로 영감을 받은 하나님의 말씀을 찾아내려면 성서 안에 인간적인 형식들을 떼어내야 한다. 그래야 성서를 올바르게 이해할 수 있다는 것이다.

제믈러는 성서를 올바르게 이해하기위해서는 무엇보다도 성서 자체를 다른 고문서들처럼 하나의 역사적인 자료로 다루어야 한다고 주장했다. 성서를 신앙인의 눈이 아니라 고문서를 연구하는 학자의 눈으로 대해야 한다는 말이다. 학자의 시각을 가지고 일반적으로 역사 자료에 적용해왔던 역사 비평방법들을 성서에도 마찬가지로 적용해야 한다는 것이다. 성서 본문들을 고대 역사 상황에 비추어서 해석해야 한다는 말이다. 이로써 제믈러는 "역사비평의 아버지"란 칭호를 얻게 된다. 전통적으로 성서신학이 교리를 세우거나 교리를 설명하기 위한 기능을 주로 해왔었지만, 제믈러를 통해서 성서신학이 단순한 역사적 탐구로 방향을 돌리기 시작한 것이다. 이런 점에서 제믈러는 성서해석에 있어서 혁명적인 역할을 한 사람으로 평가받는다.[5]

---

4) Treatise on the Free Investigation of the Canon, 1771-1775

5) Gerhard F. Hasel, Old Testament Theology: Basic Issues in the Current Debate, (Grand Rapids: William B. Eerdmans Publishing Co., 1995), 14.

2.2.2. 가블러: 성서신학의 독립선언

성서신학이 교리를 설명하는 교리학(dogmatics)으로부터 방향을 돌리기 시작한 것은 제믈러(Semler)부터로 볼 수 있지만 완전한 독립을 선언하고 순수한 역사적 탐구로서의 역할을 시작하게 된 것은 가블러(Johann Philipp Gabler, 1753-1826)부터라고 볼 수 있다. 가블러가 1787년 3월 30일에 알트도르프(Altdorf) 대학에서 한 취임 연설[6]은 이후 성서신학의 새로운 발전에 결정적인 기여를 하였다. 가블러는 성서신학과 교리학의 차이를 다음과 같이 분명하게 구별했다. 성서신학은 성서를 기록한 기자들이 하나님의 사건에 관하여 생각했었던 것들을 밝혀주는 역사적인 성격을 갖는다. 반면에 교리학은 어떤 신학자가 그의 능력, 시간, 시대, 장소, 학파 등에 따라 하나님의 사건들을 철학화해서 가르치는 교육적 성격을 내포한다.

성서신학에 대한 가블러의 합리적, 귀납적, 역사적 방법은 다음과 같은 세 가지 근본적인 원칙을 기초로 한다. 첫째로, 성서해석에서 영감은 고려 대상에서 제거 되어야 한다. 전통적으로는 성서에 부여된 신적 권위로 인해서 본문을 단순하게 하나님의 말씀으로 읽어왔었다. 그러나 지금부터는 그 본문을 기록한 기자의 사상이나 의도가 무엇이었는지 찾아내는 데에 주력해야 한다. 성서에 대한 관심이 하나님 말씀에서 성서 기자의 의도로 전환된 것이다. 둘째로, 성서가 단순히 한 사람의 사상만 갖고 있는 것이 아니기 때문에 성서신학은 각 성서 기자들의 개념과 사상들을 구별하여 주의 깊게 수집하는 의무를 갖는다. 이런 방법들은 문헌비평, 역사비평, 철학비평

---

6) J. P. Gabler, "Oratio de Justo Discrimine Theologiae Biblicae et Dogmaticae Regundisque Recte Utriusque Finibus" [Speech about the Correct Distinction of Biblical and Dogmatic Theology and the Right Definition of their Goals] (1787), in kleine theologische Schriften, ed. Th. A. Gabler and J. G. Gabler (Ulm, 1831), II, 179-198.

등의 도움을 받아 지속적으로 적용함으로 성취될 수 있다. 셋째로, 성서신학의 주요 과제는 성서 안에 어떤 사상들이 기독교 교리를 위해 중요한 것들인지를 조사하는 것이다. 이 말은 어느 것이 오늘날 우리에게 적용될 수 있는지 또는 우리 시대에 맞지 않는지를 가려내주어야 한다는 것이다.[7]

2.2.3. 바우어

성서신학에서 가블러의 역사비평의 원칙을 처음으로 실현시킨 사람은 아이크호른(J. G. Eichhorn)의 제자 바우어(Georg Lorenz Bauer, 1755-1806)이다. 가블러가 알트도르프 대학에 취임한지 2년 후인 1789년에 바우어는 같은 대학에 철학과 동양 언어를 가르치는 교수로 임명받았다. 바우어는 최초로『구약신학』[8]과 최초로『신약신학』[9]을 출판한 학자이다. 바우어의 구약신학은 "신론, 인간론, 기독론"이란 삼중 구조로 되어 있다. 이것은 그가 교리학 체계를 따랐다는 것을 보여준다.

그럼에도 불구하고 바우어는 그의 성서신학을 전개하면서 역사비평 방법을 지속적으로 적용하였다. 바우어의 성서신학은 그리스도 이전 유대인들로부터 시작해서 예수와 그의 제자들에 이르기까지의 발전과, 이후에 기록된 성서 기자들의 문헌들을 조사해서 시기에 따라 다양한 관점들과 다양한 이해로 발전된 것을 연구한 종교이론이다. 그래서 바우어는 신약의 경우 다음과 같은 순서로 구별해서 성서신학을 다룬다. 첫째로 공관복음에 따른 기독교 종교이론, 둘째로 요한복음과 요한서신에 따른 기독교 종교이

---

7) Gerhard Hasel, Old Testament Theology, 16.

8) Biblische Theologie des Alten Testaments, Leipzig, 1796

9) Biblische Theologie des Neuen Testaments, 2 vols., Leipzig, 1800-1802

론, 셋째로 요한계시록과 베드로서와 유다서에 따른 기독교 종교개념, 끝으로 바울의 교리 등이다.[10]

2.2.4. 바우르: 튀빙겐 학파 창시자

바우어에 의해서 실현된 역사비평 방법이 튀빙겐(Tübingen) 학파의 창시자로 알려진 바우르(Ferdinand Christian Baur, 1792-1860)에 의해서 절정에 이르게 된다. 바우르는 1824-1825년에『상징과 신화 또는 고대 자연종교』[11]란 책을 처음으로 출간했다. 이 당시 바우르는 쉘링(Schelling)과 슐라이에르마허(Schleiermacher)의 영향을 받았다. 이후 바우르는 슐라이에르마허 대신에 헤겔(Georg Hegel)을 선택하고 헤겔의 역사철학을 성서비평에 전적으로 도입했다. 헤겔의 변증법 즉 테제(thesis, 正), 안티제제(antithesis, 反), 진테제(synthesis, 合)란 도식에 의해서 성서를 분해한 것이다. 바우르의 제자 슈트라우스(David Friedrich Strauss, 1808-1874)는 바우르의 영향을 받아 1835년에 출판한『예수의 생애』[12]를 통하여 테제인 초자연적인 해석이 안티테제인 합리주의적인 해석과 충돌하여 진테제인 신화적인 해석에 이르는 것을 보여주었다.

바우르가 죽은 후 1864년도에 출판된 그의 책『신약신학 강론』[13]은 그의 신약 연구의 결실을 보여주었다. 바우르의 신약신학은 4세기 에비온 종파(Ebionite)가 사용했던 클레멘타인(Clementines on St. Epiphanius)의

---

10) Hasel, <u>Old Testament Theology</u>, 17. ; Werner G. Kümmel, <u>The New Testament</u>, trans. by M. Gilmour and Howard C. Kee, (London: SCM Press, 1978), 105.

11) <u>Symbolik und Mythologie oder die Naturreligion des Altertums</u>

12) <u>Das Leben Jesu</u>

13) <u>Vorlesungen über Neutestamentliche Theologie</u>, ed. F.F. Baur, Leipzig

신약과 그 사상들을 기초로 했다. 이 에비온 종파에 속했던 유대인 기독교 인들은 바울의 사도직을 인정하지 않는 사람들이었다. 바우르는 이 4세기 의 문헌이 예수 제자들의 사도직을 기초로 형성되어 온 기독교를 대표적으 로 보여주고 있다고 생각한 것이다. 그래서 초기 기독교는 야고보나 베드로 를 중심으로 한 유대인 기독교가 주류종파였는데 이에 반하여 바울을 중 심으로 한 비주류 종파가 생겨났다고 한다. 비주류인 바울 사상은 초기 기 독교에서 하나의 이단이었다고 한다.

마르시온(Marcion)은 2세기까지 이어온 바울 종파의 지도자로 바울적 복음서인 누가복음과 바울 서신들을 사용했다. 클레멘타인 문헌들은 그 기 원이 사도시대까지 거슬러 올라가며 본래 유대적이며 율법적인 베드로 교 회에 속했었다고 보았다. 이 교회는 바울이나 바울 종파에 대해 매우 적대 적이었다. 이후 로마제국의 중재 아래 2세기 후반에 베드로적인 교회와 바 울적인 교회 사이 조정이 이루어져 초기 가톨릭교회가 생겨났다고 한다.

요약하면, 바우르는 기독교 역사를 정(正) 반(反) 합(合)의 변증법에 기 초한 헤겔 역사철학에 근거해서 분해하였다. 초기 예수의 제자들에 의해 서 세워진 유대적 기독교(베드로적인 문서, 마태복음과 요한 계시록)는 헤 겔 철학에 의하면 테제(正)이고, 이후에 이 유대적 기독교에 대한 반동으로 서 바울을 중심으로 세워진 이방인 기독교(갈라디아서, 고린도 전후서, 로 마서, 누가복음)는 안티테제(反)이며, 이후 2세기에 조정을 통하여 유대적 기독교와 이방인 기독교가 합쳐져서 세워진 초기 가톨릭교회(마가복음, 요 한복음, 사도행전)는 진테제(合)에 해당하는 것으로 초기 기독교 역사를 분

---

14) Bultmann이 "예수의 메시지는 신약신학의 부분이라기보다는 신약신학을 위한 전제이다" 라고 한 것 과 바우르의 전통은 맥을 같이한다.

15) Hasel, <u>New Testament Theology</u>, 31.

류한 것이다. 문제는 이런 역사 구분 속에 예수의 역사가 들어갈 틈이 없다는 것이다. 성서에 기초해서 교회의 역사를 구분하긴 했지만 정작 기독교의 뿌리인 예수의 가르침이나 삶에 대한 논의는 빠져버린 것이다. 이런 문제에 대해 바우르는 예수의 역사를 앞에서 구분한 세 시기 전에 둔다. 즉 신약 신학의 전 역사(前歷史)로 간주한 것이다.[14]

가블러가 주창한 역사비평 원칙에 따르면 복음서에 있는 예수의 기적, 예언, 계시 등과 같은 초월적인 것들은 제거되어야 한다. 그렇게 되면 결국에는 예수의 도덕적인 가르침만 남는다. 그래서 가블러를 따르는 바우르는 예수의 가르침을 "순수한 도덕적인 요소"로 축소시켰다. 모든 성서학자들이 바우르의 주장을 추종하는 것은 아니었다.[15]

바이스(Bernhard Weiss)는 튀빙겐 학파에 반대한 문헌비평 학자였다. 바이스는 1868년에 『신약성서 신학 교과서』[16]라는 책을 출간했는데 이 책은 거의 40여년이 넘게 7판을 거듭 찍는 대중적 인기를 누렸다. 바이스의 성서신학 방법은 과격한 바우르의 방법과는 대조적으로 보수적이었다. 바이스는 대부분 신약 문서들을 진본으로 간주했던 것이다. 그리고 성서신학의 사명은 신약 문서들의 다양한 가르침을 설명해주는 것이라고 여겼나. 성서 신학자는 성서 문서들을 다른 교리나 철학에 의존해서 해석해서는 안된다고 한다. 물론 신약 한 책을 다른 책에 의해서 소위 다른 평행본문들에 의해서 해석해서도 안 된다는 입장이다. 성서의 한 책은 그 책 안에서 해석해야 된다는 것이 바이스의 주장이다.[17]

---

16) Lehrbuch der Biblischen Theologie des Neuen Testaments, Berlin, 1868

17) Hasel, New Testament Theology, 34.

2.3. 구속사학파

역사비평 방법은 성서의 통일성을 해체시키고 다양성을 강조해왔다. 성서 각 책들의 특수성에 집중한 결과로 구약과 신약의 연관성 뿐 아니라 신약 안에서도 각 책들 간의 연관성이 증발되는 현상이 나타났다. 이런 경향에 반발하여 일어난 보수적인 운동이 구속사 비평이다. "구속사"(Heilsgeschichte)라 함은 천지창조부터 세상 종말까지 이어지는 하나님의 구원의 역사를 가리키는 말로서 일반 자연 역사와는 구별된다. 19세기 구속사 비평 학자로는 멘켄(Gottfried Menken, 1768-1831), 베크(Johann T. Beck, 1804-1878), 호프만(J. Ch. Konrad von Hofmann, 1810-1877)을 들 수 있다. 이들은 역사비평 학자들이 거부했던 성서의 영감을 인정했다. 성서는 하나님의 영감에 의해서 기록된 하나님의 말씀이며 성서 안에는 하나님의 백성들의 역사가 기록되어 있다고 보았다. 또한 이들은 그리스도 안에서 성취된 하나님과 인간의 역사 등을 기준으로 삼았다.[18]

이 당시 구속사 학파의 주도적인 인물이었던 호프만은 성서 안에서 일직선으로 된 구원의 역사를 찾아내고, 그 역사 안에서 활동하는 역사의 주체가 삼위일체 하나님이며, 그 하나님의 목적은 인류를 구원하는 것이라고 보았다. 하나님의 구원의 역사는 예수 그리스도를 목표로 하고 있다. 세상은 예수 그리스도를 통한 구원을 목적으로 하고 있으며 예수 그리스도에게 그 의미를 부여받는다.

그래서 구약과 신약은 구속사 즉 구원의 역사를 담고 있는 것이다. 호프만에게 성서신학이란 이것을 설명해주는 것이다. 성서의 각 책은 구원의 역사의 체계 안에 그 논리적 위치를 할당받는다. 성서는 교리의 창고가 아

---

18) Hasel New Testament Theology, 37.

니고 오히려 종말론적 완성이 이루어질 때까지 역사 안에서 일어나는 하나
님의 활동에 대한 증언으로 간주되어야 한다는 것이다. 역사비평가들의 무
시에도 불구하고 이런 호프만의 구속사적인 주장들은 신약을 구약과 역사
적 관계 즉 구속사적 관계로 연결시켰다는 점에서 가치를 지닌다.

호프만은 성령의 활동이 성서의 각권을 기록하게 했으며 또한 기록된
성서들을 현재의 모양으로 형성시켰다고 믿었다. 결국 성령이 성서 각 책들
의 기원과 경전 형성에 대한 책임이 있기 때문에 구속사 신학은 성령의 산
물인 경전들의 구속사적 위치를 조사하는 과제를 가진다.[19] 호프만에 의해
서 주도된 구속사적 비평은 하르낙(Adolf von Harnack)이 두려워했던 찬
(Theodor Zahn)[20]에게 이어졌다.

2.4. 종교사학파

종교사(Religionsgeschichte)학파는 자연 역사(history of nature)에서
말하는 종교발달사를 기독교 성서에 적용한 학파이다. 자연 역사에서는 종
교를 하나의 사회적 문화적 현상으로 간주한다. 종교란 원시적인 다신 종교
로부터 시작해서 최종 단계로 윤리적 단일신 종교로 인류 문화와 함께 신
화된 것으로 본다. 이런 자연 역사관에 기초한 종교의 기원과 발달의 원리
를 성서신학에 처음으로 적용한 사람이 카이저(Gottlob Philipp Christian
Kaiser)이다. 카이저는 1813-1821년에 세 권으로 된 책 『성서신학』[21]을 출

---

19) Hasel, New Testament Theology, 36.

20) T. Zahn, Geschichte des neutestamentlichen Kanons, 2 vols. (Erlangen/Leipzig, 1888-92;
    idem, Einleitung in das Neue Testament, 2 vols. (Leipzig, 1906-07); idem, Gundriss der neut-
    estamentlichen Theologie (Leipzig, 1928).

21) Die biblische Theologie, 3 vols., Erlangen

간했다. 그는 성서 안에 초자연적인 것들을 거부하고 합리적인 접근 방법
을 적용해서 구약 종교가 어떻게 해서 발생했고 발전되었는지 그 과정을
찾아내려고 했다.[22]

카이저의 뒤를 이어 퐡케(Wilhelm Vatke, 1806-1882)가 1835년에 『성서
신학』[23]을 출판했다. 이 책에서 퐡케는 헤겔의 변증법을 처음으로 종교사
적으로 적용해서 테제(thesis, 正)로서 자연종교, 안티테제(antithesis, 反)로
서 영적인 종교 곧 히브리 종교, 진테제(synthesis, 合)로서 기독교를 제시하
며 기독교가 절대적이고 보편적인 종교라고 했다. 퐡케는 구약 본문을 구
성한 자료를 체계 있게 정리하려면 성서 안에 있는 분류가 아니라 성서 밖
에 있는 종교사적 분류에 근거해야 한다고 주장했다. 그리고 그는 구약 전
체에 적용할 수 있는 종교사적 공식을 만들어냈다. 퐡케의 책은 후에 벨하
우젠(J. Wellhausen)에게 큰 영향을 끼쳤다. 또한 퐡케의 제자였던 바우
어(Bruno Bauer, 1809-1882)도 헤겔 사상에 기초하여 종교사학적인 입장
에서 『구약신학』[24]을 출판하였다. 이 책에서 바우어는 스승 퐡케와 정반대
의 결론들을 도출해 냈다.[25]

벨하우젠(Julius Wellhausen, 1844-1918)이 1878년에 『이스라엘 역사서
론』[26]을 출판하면서 종교사학파가 구약신학을 주도하게 되었다. 종교사
학파는 당시에 유행했던 헤겔의 변증법과 다윈의 진화론의 영향을 받아
종교의 생성과 발달 과정을 이해했다. 종교사학파 학자들(Graf, Kuenen,

---

22) Hasel, Old Testament Theology, 19.

23) Die biblische Theologie, die Religion des AT

24) Die Religion des AT in der geschichtlichen Entwicklung ihrer Principien, 2 vols, Berlin, 1838

25) Hasel, New Testament Theology, 19.

26) Prolegomena zur Geschichte Israels, Berlin

Wellhausen)은 먼저 구약본문에서 해체시킨 후에, 해체된 자료들마다 시대를 지정하였고, 그 시대를 기초로 해서 이스라엘 종교의 역사를 재구성하였다. 특히 모세오경 안에서 분류된 제사 문사(P)는 가장 늦게 만들어졌다는 그라프(K.H. Graf)와 쿠에넨(A. Kuenen)의 주장이 벨하우젠에 의해 대중화 되었다.

종교사학파 학자들은 구약성서를 여러 시대를 거쳐 형성된 다양한 자료들을 모아져서 편집된 책으로 간주했다. 여기서 말하는 다양한 자료들이란 이스라엘 주변에 있던 다른 이방 종교들로부터 영향을 받아서 만들어진 것들이다. 이런 종교사적 비평은 지금까지 구약신학 뿐 아니라 구약에 대한 이해에 파괴적인 영향을 주었다. 구약 성서를 통일된 하나의 책으로 보아왔던 전통적인 견해를 완전히 파괴시킨 것이다. 따라서 구약과 신약의 연관성을 논한다는 것 역시 소원해진 것이다. 이런 종교사 비평은 종래와는 다른 새로운 구약신학을 만들어낸 것이다.[27]

신약신학에서 종교사적 비평을 개척한 사람은 브레데(William Wrede, 1859-1906)이다. 브레데는 1897년에 『소위 신약신학의 과제와 방법본에 관하여』[28]를 발표하면서 바우르(F. C. Baur), 바이스(B. Weiss), 홀츠만(H. J. Holtzmann) 등의 저서에 있는 '교리적 개념'(Lehrbegriffe)에 기초한 신약신학 방법을 반박했다. 신약신학이 교리와 연관을 가지고 있는 한 교리를 위해서 종사하는 학문일 수밖에 없다는 것이다. 더 나쁜 것은 성서 본문에 없는 교리를 억지로 증명하는 경우도 있을 터이고, 심지어는 교리에 위배되

---

27) Hasel, New Testament Theology, 23-24.

28) Über Aufgabe und Methode der sogenannten Neutestamentlichen Theologie, Göttingen

는 성서 본문들을 제거시키려는 시도도 생겨날 수 있다는 것이다.

이런 점에서 브레데는 당시 성서신학은 엄격한 의미로 볼 때 역사적인 방식이 아니라며 분명하고 지속적인 역사적인 방식의 자율을 주장했다. 즉 주변 상황에 영향을 받지 말고 역사비평 방법을 편견 없이 일관성 있게 성서 본문에 적용할 것을 주장한 것이다. 특히 신약 문헌들을 이해하고 해석하려면 기록 당시 문화에 근거해야 한다고 주장했다. 이런 브레데의 주장은 성서가 영감에 의해서 기록되었다는 것을 완전히 거부하는 것이며 또한 성서를 성서로 해석(sui ipsius interpres)했던 종교개혁의 원칙을 거절하는 것이다.

이런 브레데의 종교사적 방법은 "신약신학"이란 이름에 대해서도 다시 재평가하게 만들었다. 그는 크뤼거(G. Küger)의 영향을 받아, 이름은 다루는 문제에 따라 결정되어야 한다며 새로운 이름을 제안했다. "신약신학"이란 이름은 잘못된 명칭이며 실제로 신약성서는 단순히 신학에만 관심을 갖고 있는 것이 아니라 종교에 훨씬 더 관심을 가지고 있다는 것이다. 그래서 "신약신학" 대신에 "초기 기독교 종교사" 또는 "초기 기독교 종교와 신학의 역사"라고 이름을 바꾸어야 한다고 제안했다. 이것은 넓은 의미로 볼 때 기존의 신약신학의 죽음을 의미하는 것이다.

브레데는 지금까지의 성서신학은 성서가 내포하고 있는 신학이 아니라 성서적인 특성만을 가진 신학이었다고 비판했다. 성서 안에는 단지 신학만 있는 것이 아니라 성서를 기록한 시대, 사람, 정황 등 많은 것들이 내포되어 있다는 것이다. 그래서 브레데는 신약연구의 과제는 초기 기독교인들이 무엇을 믿었고, 생각했고, 가르쳤고, 소망했고, 요구했고, 추구했는가를 찾아내는 것이라고 한다. 그래서 성서학자는 경전에 관계없이 연관된 자료들에 대한 과학적이며 역사적인 연구를 통하여 초기 기독교에 속한 이 과제만을 풀어나가야 한다는 것이다. 다시 말하면 성서학자가 하는 일은 그가 속해 있는 현시대의 기독교 교회를 위해 봉사하는 것이 아니란 말이다. 그래서 성서학자는 과거의 역사를 밝히는 목적 이외에 어떤 것도 목적으로 삼지 말아야 한다고 주장한다.

지금까지는 교리를 위해 봉사하는 성서신학이었지만 이제부터는 자율적인 노력으로 과거의 역사 즉 초기 기독교 사상과 이해를 밝혀야 한다는 것이다. 그리고 밝혀진 사상과 이해의 특징들을 종교 역사의 발전이란 틀에 의해 설명해주어야 할 사명이 성서신학에 있다는 것이다. 결국 신약신학의 방식은 종교사 비평 위에 세워져야 한다는 말이다. 이런 방식에 의해 브레데는 '예수의 선포, 유대적 기독교 공동체와 이방인 기독교 공동체의 신앙과 교리, 바울신학, 요한 신학'으로 구성되는 신약신학의 순서를 제안했다.

이와 같이 브레데가 제안한 방식은 바이넬(Heinrich Weinel)에 의해서 처음으로 채택되어 1911년에 『신약성서신학』29)이라는 제목 하에 「예수의 종교와 초기 기독교」란 부제를 단 책으로 출판되었다. 헤겔의 변증법의 영향을 받은 것으로 보이는 바이넬은 브레데가 부인한 신학적 성격을 이 책에서 보여준다. 즉 예수의 종교는 구속의 신화적 종교와 대조되는 구속의 윤리적 종교라고 강조하며 이 둘은 초대 기독교라는 종교 안에서 결합되었다고 한다. 이것은 종교사학파 내에서 재구성을 강조하는 기술적(descriptive)인 면보다는 신학을 강조하는 해석적(interpretative)인 면으로의 전환을 보여주는 예이다.

---

29) Biblische Tehologie des Neuen Testaments, Tübingen

바이넬의 저서가 출판된 지 2년 후인 1913년에는 부세트(Wilhelm Bousset, 1865-1920)가 『주 그리스도』[30]란 책을 출판했다. 부세트는 초대 기독교의 역사를 유대적 기독교에서 헬라적 기독교로 발전된 것으로 보았다. 팔레스타인을 중심으로 했던 유대적 기독교는 여전히 유대교의 율법이나 전통들에 준수했으며 예수를 재림할 인자(人子)로 대망하고 있었던 종말론적 공동체였다. 이 공동체에서 예수는 미래에 재림해서 하나님 나라를 완성할 인자로 기다림의 대상이었다. 이런 미래적인 예수를 현재 예배 가운데 임재 하는 "주"(主)로 변경시킨 것이 바울을 중심으로 하는 헬라적 기독교라고 한다. 당시에 헬라(=그리스) 세계에는 이집트의 죽음의 신 오시리스(Osiris)나 이란 종교의 신 미드라(Mithra) 등을 믿는 신비종교가 유행했었다. 이 헬라 신비종교 신봉자들은 자신들의 신들을 "주"(κύριος)라고 불렀다. 이러한 신비 종교를 믿던 사람들이 기독교로 개종하면서 예수를 "주"라고 부르기 시작했다. 또한 신비종교 예식을 통해서 경험했던 신의 임재나 신과 합일을 기독교로 가지고 들어와 세례나 성만찬과 같은 예식을 통해서 신비를 경험할 수 있도록 변경시켰다고 한다. 결국 이들 헬라적 기독교인들이 본래 유대적 기독교를 신비종교로 만들었다는 것이 부세트의 주장이다.[31]

2.5. 양식사학파: 루돌프 불투만

20세기에 60년을 넘게 신약 연구를 지배했던 인물은 불투만(Rudolf Bultmann)이다. 그의 신약신학 방법 즉 양식사(Formgeschichte) 비평은

---

30) Kyrios Christos

31) Hasel, New Testament Theology, 43-51.

종교사학파에 기원을 둔 과학적이며 역사적인 비평 방법이다. 이 점에서는 불투만의 신약신학은 신약 안에 기독교 기원을 설명하는 기술적(descrip-tive)인 면을 갖추고 있다. 즉 "성서 본문이 기록되던 당시에 무엇을 의미했었느냐?"란 과거의 역사적 사실에 관심을 두었다는 말이다. 그러나 불투만은 과거에만 머무르지 않는다. 당시 마르부르크(Marburg) 대학의 동료이며 실존철학자인 하이데거(M. Heidegger)의 영향을 받아서 신약에 실존적 해석(existential interpretation)을 적용했다. 즉 성서 본문이 "현대인들에게는 무엇을 의미하느냐?"란 현실적 해석까지 확대시킨 것이다. 불투만은 성서에 있는 초대 기독교의 신화적인 요소들을 극복하는 방법으로 실존적 해석을 적용한 "비신화화"(demythologization)를 제시했다. 이렇게 해서 불투만은 성서신학의 근본 문제인 기술적(descriptive, 순수 역사적 연구)인 문제와 해석적(interpretive, 신학적 연구)인 문제를 통합하려고 했다.

1950년대에 불투만에 대한 반대 입장들이 후기 불투만 학파라고 불리는 그의 제자들로부터 쏟아져 나왔다. 이들 중에는 역사적 예수에 대한 새로운 질문을 공식적으로 제기한 케제만(Ernst Käsemann), 훅스(Ernst Fuchs), 로빈슨(J. M. Robinson), 보른캄(Günther Bornkamm) 등이 있다. 본래 불투만은 "예수의 메시지는 신약신학 자체의 한 부분이라기보다는 신약신학을 위한 하나의 전제이다"라는 문장으로 그의 신약신학을 시작했다. 이 말은 양식비평학자로서 불투만은 현대 성서신학은 역사적 예수를 밝힐 수 없다고 선언한 것과 같은 말이다. 그래서 불투만의 신약신학은 바울신학으로 시작하는 것이다. 그러나 후기 불투만 학파에서 케제만이나 보른캄 등은 역사적 예수가 교회 선포의 기초가 된다고 주장하는 반면에 훅스와 에벨링(Ebeling) 등은 역사적 예수가 신앙의 기반이었다고 주장했다. 이런 영향을 받아 퀴멜(W.G. Kümmel)과 로제(E. Lohse)는 신약신학을 예수의 선포로 시작한다.

예레미아스(J. Jeremias)는 신약신학의 첫 권에서 예수의 메시지를 다룬다. 영국의 학자 네일(S. Neill)은 신약신학에 대한 최근 작품에서 주저 없이 "모든 신약 신학은 예수의 신학이어야만 한다. 그렇지 않으면 아무것도 아니다"라고 주장한다. 그러나 현재는 역사적인 예수 탐구에서 분명한 결과가 나오지 않기 때문에 이런 비평에 대한 기대가 격감되었다. 성서신학계에 이런 혼란한 상황을 바라보면서 시카고 대학의 페린(Norman Perrin) 교수는 "신약 신학의 학문적 연구는 오늘날 혼란에 빠져있다"고 지적했다.[32]

2.6. 성서 비평 역사에 나타난 해결될 수 없는 근본 문제

우리는 계몽주의 이후로 지금까지 간략하게 성서신학의 역사를 살펴보았다. 변화를 거듭하면서 발전해온 성서신학은 지금까지 해결되지도 않았고 앞으로도 해결될 가능성이 희박한 근본적인 문제들을 안고 있는 것을 알 수 있다.

첫째로, 성서신학의 학문적 객관성 문제이다. 구약신학, 신약신학 또는 성서신학은 지금까지 출판된 숫자만큼이나 다양하다. 극단적으로 말하면 책을 쓴 저자에 따라 서로 다른 소리를 낸다. 이것은 성서신학이란 신학자의 주관적인 입장을 절대로 벗어 날 수 없다는 것을 말해준다. 오히려 그렇게 보는 것이 더 객관적일 것이다. 그렇기 때문에 성서신학자가 주장하는 이론을 절대적인 신앙의 기준이라고 믿는 사람처럼 어리석은 사람은 없는 것이다.

---

32) N. Perrin, "Jesus and the Theology of the New Testament," read at the Catholic Biblical Association, Denver, Colo., Aug. 18-21, 1975

224

둘째로, 성서신학의 연구 범위에 관한 문제이다. 성서신학이 성서 본문을 연구한다지만 그것이 현재 우리 손 안에 있는 본문만을 말하는 것인지 아니면 본문 이전 전승 단계에 있었던 자료들을 모두 포함하는 것인지 한계를 정해야 한다. 본문 이전 전승 자료를 포함시킨다면 그 자료들을 어떻게 찾아내며 정작 찾아냈다는 그 자료가 신빙성이 있는가를 물어야 한다. 사실 지금까지 구약이나 신약이나 성서신학에서 논하는 거의 모든 전승 자료들은 가설이다. 추측으로 만들어 낸 자료들이란 말이다.

셋째로, 연구 대상인 성서 본문에 대한 관점이다. 성서를 영감으로 기록된 하나님의 말씀으로 보느냐 아니면 영감이 배제된 하나의 고문서로 보느냐에 따라 이해가 완전히 달라진다. 영감으로 기록된 말씀이라도 그 한계에 따라 달라진다. 제믈러가 언급한 것처럼 하나님의 말씀이 인간의 형식을 취한 것이 성서라면 현재 우리가 가지고 있는 본문 전체가 영감으로 된 것이 아니다. 인간적인 형식을 제거시킨 일부만이 영감을 받은 하나님 말씀이 된다. 또한 현재 우리 손안에 들어있는 본문 전부가 영감을 받은 하나님 말씀이라고 볼 수도 있다. 아니면 본문 이전에 전승되어 온 모든 자료들에도 영감을 적용할 수도 있다. 성서본문에 영감을 어니까시 적용하느냐에 따라 해석이 달라진다. 반대로 성서를 영감이 배제된 하나의 고문서로 취급할 경우에도 본문에 적용되는 방법론에 따라 본문이 해체되고 재구성되면서 수많은 이론들이 출현하게 된다.

넷째로, 적용되는 방식에 따라 전혀 다른 성서신학 이론들이 만들어진다. 성서신학이 본문이 과거에 의미했던 것을 찾아내는 기술적(descriptive) 방식을 택한다면 여기에 어떤 과학 비평방법 또는 역사 비평방법을 적용하느냐에 따라 다른 이론들이 만들어진다. 반대로 성서신학이 현재 독자들에게 또는 현대 교회들에게 본문이 무엇을 의미하고 있는지를 밝혀주는 해석적(interpretative) 방식을 채택할 경우에도 적용되는 교리, 신학, 철학에 따라 전혀 다른 해석들이 생겨난다. 분명한 것은 현대 성서신학에서 기술적 방식과 해석적 방식 둘은 본질상 서로 다른 방식이기 때문에 병행할 수는 있지만 융합될 수는 없다는 사실이다.

다섯째로 기술적인 문제만을 논한다고 할지라도 해결할 수 없는 중대한 문제들은 여전히 남아 있다. 구약이나 신약 본문을 과학적 역사 비평방법으로 해체시키고 재구성해서 도출해낸 결과들은 무엇을 위한 것들이란 말인가? 현대 유대교를 위한 것이냐 아니면 현대 기독교를 위한 것인가? 아니면 현대 종교와는 전혀 관련이 없는 독립적인 학문을 위한 것들인가? 다른 말로 "무엇 때문에 그런 성서신학을 하고 있느냐?"란 말이다. 그 성서신학이라는 것이 역사를 연구하는 학문이냐, 종교사를 연구하는 학문이냐, 문학을 연구하는 학문이냐, 신학을 연구하는 학문이냐 아니면 이런 것들을 종합한 학문이냐?[33] 수세기를 지내왔지만 "성서신학"이 도대체 무엇을 하는 것인지 지금도 그 정체성이 불확실하다.

위에 열거한 것 외에도 성서신학의 성격, 기능, 목적, 한계 등 근본적인 문제들에 관하여 더욱 깊이 파고 들어가면 결과는 오리무중이 될 것이다. 그래서 현대 성서신학자들은 이구동성으로 성서신학의 위기를 선언하고 있는 것이다. 성서신학이 어쩌다 이렇게 되었는지 그리고 앞으로 어디를 향해 가야하는지 모르고 있다는 것이다.[34] 최근 유럽이나 북미 학자들의 책들을 보면 위와 같은 근본적인 문제들은 여전히 해결되지 않고 심각한 논쟁거리만 되고 있다.

---

33) Hasel, Old Testament Theology, 8-9.

34) Hasel, Old Testament Theology, 9, 71.; New Testament Theology, 1. (구약신학의 위기), 27.

3. 성서비평 방법

오늘날 성서 본문을 비평하는 많은 방법들이 개발되었다. 이런 방법들 가운데 자주 언급되는 것들을 이해를 돕기 위해 간략하게 설명한다. 사실 성서비평 이론들은 서로 연관되면서 발전했기 때문에 겹치는 부분들이 많지만 가능한 대로 구분지어 보았다.

3.1. 문헌비평(文獻批評, Literary Criticism, Literarkritik)

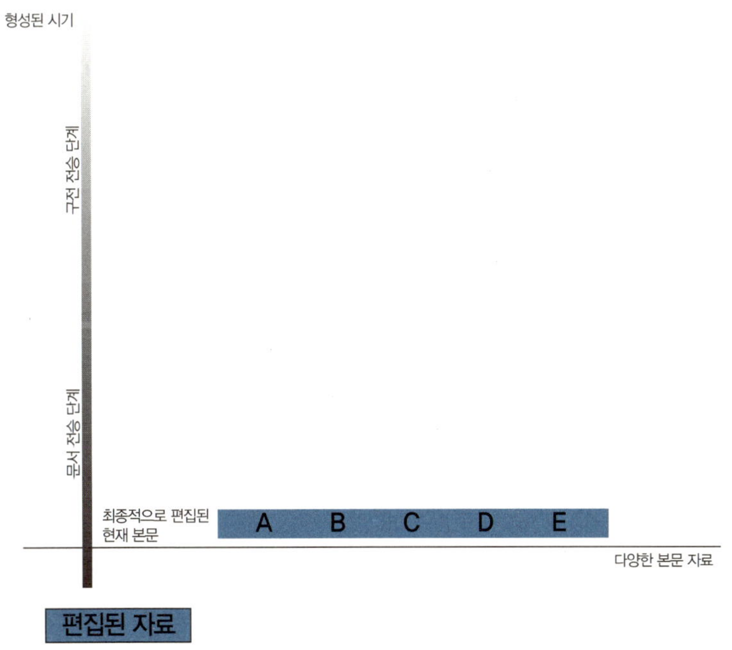

먼저 도표를 설명하면, 예수의 말씀이나 행적을 기록한 복음서는 예수가 처형된 후에도 수십 년이 지나서야 기록되었다. 그러면 예수의 실재 사역시기와 복음서 기록 시기 사이에 수십 년의 간격이 생긴다. 이 기간 동

안에 무슨 일이 일어났을까? 상식적으로 보면 예수의 말씀이나 행적은 처음에 그 자리에서 듣고 목격한 사람들에 의해서 단편적으로 입에서 입으로 전달되는 단계가 있었을 것이다. 이것을 도표에서는 "구전 전승 단계"라고 표시해놓았다. 이후에 글을 쓸 줄 아는 사람들이 자신이 목격했든지 아니면 다른 사람에게 전해 들었든지 예수에 관한 것을 아는 만큼 글로 적어놓는다. 이것을 도표에서는 "문서 전승 단계"라고 표시해놓았다. 구전 자료든지 아니면 문서 자료든지 전승되어 내려오다가 최종적으로 복음서 기자에 의해 수집 편집되면서 "마태복음"과 같은 한권의 책이 완성된다. 그것이 현재 우리가 손에 들고 있는 성서이다. 이렇게 편집 완성된 성서를 도표에서는 "편집된 자료"라고 표시했다. 오늘날 성서 안에는 다양한 형태로 편집된 자료들이 들어 있다.

문헌비평은 현재 우리가 가지고 있는 성서 본문에 문학적인 비평방법을 적용한다. 특히 성서 본문의 문맥을 살펴보면서 문맥이 끊어지는 경우를 찾아낸다. 또한 본문의 사상 흐름에 있어서 연결이 매끄럽지 못하거나 서로 모순되거나 중복되는 점들을 찾아낸다. 더 깊이 들어가면 본문 안에서 나타나는 다양한 시대 상황이나 또는 분명한 시대적 차이를 보여주는 사상이나 표현이나 언어들의 특징들을 구별해낸다. 위와 같은 관찰에 의해서 현재 우리가 읽는 본문은 여러 자료들이 함께 어울려서 만들어진 것이라는 결론을 이끌어 낸다. 거꾸로 말하면, 우리가 현재 가지고 있는 성서본문 이전에 원자료(Q)[35]들이 있었다는 말이다.

그래서 문헌비평 학자들은 원자료를 찾는 데에 관심을 쏟는다. 이렇게 해서 발견해낸 원자료들이 구약 오경에서는 문서가설의 기초가 되는 P(제

---

35) 독일어로 Quelle는 "원자료" 란 뜻이 있다.

사 문서), E(Elohist), J(Yahwist), D(신명기) 등이며, 신약 복음서에서는 두 자료설의 기초가 되는 마가복음과 본 책에 제시하고 있는 큐복음 등이다.

3.2. 자료비평(資料批評, Source Criticism, Quellenkritik)

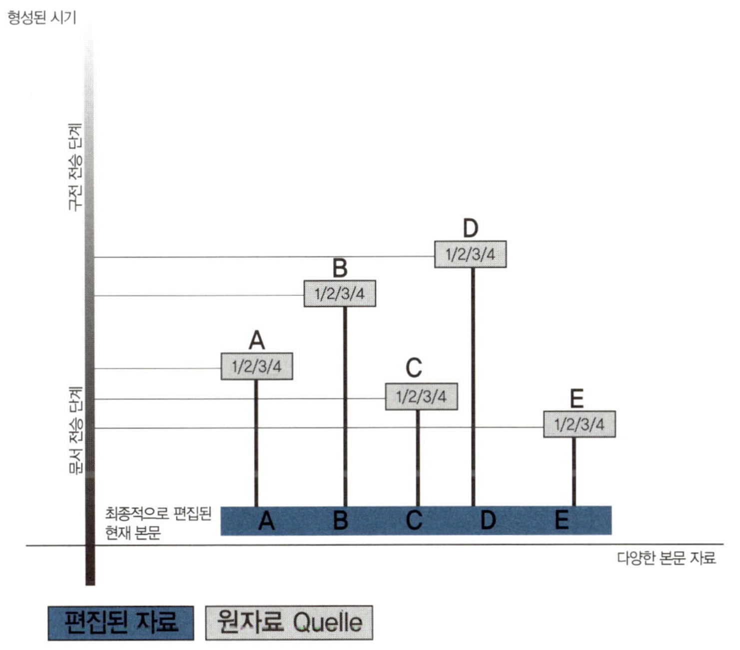

문헌비평은 현재 우리가 가지고 있는 완성된 성서 본문에 여러 개의 자료들이 들어 있음을 밝혀낸다. 이 자료들을 도표에서는 A, B, C, D, E 등으로 표시했다. 이 자료들은 성서 기자가 본문을 완성할 때에 기본 자료로 사용했기 때문에 도표에서 "원자료 Quelle"라고 표시했다. 문헌비평에서 구별해낸 원자료들을 가지고 자료비평은 각 자료들이 가지고 있는 문학적, 역사적, 정치적, 신학적 특징들을 찾아낸다. 이런 특징들에 의해서 각 자료들

의 시기가 결정된다. 도표에서 D자료는 가장 오래된 자료로 거의 구전 전승 단계에서 형성된 것이다. 아직 문서로 기록되지 않은 구전 자료라는 말이다. 반면에 E자료는 최근에 문서 전승 단계에서 형성된 하나의 문서 자료를 가리킨다. 도표가 보여주는 것처럼 자료들은 각각 만들어진 시기나 지역조차도 서로 상당히 차이가 날 수 있다.

이런 자료 비평에 의해서 최종적으로 편집된 현재 본문이 언제 완성되었는지 그 시기를 가늠해 볼 수 있다. 도표에 의하면, 현재 본문이 편집된 시기는 아무리 빨리 잡아도 E자료가 형성된 시기를 앞지를 수 없다. 즉 E자료가 만들어진 후에야 현재 본문이 만들어졌다는 것이다.

마가복음의 기록 시기를 결정하는 데에도 자료비평이 사용된다. 일반적으로 마태, 마가, 누가복음 중에서 마가복음이 최초로 기록되었다고 한다. 기록 시기는 대략 예루살렘 멸망시기인 주후(AD) 69년경이라고 보고 있다. 이런 주장은 마가복음에 들어있는 자료에 근거한다. 특히 예루살렘 성전 파괴에 대한 예수의 말씀이 기록된 마가복음 13장을 마가복음의 기록시기를 가늠할 수 있는 결정적인 자료로 본다. 성서 신학자들은 이 자료를 예수의 예언이라고 보지 않는다. 복음서 기자 마가가 마가복음을 기록할 때 당시 정치적인 상황을 반영한 자료라고 본다. 즉 마가가 당시 예루살렘이 로마 군대에게 멸망하던 주후(AD) 69년경의 정치적 상황을 마치 예수가 예언한 것처럼 조작한 자료가 마가복음 13장이란 말이다. 그래서 이구동성으로 성서 신학자들은 마가복음이 주후(AD) 69년경에 기록되었다고 말하고 있다. 이로 인해 마가복음보다 후에 기록되었다는 마태복음이나 누가복음의 시기는 당연히 69년경 이후로 연대가 결정된다. 여기서 기억해야 할 사실은 현대 성서신학의 주류는 성서 본문을 다룰 때 영감, 예언, 계시, 기적, 초월성 등을 전혀 고려하지 않는다는 사실이다.

3.3. 전승사 비평(傳承史 批評, Tradition-history Criticism, Traditionsgeschichte Kritik)

현재 우리가 가지고 있는 성서 본문이 여러 개의 원자료들로 해체되고 해체된 각 자료들은 자료가 갖고 있는 신학이나 시대적 특징에 따라 시기가 결정되면서 여러 시대로 분산된다. 여기서 문제가 되는 것이 시간이다. 다양한 자료들이 서로 다른 시대로 설정되고 나면 그 자료들과 현재 본문 사이에 시간적인 차이가 생겨난다. 이런 시간 차이는 곧 그 자료가 현재의 본문으로 정착되기까지 전해 내려온 기간이 있었다는 말이다. 즉 전승 기간이 있었다는 것이다. 전승사비평은 현재의 본문으로 정착되기까지 이전의 원자료들이 전승되어 온 발전과정을 연구하는 방법이다. 만일 전승사비평이 편집비평에 연결되면 편집사 비평이 되고 양식비평에 연결되면 양식사 비평이 된다.

3.4. 편집사 비평(編輯史 批評, Redaction Criticism, Redaktionsgeschichte Kritik)

문헌비평에서 분명하게 드러나는 것은 현재 완성된 성시본문이 단번에 만들어진 것들이 아니라 여러 원자료들(도표: A, B, C, D, E)로 편집되었다는 것이다. 문헌비평에서 찾아낸 원자료가 자료비평에 의해서 시대별로 배치된다. 이렇게 배열된 원자료들 중에는 도표에 있는 B자료나 D자료처럼 구전으로 전승되는 과정에서 만들어진 자료도 있고 A자료나 C자료나 E자료처럼 문서로 전승되는 과정에서 만들어진 자료들도 있다. 구전 자료들 가운데는 전승되어 내려오다가 도표 B자료와 D자료의 경우처럼 도중에 합쳐져서 또 다른 구전 형식의 원자료가 되었다가 다시 현재 본문에 편집된 경우가 있다. A자료와 C자료의 경우처럼 문서 자료들이 도중에 또 다른 문서 형식을 갖춘 원자료로 결합되었다가 나중에 현재 본문에 편집된 경우도 있다. 그러나 E자료처럼 독립적으로 전승되다가 현재 본문에 편집된 경우도 있다. 편집사 비평이란 이와 같이 원자료들의 편집 역사를 다루는 학문이다.

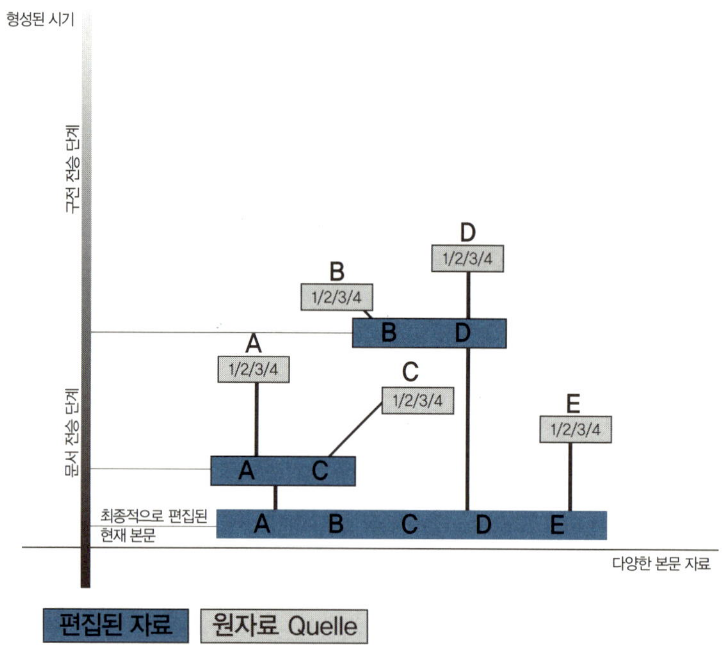

도표로는 단순하게 설명했지만 본래 학자들은 많은 원자료들이 전해 내려오면서 서로 결합되고 다시 분해되기도 하며 또는 변형되는 여러 편집 단계를 거쳐서 현재 우리가 갖고 있는 본문으로 최종 편집되었다고 한다.

3.5. 양식사비평(樣式史 批評, Form Criticism, Formgeschichte Kritik)

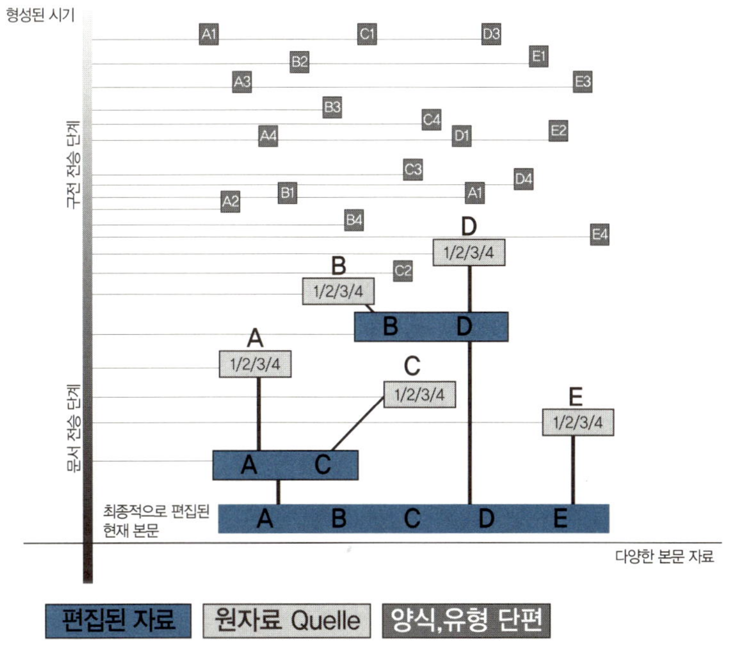

문헌비평이 관찰 범위를 기록된 문서에 제한을 두었다면 양식비평은 구전으로 내려오던 양식들까지 확대시켰다. 양식비평은 현재 성서본문 안에는 문서로 된 원자료들뿐 아니라 구전으로 내려오던 자료들(도표: A1, A2, A3, …, E4)도 포함되어 있다고 본다. 그래서 성서비평 역사에서 문헌비평을 위협한 것이 양식비평이다. 문헌비평은 현재 완성된 본문을 여러 개의 원자료들로 나누어 놓았다. 그런데 양식비평이 등장하면서 문헌비평이 나누어 놓은 원자료들은 양식이라는 더 작은 조각들로 분해된다. 문헌비평은 현재 완성된 본문이 주로 문서화된 원자료들로 구성되었다고 한다. 그런

데 양식비평은 원자료들 또한 그전에 구전이나 문서로 전승되어왔던 유형(Gattung) 단편들이나 양식들(Formen)로 이루어진 것이라고 한다. 문헌비평은 주로 문서 전승까지 관심을 두어왔지만 양식비평은 문서 이전에 양식들이나 유형 단편들의 구전 전승까지 관심을 갖는다.

도표에서 보는 것처럼 성서 본문에서 구분된 양식들이나 유형 단편들은 각각 반영하고 있는 문학적, 역사적, 정치적, 시대적, 신학적 특성에 따라 여러 시대로 배열된다. 여기서 양식들을 시대적으로 할당하는 것은 그 양식들을 정확하게 이해하기 위해서 필수적이다. 양식비평이 강조하는 것은 양식들을 기록된 문자 그대로 해석하면 오해할 수 있다는 것이다. 같은 말이라도 시대 상황에 따라 전혀 다른 의미를 내포할 수 있다는 것이다. 이것이 본문을 문자적으로만 해석해온 문헌비평에 대한 양식비평의 도전이기도 하다. 양식비평은 양식들 안에 그 양식을 만들어낸 시대적인 상황이 들어 있다고 한다. 각 양식이 갖고 있는 독특한 시대적 상황을 양식비평에서는 "삶의 자리"(Sitz im Leben)라고 한다. 이 삶의 자리가 바르게 이해되지 않으면 그 양식이 담고 있는 진의를 왜곡해서 이해하게 된다는 것이다.

일반적으로 "양식비평"이나 "양식사비평"이나 별다른 구분 없이 사용하는 명칭이다. 그래도 굳이 구별해본다면 양식사비평은 양식의 '전승 역사'를 더 강조한 명칭이라고 할 수 있다. 양식들이나 유형 단편들이 만들어졌던 시기가 있고 그것들이 성서 기자에 의해 마태복음처럼 완성본으로 편집되던 시기가 있다. 그 중간에 양식들이나 유형 단편들이 전승되어 내려오면서 서로 뭉쳐지고 흩어지고 다시 결합되는 과정을 통하여 원자료가 만들어지고 그 원자료가 현재의 본문으로 편집되는 전승 역사가 있었다. 이런 양식들이나 유형 단편들이 전승되어온 역사를 연구하는 것이 곧 "양식사비평"이다.

234

4. 성서비평 방법의 한계

성서비평의 한계를 이해하기 위해서 다음과 같이 복음서 내용에 공유하는 부분들 중에 최소한의 내용으로 예수의 이야기와 복음서 형성 과정을 재구성해 보았다.

약 2천여 년 전에 갈릴리 지역에 "예수"라는 30대정도 되는 젊은 남자가 집을 나와 하나님 나라에 관하여 선포하고 다니기 시작했다. 때로는 귀신을 쫓아내는 등 기이한 일들도 행했다. 주위에 사람들이 그를 그리스도로 믿고 따라다니기 시작했다. 예수는 자기의 가르침을 받는 사람들 중에서 몇을 뽑아 제자로 삼았다. 어부 출신도 있고, 돈 계산 잘하는 세리 출신도 있고, 애국 충정에 불타는 독립투사도 있었다.

주로 가버나움을 무대로 예수는 한 장소에만 머무는 것이 아니라 여러 곳을 찾아다니며 말씀을 선포하고 기적을 행했다. 예수는 당시 유대인들이 쓰고 있던 생활언어 아람어를 썼다. 당연히 예수를 따라다녔던 사람들은 거의 다 그의 말을 알아듣는 유대인들이었다. 문제는 아무도 예수가 말씀을 하거나 기적을 행할 때 곁에서 글로 기록하는 사람이 없었다는 것이다. 물론 제자들에게 그렇게 하라고 명령한 직도 없다. 만일 제자가 아니라 누구라도 현장에서 예수의 말씀과 행적을 기록했다면 오늘날 우리에게 아람어로 된 복음서 원본의 일부분이라도 남아있었을 것이다.[36]

예수의 가르침이나 행적에 인상을 받은 청중들은 대부분 집이나 고향에 돌아와 자신들이 본 것이나 들었던 단편적인 내용을 다른 사람들에게

---

36) 2세기 중엽에 기록된 '파피아스 단편' (Papias fragment)에 따르면 마태가 히브리 방언으로 예수 말씀을 편집해서 마태복음을 만들었다고 한다. 여기서 히브리 방언은 아람어를 가리키는 것으로 해석할 수 있다. 그러나 학자들은 마태복음 본문이 보여주는 희랍어 특성 때문에 파피아스의 주장을 받아들이지 않는다.

전달하곤 했다. 입에서 입으로 전하는 구전전승은 이렇게 시작되었고 이들이 전달한 내용은 구전전승 단편자료들이 되었다. 이 청중들이 집에 돌아와서 문서로 기록했을 가능성은 거의 희박하다. 당시 유대인들은 종교적 가르침을 듣고 기억하는 생활에 익숙했지, 일반 대중이 듣고 깨달은 것을 당장 글로 적어 기록으로 남기는 경우는 거의 없었기 때문이다. 기록을 위해서는 글도 쓸 줄 알아야 하고 그 당시 귀한 필기도구도 준비되어야 했다. 그럼에도 불구하고 만일 이 청중들이 누가 자기가 듣거나 본 것을 문서로 기록했다면 최초로 단편으로 된 문서 자료가 만들어진 셈이다. 이것도 사실은 모를 일이다. 문제는 원래 없었던 것인지 아니면 있었는데 어떤 요인에 의해서 소멸된 것인지 몰라도 현존하는 아람어로 기록된 문서자료는 없다는 사실이다.

최초로 만들어질 수 있는 예수에 관한 자료는 단편으로 된 구전자료나 만일 있었다면 문서자료였다. 문제는 이 자료들 간에 차이가 날 수 있다는 점이다. 문서에 기록하는 사람도 현장에서 하는 일이 아니기 때문에 기억에 의존해야 한다. 기억력에 따라 기록 내용이 다소간 차이가 날 수 있다. 구두로 전달하는 경우에는 전달하는 사람에 따라 내용이 많이 달라질 수가 있다. 또한 예수 주위에 한 사람만 있었던 것이 아니라 수십 명 심지어는 수천 명까지 있었다면 상황은 더 복잡해진다. 문서 자료는 보관만 잘하면 그대로 전달되지만 구전 자료는 처음 말을 꺼낸 사람, 전달하는 사람 등에 따라 수도 없는 구전자료들이 변형되면서 만들어진다.

발 없는 말 천리를 간다고, 예수에 관한 구전자료 즉 소문은 단순히 갈릴리 한 구석에만 머물러 있지 않았을 것이다. 멀리 다른 나라에서 와서 우연히 예수를 만나 믿음을 받아들인 사람들도 있었을 것이고 또한 갈릴리에서 예수를 받아들인 후 얼마 안 되어 로마와 같은 큰 도시로 이민 간 사람들도 있었을 것이다. 이들은 아람어가 아닌 다른 언어로 예수에 관한 이야기를 전달했을 것이다. 시간이 지남에 따라 예수에 관한 구전자료들이 여러 지역에서 다양한 형태로 나타났을 것이다. 본래 예수의 입으로 직접 나왔던 말씀이라 하더라도 말로 전달되는 과정에서 조금씩 변형되었을 것이 분명하다. 기본적인 내용이야 남아 있겠지만 전달 기간이나 지역에 따라 어투나 양식 등이 전승 과정에서 수도 없이 변화되었을 것이다.

그럼에도 불구하고 양식사비평의 야심찬 시도는 예수가 처형된 지 아무리 적어도 40년이 지난 후에야 기록되었다는 복음서 본문들 그것도 서로 다른 지역에서 기록된 본문들을 가지고 예수의 목격자들이 사용했던 최초의 구전 자료들을 찾아내겠다는 것이다. 어떤 학자들은 이런 자료들을 가지고 진짜 예수의 모습을 찾아낼 수 있다고 장담한다. 의도야 좋지만 가능성은 거의 희박하다.

예수가 십자가에 처형되고 이후 부활 승천한 다음에도 예수를 따라다니던 제자나 무리들은 흩어지지 않았다. 오히려 더 모이고 뭉치기 시작했다. 초기 모임은 아직 교회라는 제도적인 모습을 갖추지 못했기 때문에 그저 공동체라고 부르는 것이 적당할 것이다. 이 초기 기독교 공동체의 구성원들은 거의 모두가 예수를 목격한 유대인들로서 여전히 자신들의 유대교 신앙관습을 그대로 답습하였다. 이들에게 "성서"란 구약을 가리키는 말이었다. 아직 신약성서 중에 단 한 권도 이때까지 기록되어 있지 않았기 때문이다.

이후 많은 변화가 일어났다. 유대인들로부터 유대인 기독교인들이 심하게 핍박을 받게 되고 결국에는 유대교 회당 공식적으로 쫓겨나는 일이 일어났다. 그러면서 이들의 모임장소는 가정으로 정착되었다. 큰 집을 가진 사람의 집에 모여서 하던 종교 예식은 주로 예수의 가르침을 회상하고, 기도하며, 성만찬을 행하는 것이었다. 예수를 믿는 기독교인들은 점점 늘어나고 유대인들의 박해는 심해지면서 기독교인들이 이방지역으로 흩어지기 시작했다. 흩어지는 이 유대인 기독교인들은 예수가 떠난 지 불과 30년도 채 안 되는 기간 안에 가는 도시마다 교회를 세웠다. 이 기간 동안 바울에 의하면 로마에까지 예수를 믿는 기독교인들이 모이는 교회가 있었다고 한다.

이방 지역으로 흩어져서 신앙생활을 하던 유대인 기독교인들이 전도를 하면서 교회 안에 변화가 일어났다. 초창기에는 예수를 직접 목격했던 유대인들이 교인이었는데 나중에는 예수를 본 적도 없는 이방인들까지 예수를 믿고 교인이 되었다. 물론 유대인들 가운데도 예수를 알지 못했던 사람들이 기독교인이 되는 경우도 있었을 것이다. 문제는 예수에 대해 알고자 하는 교인들의 수는 점점 불어나는데 사도들과 같이 알려 줄 수 있는 사람들의 숫자는 한정되거나 경우에 따라서는 줄어들고 있다는 사실이다.

이때부터 예수의 말씀과 행적에 대해 기록한 완벽하게 만들어진 공적인 자료들이 교회에 절실하게 필요했을 것이다. 그렇다고 이전에 문서자료가 없었을 리는 없다. 예수를 목격한 유대인 기독교인들이 많은 교회에서는 주로 예수에 관한 기억에 의존해서 예배를 드렸을 것이다. 그러나 그렇지 못한 교회들은 사도들이나 또는 예수의 목격자들이 교회들을 찾아와서 예수에 관해서 증언할 때에 글을 쓸 줄 아는 사람들이 단편적으로 기록해 놓은 문서들이 있었을 것이다. 물론 사도들이나 목격자들 가운데서 직접 문서로 남겨 놓은 경우도 추측해볼 수 있다.[37]

아직 문서 초기 단계이지만 바울 서신을 보면 예수의 고난과 부활에 대한 단편자료들이 구전형식으로 아니면 문서형식으로 교회 내에서 확고하게 자리를 잡아가고 있었다. 문서자료들 가운데는 예수의 말씀이나 생애에 관한 것들이 혼합된 것이 있을 수도 있고 어떤 것들은 말씀만 아니면 생애만 기록한 단편자료들도 있었을 것이다. 문제는 이들이 언제, 어디서, 어떤 언어로, 어떻게 기록되었는지 알 수가 없다는 사실이다. 현존하는 단편자료들은 하나도 없다. 추측해볼 수 있는 것은 현재 우리가 가지고 있는 복음서가 기록되기 전까지 수많은 다양한 구전자료나 문서자료들이 교회 내에 있었을 것이다.

결과적으로 말하면, 이런 자료들에 근거해서 현재 우리가 가지고 있는 복음서들이 만들어졌다. 복음서 기자들이 수많은 다양한 구전자료, 문서자료들을 수집하고, 그 가운데 믿을 만한 자료들을 선택한 다음, 예수의 생애 순서에 맞추어서 오늘날의 마태복음, 마가복음, 누가복음, 요한복음 등을 만들었다. 학자들은 이 네 개의 복음서가 같은 장소에서 같은 시기에 기록된 것이 아니라고 한다. 모두 다른 장소에서 다른 시기에 기록되었다고 한다. 마태복음은 시리아에서 주후(AD) 80년경에, 마가복음은 갈릴리에서 주후(AD) 67-69년 사이에, 누가복음은 팔레스타인이나 시리아를 제외한 어떤 지역에서 주후(AD) 90년경에, 요한복음은 동방 어느 지역에서 1세기 말엽에 기록되었다고 한다.

예수 생전부터 복음서가 기록되던 때까지 적게는 40년 많게는 70년 동안 수많은 다양한 구전자료와 문서자료들이 전달되는 과정에서 자료들 간

---

37) 현존하는 가장 오래된 신약 사본인 무라토리안 경전(Muratorian Canon)에 따르면 예수의 제자 안드레가 삼일동안 금식을 했더니 요한에게 예수에 대한 기억을 해서 복음서를 기록하라는 계시가 내렸다고 한다. 그래서 제자 요한이 기억을 더듬어서 만들어진 것이 곧 요한복음이라는 말이다.

에 합쳐지고, 수정되고, 삭제되고, 첨가되는 수많은 편집 과정이 있었을 것이다. 솔직히 마태나 마가나 누가나 요한의 손에 들어오기까지 어떤 편집 과정들이 있었는지 추정해본다는 것은 거의 불가능에 가깝다. 그런데 오늘날 편집사 비평은 현재 가지고 있는 복음서 본문을 통하여 이런 전승과정을 추적해 볼 수 있다고 한다.

위와 같은 복잡한 상황을 아는 양식비평학자 불투만은 현존하는 복음서 본문을 가지고 역사적 예수를 논한다는 것은 불가능하다는 것을 절감하고 그 논제를 포기한다. 사실 우리는 현재 예수의 말씀이나 행적에 대해 완벽하게 기록해 놓은 자료를 가지고 있지 않다. 마태복음 원본도 없고 마가복음 원본도 없고 누가복음 원본도 없다. 현존하는 복음서들은 모두 원본을 보고 베껴 쓴 사본들이다. 그렇다고 복음서 원본이 기록되기 전에 있었다는 구전자료든지 문서자료든지 어떤 것도 현존하는 것이 없다. 그럼에도 불구하고 복음서 본문을 가지고 2,000년 전에 살았던 예수의 실재 모습 즉 역사적 예수를 찾겠다는 사람들이 있다.

미국 뿐 아니라 전 세계를 경악케 한 역사적 사건인 케네디(J.F. Kennedy) 암살 사건 하나만 예를 들어보자. 이 사건은 1963년 11월 22일 금요일 오후 12시 30분 텍사스 달라스에서 일어났다. 지금으로부터 불과 40여 년 전에 일어난 사건으로 현장을 찍은 영상, 사진, 관련 기록들이 많이 있음에도 불구하고 이 사건은 여전히 의혹 가운데 있다. 누가 죽였는지 왜 죽였는지 어떻게 죽었는지 도무지 명확한 해답이 없다. 지금까지 여러 방법으로 이 문제를 해결하려 시도 했지만 아직도 미궁에 빠져 있다. 이견이 있지만 그래도 공통된 의견은 케네디가 오스왈드(Lee Harvey Oswald)에 의해 살해되었다는 것이다.

케네디 암살 사건에 관련된 자료들에 비해 분량으로 보면 아주 보잘 것 없이 적은 복음서 본문들과 몇 안 되는 초기 기독교 문서들을 가지고 역사적 예수 즉 참 예수의 모습을 발견할 수 있다고 아니 발견했다고 주장하는 것이 얼마나 어불성설인가! 물론 그것도 나름대로 학설이니 학자가 주장하다 말면 그만인데 문제는 그것을 마치 교리처럼 믿는 어리석은 군중들이 있다는 것이다.

성서신학을 포함해서 현대 신학이 무용지물이라는 말은 아니다. 이해를 돕기 위해서 필요하다. 즉 신학은 기독교의 도우미 또는 보조 학문이지 기독교의 중심은 아니다. 기독교란 종교의 중심은 신화적인 체계 즉 기독교의 초월적인 요소(인간창조, 구속의 역사, 예수 초림, 부활, 재림, 심판)에 있는 것이다. 도우미가 주인이 아닌 것처럼 신학이 기독교의 중심이 아니다. 신학은 성서 본문과 기독교 종교 역사를 여러 방법을 적용해서 이해하려는 노력의 산물이다. 그래서 같은 본문을 놓고도 다양한 해설들이 지금까지 쏟아져 나왔다. 물론 이런 해설들 간에 충돌이 거세지면서 현대 성서신학이 오리무중에 빠진 것이다.

5. 성서신학과 기독교의 결별

지금까지 여러 가지 성서비평방법에 의해 성서본문은 여러 자료들로 해체되고 다양한 양식들로 분해되어 조각이 났다. 조각이 난 양식들은 전승의 역사란 시간 구분에 따라 시대별로 흩어져 버린다. 학자들은 조각나고 흩어진 부분들을 붙잡고 저마다 딴 소리를 외쳐댄다. 듣는 청중들은 이렇게 외쳐대는 소리들을 잘 알지도 못하고 따라간다.

여기서 우리는 1787년 3월 30일 알트도르프(Altdorf) 대학 취임 연설에서 가블러가 주창한 현대 성서비평의 기준을 기억해야 한다. 이때부터 현대 성서비평은 기독교의 신앙과 결별을 선언하고 독자적으로 과학적이고 합리적인 성서과학(Bibelwissenschaft)으로 발전해 왔다. 성서를 하나님의 말씀으로 보는 것이 아니라 고대 문서들 가운데 하나로 여기면서 연구를 해왔다. 이런 점에서 성서학은 신학이 아니라 고전학에 속한다. 이러한 현대 성서학의 주류는 기독교와 무관하게 지금까지 과학적 학문으로 독립해온 것이다.

이런 상황을 모르고 현대 성서학이 기독교 신앙의 기둥을 만들어 주기를 기대하고 있다면 큰 오산이다. 현대 성서학에서는 종교개혁의 힘의 근원이었던 성서의 권위가 사라져 버렸고, 성서를 하나님의 말씀으로 여기는 성서의 영감이 무시되었으며, 기독교 신앙의 중심인 예수 그리스도가 증발되어 버렸다. 이런 시대정신(Zeitgeist)에 영향을 받은 기독교가 그 기반을 잃어버리고 공중 분해되고 있는 것이 오늘날 우리의 현실이다.

VII. 잃어버린 신화를 찾아서

VII. 잃어버린 신화를 찾아서

1. 불투만의 비신화화

현대 신학에 지대한 영향을 끼쳤으며 특히 신약신학에 거장이라고 불리는 불투만(Rudolf Bultmann)이 1951년 10월 예일대학을 방문했다. 그는 예일대학 학생들을 모아 놓고 자신의 모든 신학을 함축시킨 강의를 했다. 그의 강의는 현대 신학의 특히 성서신학의 현주소를 분명하게 밝혀주기 때문에 그 강의 내용[1]을 중심으로 아래 내용을 진개한다.

불투만은 초대 기독교 공동체가 선포했던 하나님 나라는 실패했다고 한다. 예수와 초대 기독교 공동체들은 하나님 나라에 대한 대망을 가지고 있었다. 그래서 이들은 하나님 나라가 임박했다고 곧 자기들 세대에 이루어질 것이라고 믿고 있었다. 이들에게 하나님 나라가 임한다는 것은 곧 세상의 종말이 온다는 것을 의미하였다. 그런데 신약 당시 세대가 사라진 지 벌써 오랜 세월이 흐른 지금까지도 그 하나님 나라 즉 세상의 종말은 오지

---

1) German Essays on Religion, The German Library: vol.54, edit by Volkmar Sander, (NY: New York, The Continuum Publishing Company, 1994), 181-188.

않은 것이다. 결국 이들 초대 기독교인들이 가지고 있던 하나님 나라의 대한 선포는 실패하였다. 실패한 근본 이유는 하나님 나라 개념이 종말론적인 신화이기 때문이라고 한다.

불투만은 하나님 나라 이외에도 성서 안에 들어 있는 신화적인 요소들을 밝혀낸다. 하나님 나라에 대한 전제들 즉 태초에 하나님이 세상을 창조하였고, 현시대는 마귀 즉 사탄에 의해 지배받고 있으며, 마귀의 군대인 귀신들은 모든 악과 질병의 원인이라는 성서의 사상 역시 신화적이다. 또한 예수의 가르침에 전제가 되는 우주론 즉 세상이 하늘, 땅, 지옥, 삼층으로 구성되었다는 가르침 역시 신화적이다. 인간이 마귀에 의해 유혹을 받고 타락되며 또한 악한 영들에게 사로잡히게 된다는 가르침 역시 신화적이다. 어떤 사건들 안에 하나님, 천사, 마귀, 귀신 등과 같은 초자연적인 힘이 개입된다는 것 역시 신화적이라고 한다.

불투만에게 신화적이란 용어는 곧 받아들일 수도 없고 믿을 수도 없다는 말이다. 현대인들은 종교가 제시하는 신화적 세계관과는 전혀 다른, 과학에 의해 형성된 과학적 세계관을 가지고 있기 때문이다. 현대 과학은 어떤 경우에도 자연 현상들이 초자연적인 힘들에 의해 간섭받는 다고 믿지 않는다. 성서의 역사는 하나님, 악마, 귀신들이 개입하는 신화적인 역사를 말하지만 현대 과학은 그러한 초자연적인 힘들에 의해 아무런 영향도 받지 않는 역사를 말한다. 개인적인 삶에서도 마찬가지이다. 현대인들은 자신들의 실제적인 삶이 어떤 초자연적인 세력에 의해 간섭받고 있다고 믿지 않는다고 한다.

불투만은 예수가 자신을 세상 종말에 도래할 하나님 나라의 왕 즉 메시아라고 선포했거나 또는 구름 타고 다시 올 인자라고 가르쳤거나 간에 예수는 자신을 신화의 빛에서 이해한 것이라고 해석한다. 물론 초대 기독교 공동체들 역시 예수를 구원과 저주를 가져올 세상의 심판자로, 구름 타고 재림할 인자로 신화의 빛에서 이해한 것이다. 예수가 성령에 의해서 잉태되었고 동정녀 마리아에게서 탄생했다는 주장 역시 신화적인 것이다. 예수가 천상의 존재로 선재했던 하나님의 아들로서 인류를 구속하기 위해 인간의 모습으로 이 세상에 내려왔다는 사상은 당연히 영지주의 신화라고 불투만은 말하고 있다.

이쯤 되면 우리가 당연히 예상할 수 있는 다음과 같은 말을 불투만이 선언한다.

> 현대인들에게 신화적 세계 개념, 종말론적 개념들, 구속자와 구속 개념 등은 끝나버렸다.[2]

이것이 성서비평에 의해 발전되어 온 성서신학에 기초한 현대 신학의 현주소이다. 더불어 이런 현대 신학에 기초한 현대 기독교의 현주소이기도 하다. 성서 안에 있는 초월적인 존재들 하나님, 성령, 하나님의 아들, 천사, 마귀, 귀신 등이 제거된 것이다. 또한 초월적인 개념들 기적, 예언, 섭리, 계시 등이 제거된 것이다. 결과적으로 기독교의 기초라고 할 수 있는 성서적인 의미의 창조론, 구원론, 종말론, 구속사 등이 증발되어 버린 것이다. 현기독교는 발을 디딜 바닥 즉 기초를 잃어버리고 허공을 헤매는 종교가 된 것이다.

다시 불투만의 강의로 돌아가 보자. 불투만은 현대 과학적 진리와 성

---

2) Ibid., 184

서 안에 많은 신화들이 서로 충돌하고 있는 점을 지적한다. 과학과 신화 이 둘은 절대 공존할 수 없다고 본 것이다. 만일 신화가 성서에 기록되었다는 이유만으로 받아들여야 한다면 현대인들은 "이해의 희생"(sacrificium intellectus)을 감수해야 한다고 말한다. 즉 과학적인 이해를 희생시켜야 한다는 말이다. 다른 방향에서 말하면, 성서의 신화들은 현대인들에게 걸림돌이 된다는 말이다.

그래서 불투만은 현대 기독교인들에게 결단해야 할 중요한 문제를 제기한다. "성서 안에 신화적인 요소들을 모두 거부하고 신화적이지 않는 말씀들만 받아들일 것인가?"하는 문제이다. 사실 예수의 가르침을 보면 종말론적인 신화만 있는 것이 아니다. 사랑과 희생에 기초한 선행을 요구하는 하나님의 뜻도 있다. 만일 신화적인 요소들을 제거하고 윤리적인 가르침만을 선택한다면 기독교는 사회복음을 가르치는 도덕종교로 축소가 될 것이다.

불투만은 기독교가 사회복음만 가르치는 축소된 종교로 전락되는 것을 원치 않는다. 그래서 그는 제 삼의 방법을 제시한다. 그것이 곧 "비신화화"(非神話化, demythologization)인 것이다. 그에 의하면, 성서에 있는 신화들 안에는 아주 심오한 의미들이 내재되어 있다는 것이다. 앞에서 언급한대로 신화라고 하는 것은 과학의 시대에 살고 있는 현대인들에게는 맞지 않기 때문에 제거해버리고 그 안에 감추어져 있는 의미만을 발견해 보자는 불투만의 새로운 해석학적 방법이 곧 "비신화화"인 것이다.

불투만은 종교의 신화란 당연히 제거해야 할 원시 과학이라고 한다. 고대 사람들은 태양이나 달의 일식과 같은 기이한 자연 현상들을 보면서 그 원인들을 종종 신이나 귀신에게 적용시켰다. 신이나 귀신들은 능력이 있어서 그러한 기이한 자연현상들을 만들어 낸다고 상상했다. 이렇게 상상으로 만들어진 신들이나 귀신들은 인간의 한계를 초월한 영적 존재들이며 또한 인간처럼 말하고 행동한다. 이 영적 존재들은 인간 세상이나 자연 질서를 뒤집어엎을 수 있는 초인간적인 힘을 가지고 있다. 그래서 인간들은 이들의 호의를 받아야 보호나 구원을 받을 수 있다고 생각했다.

불투만은 성서에 기록된, 하나님이 살고 있다는 신화적 하늘이란 실제로 존재하는 것이 아니라고 한다. 이것을 이해시키기 위해서 철학적인 설명을 한다. 모든 인간은 자신의 유한성과 더불어 하나님의 초월성을 경험하고 있다. 문제는 이 하나님의 초월성이 추상적인 개념이기 때문에 설명하려면 한계에 부딪힌다. 이런 표현의 한계를 느낀 인간이 이해하기 쉽게 하늘이란 공간을 만들어 놓고 인간의 모습을 한 신을 그 하늘에 둔 것뿐이라고 한다. 이 당시 사람들은 눈에 보이는 하늘을 범접할 수 없는 공간으로 이해했다. 성서 안에 있는 신앙인들이 인간과 하나님 사이에 무한한 거리를 경험하고 나서, 하나님은 인간이 접근할 수 없는 하늘에 사는 존재로 생각한 것이다. 이렇게 해서 만들어진 것이 성서에 하늘이란 신화라고 한다.

불투만은 지옥 역시 인간이 어두움에 대한 두려움에 의해 만들어진 신화라고 한다. 인간은 인류를 괴롭히는 엄청난 초월적인 악의 세력이 존재한다고 믿었다. 성서 시대의 인간들에게 땅 밑은 무섭고 소름끼치는 장소였다. 이들은 초월적인 악의 존재들이 땅 밑 곧 지옥에서 산다고 믿었다. 그래서 지옥이란 신화가 생겨났다고 한다.

결국 불투만은 이런 신화적인 천국과 지옥 개념들은 현대인들에게는 받아들일 수 없는 것들이라고 말한다. 특히 현대 과학의 발전으로 인해 성서 신화에서 표현하는 천국과 지옥이란 장소 개념들은 이미 의미를 상실했다고 본 것이다 . 이런 입장에서 볼 때 기독교가 신화적인 가르침에서 건질 수 있는 것은 인간 실존에 대한 이해인 것이다. 즉 기독교의 "하늘"이란 신화 속에는 인간 실존의 한계가 투사된 것이고 "지옥"이란 신화 속에는 인간의 실존적인 두려움이 투사된 것이다. 결국 천국과 지옥이란 신화 개념을 포기하고 그 안에 내재된 인간 실존의 의미를 찾아야 한다는 것이 불투만의 비신화화인 것이다.

불투만은 강의에서 다음과 같은 자신의 비신화화에 대한 두 가지 반박을 언급한다. 첫째는 "비신화화가 현대 과학적 세계관을 성서 해석의 기준으로 받아들이는 것이 아니냐?"라는 반격이고 둘째로는 "기독교는 현대 과학적 세계관과 모순되는 것은 선포하지 말라는 것이 아니냐?"란 공격이다. 이런 공격에 대해 불투만은 비신화화가 성서나 기독교 메시지 전체를 거절하는 것이 아니라 성서 안에 들어 있는 이미 진부해진 고대 세계관만을 거부하는 것이라고 한다. 이런 신화적인 것들은 현대인들에게 거짓된 걸림돌이라고 한다.

성서의 세계관은 이미 과학에 의해 형성된 사고를 하는 현대인들에게는 받아들여질 수 없다고 한다. 성서의 세계관은 원시적인 사고이거나 미신적인 것들이라고 보는 것이다. 현대인들은 병이 나면 의학에 의존하고 사회나 정치에 문제가 생기면 사회학, 경제학, 정치학 등을 의존한다. 더 이상 초자연적인 세력의 개입을 기대하지 않는다. 당연히 매일 배달되는 신문을 펼치면 어느 기사에도 초자연적인 세력에 의해 일어난 사건을 보도하지 않는다. 결국 기독교는 현대 과학적 세계관과 모순되는 것은 선포하지 말아야 하며 오히려 성서의 고대 세계관은 갱신되어야 한다는 것이 불투만의 입장이다.

만일 신약신학의 거장 불투만이 현대신학을 대변한 것이라면, 기독교 교리의 기초가 되는, 성서 안에 거의 모든 초자연적인 이야기들은 현대인들이 받아들일 수 없는 것들로서 제거되어야 한다. 기독교는 천지창조, 기적, 성육신, 동정녀 탄생, 십자가 구속, 부활, 재림, 종말 등과 같은 전통적인 가르침을 포기해야 한다는 것이다. 이런 초월적인 사건들은 현대 과학적 사고로 받아들일 수 없는 것들이라고 말한다. 기독교는 단지 성서 안에 초자연적인 것들이 가지고 있는 철학적 의미만을 찾아서 선포해야 한다는 것이다. 이것이 현대신학에 기초한 현대 기독교의 현주소이다. 기초를 잃어버린 기독교, 뿌리를 상실한 기독교는 방황하고 있고 여전히 이런 신학을 접하는 기독교인들은 갈 바를 찾지 못하고 방황하고 있는 것이다.

불투만의 입장을 확대한다면 과학의 시대에 사는 현대인들에게 종교란 의미가 없다. 단지 기독교만이 아니라 신화에 기초한 모든 종교들을 포함한다. 과학적인 세계관에 위배되는 모든 신화는 거짓으로 제거해버려야 하고 단지 그 안에 들어 있는 인간 실존의 의미만 찾으면 되는 것이다. 물론 윤리적인 가르침을 포함하고 말이다. 결국 종교는 전통적인 모습을 탈피하고 철학적이며 윤리적인 모습으로 축소되어 버린 것이다.

2. 야스퍼스의 신화의 중요성

불투만은 과학적 세계관과 기독교의 신화적 세계관의 충돌에서 신화적 세계관을 포기하면서 기독교 신화들을 철학에 의지해서 해석하려고 했다. 그러나 야스퍼스(Karl Jaspers)는 불투만에 대한 자신의 견해를 밝히는 자리에서 종교가 철학을 의존할 때 경험하는 진공 상태에 대해 다음과 같이 설명한다.

> 어떤 철학도 실제적인 현상으로 나타나는 종교를, 생명력 있는 믿음을 갖춘 종교를 이해할 수 없다. 철학적인 관점에서 볼 때 종교는 말도 안 되는 결론을 가지고 철학에 맞선다. 때로는 도저히 흔들리지 않는 중압으로, 물러서지 않는 저항으로 철학에 맞선다. 가끔 철학이 그런 종교를 굴복시킨 것처럼 보일 때조차도 철학은 종교 안에서 진리를 깨달을 때 느끼는 그런 희열을 경험하지 못한다. 오히려 그와는 반대로 공포와 같은 어떤 것을 느낀다. 마치 갑작스럽게 생겨난 진공 상태 앞에 선 것과 같이 말이다.[3]

야스퍼스는 종교와 철학은 서로 본질적으로 다르다는 것을 지적한 것이다. 철학은 이해에 근거해서 사물의 이치를 설명한다. 종교는 경험에 근거해서 사물을 가치를 이해시킨다. 철학은 인간의 문제를 이해로 설명한다. 종교는 인간의 문제를 계시로 깨닫는다. 철학은 보편적이고 객관적인 이해를 추구한다. 종교는 특별하며 주관적인 경험을 추구한다. 철학을 할 때에 나 자신을 제외시킬 수도 있지만 종교 생활을 할 때는 나 자신을 제

---

3) Karl Jaspers, "Myth and Religion," in Karl Jaspers and Rudolf Bultmann, Myth and Christianity: An Inquiry into the Possibility of Religion without Myth, tras, Norbert Gutermann (New York: Noonday Press, 1958), 3.

외시킬 수 없다. 즉 철학은 내가 책임지지 않아도 되지만 종교는 철저하게 나의 책임을 묻는다. 그래서 철학에 의해서 종교생활을 하면 사람이 메마르게 되고 공허해지는 것이다. 나에게 생기를 넣어주는 종교체험이 없기 때문이다.

야스퍼스는 인간이 가지고 있는 근본 문제는 종교적인 것이라고 한다. 그는 중세기에 어떤 종교인이 고백한 다음과 같은 시를 소개한다.

나는 내가 어디로서 오는지 모른다.

나는 내가 누군지 모른다.

나는 내가 언제 죽을지 모른다.

나는 내가 어디로 가는지 모른다.

나는 내가 왜 기분이 좋은지 모른다.[4]

지난 수세기 동안 과학의 발달로 인해 우주 안에 존재하는 사물들에 대한 수많은 지식들을 밝혀낸 것은 사실이다. 그런데 문제는 정작 우리는 우리 자신에 내해 여선히 모르고 있다는 것이다. 다른 사람에게 보여주는 나는 진짜 나 자신(眞我, True self)이 아니다. 다른 사람에게 알려진 나 역시 진짜 나 자신이 아니다. 자신의 모습일 뿐이다. 자신의 일부분이란 말이다. 진짜 나 자신은 어딘가 내 안에 숨어서 나를 꾸며서 멋있게 보이기도 하고, 거짓을 사실처럼 주장하기도 하며, 심지어는 나를 죽이는 자살도 감행한다. 아무리 사람들 앞에서 나를 소개하면서 이것이 나의 전부라고 소개한다고 할지라도 진짜 나 자신(眞我, True self)은 여전히 내 안에 깊이 숨어

---

4) Ibid., 173.

있는 것을 자신은 알고 있다. 때로는 이렇게 소개된 나를 인정해주는 상대를 향하여 은밀한 조소를 보이기도 한다. 도대체 내 안에 깊이 숨어서 나를 대상화시키면서 좀처럼 정체를 밝히지 않는 그 나 자신은 무엇이란 말인가? 결국 내가 내 자신에 대해서 완전히 알고 있다는 것은 거짓말이다. 솔직히 말하면 우리는 자신에 대해서도 잘 모르고 있을 뿐 아니라 우리를 둘러싸고 있는 세상에 대해서도 잘 모르고 있다. 그래서 인간은 고뇌하고 번민하는 것이다. 이런 점에서 야스퍼스는 우리 자신도 신비이고 이 세상도 신비라고 한다.[5]

세상은 나에게 무엇인가? 과학이 발견한 물리적인 이론은 다음과 같이 설명한다. 지구가 태양을 중심으로 자전하면서 밤낮이 바뀌게 되고, 태양에서 쏟아진 햇빛에 의해 지상의 물이 수증기가 되어 하늘로 올라가서 구름을 형성한 후 비를 내리는 순환 작용이 반복적으로 일어나고, 이런 비에 의해 땅위에 식물들이 자라나고, 자라난 식물들을 인간을 포함한 동물들이 먹고 산다. 동물처럼 인간도 몸의 기능이 생리학적으로 퇴화되면 죽는다. 죽기 전에 생존본능에 의해 생식기능을 통해 후손을 만들어 놓는다. 이런 과정을 통해 인간은 땅 위에 생존하고 있다. 당신도 역시 이런 기계와 같이 반복되는 자연의 산물일 뿐이다. 이것이 과학이 설명하는 세상과 나의 관계이다.

그러나 신앙인의 다른 방식으로 세상과 나를 이해한다. 성서의 천지창조 이야기를 기록한 신앙인의 눈에는 세상이 그렇게 무미건조한 것만은 아니라고 한다. 흑암의 밤이 지나면서 하나님의 창조가 시작된다. 캄캄하던 세상에 어스름한 빛이 깃들기 시작한다. 하나님의 빛의 창조가 시작된 것이

---

5) Ibid., 174.

다(첫째 날). 이어서 멀리서 하늘이 점점 모습을 드러내기 시작한다. 하나님이 궁창을 창조하신 것이다(둘째 날). 하늘이 점점 환해지면서 산과 바다의 모습이 드러난다. 하나님이 땅과 바다를 창조하신 것이다(셋째 날). 드디어 해가 먼 산 뒤에서 그 모습을 드러낸다. 하나님께서 해를 창조하신 것이다(넷째 날). 세상이 밝아졌다. 공중에는 온갖 새들이 날아다니고 바다에는 물고기들이 뛰논다. 하나님이 새와 물고기를 창조하신 것이다(다섯째 날). 이어 땅 위에 짐승들이 뛰놀고 기어 다니는 벌레들이 눈에 띈다. 세상 모든 것이 나를 위해서 준비되었다. 나는 이 순간 환희와 감격으로 오늘의 삶을 시작한다. 하나님께서 땅의 육축들과 땅에 기는 것들과 사람을 창조하신 것이다(여섯째 날). 과학은 자연을 이해하지만 신앙은 자연을 경험한다.

인간은 태초로부터 지금까지 동일한 질문을 던져왔다. 나는 어디서 왔는가? 나는 어디로 가는가? 이 세상은 나에게 무엇인가? 나는 왜 이 세상에 살고 있는가? 이런 궁극적인 질문을 묻고 있는 나는 도대체 누구인가? 인간은 이런 질문을 통하여 끝없는 공허함에서 벗어나 최상의 만족함에 도달하려고 한다. 인간은 사물의 근원을 확인하기를 원하며, 그 근원으로 돌아가기를 원하며, 그 안에 거하기를 원하며, 그 안에서 만족을 발견하기를 원한다. 그 근원 안에서 우리가 걸어 가야할 인생의 목적을 찾기 원한다. 변화무쌍한 시간 한 가운데서 영원의 한 부분이라도 부여받기를 갈망한다. 과학이 주는 인간의 기원이나 우주의 기원과 같은 그런 물리적인 설명이 이해는 되는데 마음은 오히려 공허하고 허무하기만하다. 야스퍼스는 인간의 이런 공허와 허망함은 종교의 신화를 통해서 풍성해지고 충만해진다고 본 것이다.

불투만은 종교가 가지고 있는 신화적 사고를 진부한 것 즉 과학적 사고에 뒤떨어진 것으로 취급한다. 그래서 기독교는 신화적인 겉옷을 벗어 버리고 철학에 도움을 받아 오늘날 시대에 맞는 진리로 바뀌어야 한다고 주장한다. 그러나 야스퍼스는 이것을 반대한다.

야스퍼스는 신화적인 사고는 과거의 것이 아니라고 한다. 그는 종교가 가지고 있는 신화들은 다음과 같은 공통적인 요소들을[6] 내포하고 있다고 한다.

첫째로, 신화는 직선적이다. 철학이 제시하는 "보편 개념"이라는 옷으로 포장하지 않는다. 그래서 신화는 주로 역사적인 기원을 설명하는 이야기 형식을 취한다. 신화는 이런 이야기를 통하여 진리를 볼 수 있는 직관적인 통찰력을 제공한다. 철학은 보편적인 인간을 제시하면서 그 안에서 나를 설명하지만, 신화는 이야기 안에 한 인간을 제시하고 그 안에서 나를 찾도록 유도한다. 그래서 철학은 복잡한 이론이 필요하지만 신화는 하나의 이야기면 충분하다. 그 신화를 통하여 메시지 즉 직관적인 통찰이 전달되기 때문이다.

둘째로, 신화는 신의 이야기이며 신과 연관된 거룩한 사건들을 다룬 이야기이다. 신화는 과학적으로 실증되는 역사 이야기라기보다는 신과 연관된 역사 이야기이다. 신화에는 주로 환상적이며 초자연적인 사건들이 주를 이룬다. 즉 신비, 예언, 계시, 기적과 같은 사건들이 들어있다. 과학적이며 합리적인 이치로 신화를 이해할 수가 없다. 오히려 그런 방법은 신화를 해체시키고 증발시킬 뿐이다. 신화는 시간과 공간을 초월한다. 그래서 인간은 신화를 정복할 수가 없다. 기독교 초기에 만들어진 기독교 신화가 2천 년이 지난 후에도 기독교인의 삶 속에 생생하게 경험되며 오히려 기독교인

---

6) Ibid., 176.

의 삶을 지배한다. 그래서 신화를 믿는 신앙인에게 신화 하나하나는 인간이 쉽게 가까이 할 수 없는 거룩한 이야기이다.

셋째로, 신화는 신화적인 언어로만 표현될 수 있는 의미를 전달한다. 신화적인 형상이나 요소들은 다른 어떤 것으로도 대체될 수 없는 독특한 상징이다. 신화적인 것들은 철학과 같은 합리적인 방식으로 해석될 수 없다는 말이다. 야스퍼스는 신화는 신화에 의해서만 해석될 수 있다고 한다. 기독교 신화를 실존철학으로 해석하려는 불투만의 "비신화화"(非神話化, de-mythologization)의 한계를 지적하는 말이다. 다른 말로하면 기독교 신화는 철학으로 해석될 수 있지만 그것은 또 다른 하나의 만들어진 철학이 될 뿐이다. 신화는 철학에 의해서 정복될 수가 없는 것이다. 신화는 어느 특정한 장소, 특정한 시대, 특정한 사상 안에 머무르지 않는다는 말이다.

신앙인은 신화를 통해서 깨닫기를 원하지 이해하기를 원하는 것이 아니다. 머리로 이해하는 것이 아니라 마음으로 깨닫는 경험을 추구한다. 신화를 통해서 인간은 자기의 근원을 깨닫고 영원의 일부분이라도 경험하기를 원한다. 신화가 있는 기독교인은 3천 년 전에 예언자들에게 말씀했던 그 하나님이 지금도 말씀하고 있다고 한다. 이들은 설교자의 선포를 들으면서 하나님의 말씀을 듣고 있다고 즉 하나님이 말씀하고 있다고 한다. 이들은 기도와 같은 신앙생활을 통하여 살아계신 하나님을 만나는 체험을 한다. 이들이 경험한 종교적 경험 그것은 또 다른 하나의 신화가 되는 것이다. 이렇게 현재 경험된 신화를 통해서 기독교인은 성서 안에 있는 과거의 신화를 깨닫게 된다. 종교적 체험이 있는 사람만이 성서의 신화를 알 수 있다는 것이다. 그래서 야스퍼스는 신화는 신화에 의해서만 해석될 수 있다고 한 것이다.

결국 야스퍼스는 불투만이 "비신화화"를 언급하는 것은 신성을 모독하는 것이라고 한다. 그것은 신성한 신화를 평범한 내용으로 전락시키는 용서받을 수 없는 잘못이라고 한다. 그런 방식으로 신화를 경시하는 것은 참 계몽이 아니고 가짜 계몽이라고 한다. 그러면서 야스퍼스는 다음과 같이 말한다.[7]

우리는 지구가 태양 주위를 돌고 있다고 알기 때문에 정확하게 말하면 일출이라는 것이 없다. 그렇다고 해가 떠오르면서 펼쳐지는 태양빛의 광채가 하나의 신비이며, 영감을 불어넣어주는 실체라는 것을 포기할 것인가? 시내산에서 불붙는 가시덤불에 나타난 하나님을 만나는 경험 등이 시간과 공간이란 면에서 의혹이 있다는 것을 우리가 알고 있다고 그런 현상들의 생생함을 폐기시킬 것인가?

사람들은 아침에 떠오르는 태양의 광채를 바라보면서 하나의 신화를 경험하는 것이다. 그러나 과학적인 세계관에 의하면 태양이 떠오른다는 것은 거짓말이다. 지구가 돌고 있을 뿐이다. 그렇다면 "과학적 세계관에 의해 인간에게 영감을 불어넣어주는 모든 신화들을 제거할 것인가?"란 근본적인 문제를 야스퍼스는 제기하고 있는 것이다.

야스퍼스는 신화적인 양식들을 과학 지식으로 평범하게 해체시키는 것은 용서받을 수 없는 오류라고 본다. 이런 점에서 비신화화는 신성모독인 것이다. 신화가 과학에 의해서 해체되고 파괴되면 우리 인생은 과학이 전해주는 메마름, 삭막함, 공허함, 허무함 속에서 방황하게 된다. 인간은 신화

---

7) Ibid., 176.

적 언어를 통해서 인생의 가치, 목적, 풍요, 축복을 경험할 수 있다. 그래서 우리는 신화적인 표현을 파괴하는 것이 아니라 오히려 회복시켜야 한다. 중요한 것은 비신화화가 아니라 신화적 사고를 있는 그대로 순수하게 회복시켜야 한다. 회복된 신화는 인간을 더욱 도덕적인 존재로 만들고, 삶의 의미를 풍요롭게 해주며, 신화 외에 다른 어떤 것으로도 표현할 수 없는 초월적인 신에게 다가가게 해준다.

위와 같은 야스퍼스의 입장은 성서에 있는 천지창조, 원죄, 노아홍수, 동정녀 탄생, 부활, 승천, 재림, 예언, 계시, 기적 등과 같은 신화들은 있는 그대로 선포될 때만이 그 안에 들어 있는 진리의 힘을 경험할 수 있다는 말이다. 불투만처럼 과학의 세계관과 충돌하기 때문에 성서의 신화적 세계관을 포기한다면 성서의 신화가 주는 진리의 실체를 상실하게 되는 것이다. 그렇다고 불투만이 우려했던 "이해의 희생"(sacrificium intellectus)도 할 필요가 없다. 종교의 신화적 진리를 받아들이기 위해서 과학적 이해를 희생시킬 필요가 없다는 말이다. "종교의 신화냐 아니면 과학이냐?"란 양자택일의 시대는 이미 지났다. 현대 종교인들은 알게 모르게 이미 종교의 신화와 과학의 진리를 모두 수용하는 훈련을 받아왔다. 종교를 통해 가슴을 채우고 과학을 통해 머리를 채우는 그런 훈련 말이다.

과학의 눈부신 발전으로 과학이 인간의 가슴까지 채워줄 줄 기대했었지만 커다란 전쟁들을 치르고 환경 문제의 심각함을 경험한 인간들은 더 이상 과학을 맹신하지 않는다. 과학적이며 합리적인 칼을 들이대며 종교를 해체시키고 결국에는 신의 죽음을 선언한 19세기말 20세기 초엽의 시대정신은 곧 기독교와 같은 종교들이 사라지게 될 것이라며 종교 이후의 시대(post-religious age)를 준비해야 한다고 떠들었다.

　그런데 오늘날 종교 현실을 보면 예기치 못한 상황이 벌어지고 있다. 전통종교들이 다시 부활하고 있는 것이다. 이슬람 종교의 문화와 정치가 세계적으로 세력을 확장하고 있다. 이스라엘에서는 유대교 근본주의자들이, 일본에서는 신도 신자들이, 인도에서는 힌두교 근본주의자들이, 미국에서는 기독교 보수주의자들이 세력을 확장하고 있다. 기독교는 교파를 초월해서 영적 체험을 강조하는 오순절 스타일의 기독교인들이 세계적으로 증가하고 있다. 이들의 공통점은 단 하나 자기 종교가 가지고 있는 신화를 굳게 붙잡고 있다는 사실이다. 자신들의 종교 신화를 목숨보다 더 귀하게 여기고 그것에 생명을 걸고 있다.

　그런데 기독교 내에 기이한 현상이 일어나고 있다. 그동안 미국 내에 주류를 이루어왔던 많은 전통 교단들은 문들 닫고 있고 유럽의 전통 교회들은 몰락하고 있는 실정이다. 이유는 과학과 성서의 충돌로 인해 성서의 신화를 포기했기 때문이다. 지난 4세기동안 과학적이며 합리적인 방법으로 성서 안에 신화를 해체, 제거시킨 신학을 붙들고 있기 때문이다. 신화를 제거시킨 신학이란 학문이 기독교를 지탱해줄 것으로 기대했던 것이다. 그러나 신화 없는 기독교의 현실은 참담하기만하다. 그동안 기독교는 사람을 머리로만 이해시키려고 하는 실수를 저지른 것이다. 머리로만 신앙을 배웠기 때문에 교회 안에서도 따지고 싸우는 일이 여기저기서 일어난다. 가슴으로 끌어안는 따듯함이 식어버렸다.

3. 잃어버린 신화를 찾아서

이 책의 주제 「잃어버린 신화를 찾아서」를 결말지을 때이다. 우리는 잃어버린 신화 즉 기독교의 초자연적 요소들을 다시 회복해야 한다. 기독교가 종교로서의 본질을 유지하려면 성서 안에 있는 초자연적인 사건들을 하나의 종교적인 사실로 선포해야 한다. 초월적인 존재들을 하나의 실체로 선포해야 한다. 그럴 때에만 비로소 기독교가 잃어버렸던 종교의 힘을 다시 회복할 수 있다. 과학의 세계관과 상충한다고 성서 세계관을 포기한다는 것은 곧 기독교 자체를 포기하는 것과 같다.

신화는 종교의 기반이다. 모든 종교들은 나름대로 신화를 가지고 있다. 종교인은 자기 신화 안에서 태어나고 살다가 죽는다. 신화는 종교인에게는 모태와 같은 것이다. 그 안에서 안식하며, 그 안에서 위로 받고, 그 안에서 성장하며, 그 안에서 꿈을 꾸며 소망한다. 종교인은 자기가 가지고 있는 신화에 의해 자기 정체성을 찾는다.

분석과 해체를 중심으로 하는 과학은 현대인들에게 공허와 허무를 선물로 안겨주었다. 그 결과로 현대인들은 자기의 정체성을 잃어버리고 삶의 의미를 상실했다. 마치 시작도 없고 끝도 없는 메마른 사막을 걷는 것과 같이 현대인들은 살아가고 있다. 자신이 어디로부터 와서 지금 어디에 있는지 그리고 앞으로 어디로 가야할지 방황하는 세대가 되어 버렸다. 발붙일 바닥을 상실하고 밑도 끝도 없는 텅 빈 공간에서 매 순간마다 허망함을 경험하며 살고 있다. 이런 현대인들에게 필요한 것은 다름 아닌 신화인 것이다.

신화를 통해서 현대인들은 부요해질 수 있고 삶의 의미를 되찾게 된다. 신화가 있는 현대인은 과학 지식이 줄 수 없는 인생의 맛을 경험할 수 있다. 공허와 허무의 시대일지라도 신화가 있는 사람은 신화 안에서 노래하고 행동한다. 내가 좋아하는 시 가운데 아래와 같은 불교 승려 시인 한용운이 노래한 『님의 침묵』 가운데 「알 수 없어요」란 시가 있다. 그는 누구든지 그리워하는 것이 "님"이라고 한다. 칸트에게 철학이 그의 "님"인 것처럼 나에게는 하나님이 나의 "님"이다. 한용운은 "해 저문 벌판에서 돌아가는 길을 잃고 헤매는 어린 양이 그리워서 이 시를 쓴다"고 서문 격인 「군말」에서 언급하고 있다.

바람도 없는 공중에 수직의 파문을 내이며
고요히 떨어지는 오동잎은 누구의 자취입니까

지리한 장마 끝에 서풍에 몰려가는 무서운 검은 구름의
터진 틈으로 언뜻언뜻 보이는 푸른 하늘은 누구의 얼굴입니까

꽃도 없는 깊은 나무에 푸른 이끼를 거쳐서 옛 탑 위의
고요한 하늘을 스치는 알 수 없는 향기는 누구의 입김입니까

근원은 알지도 못할 곳에서 나서 돌부리를 올리고
가늘게 흐르는 작은 시내는 굽이굽이 누구의 노래입니까

연꽃 같은 발꿈치로 가이없는 바다를 밟고,
옥 같은 손으로 끝없는 하늘을 만지면서
떨어지는 날을 곱게 단장하는 저녁놀은 누구의 시입니까

타고 남은 재가 다시 기름이 됩니다. 그칠 줄은 모르고

타는 나의 가슴은 누구의 밤을 지키는 약한 등불입니까

　신화가 있는 사람은 고요히 떨어지고 있는 나뭇잎을 보면서 신의 발자취를 본다. 신화가 있는 사람은 검은 구름 사이로 언뜻언뜻 보이는 푸른 하늘을 보면서 신의 얼굴을 본다. 신화가 있는 사람은 산속 깊은 곳에 알 수 없는 향기를 맡으며 신의 숨결을 느낀다. 신화가 있는 사람은 작은 시내에서 흘러나오는 소리에서 신의 노래 소리를 듣는다. 신화가 있는 사람의 말은 단순한 언어유희가 아니라 생명의 고백인 것이다. 그래서 신화가 있는 사람은 아름다운 것이다.

　신화 안에서 신앙인은 시공을 초월한다. 신화가 있는 기독교인은 성서 안에 기록된 과거 사건들에 근거해서 현재를 산다. 신화가 있는 기독교인은 태초에 하나님의 천지창조를 말하면서 현재를 살고 있는 나를 창조하신 하나님의 손길을 경험한다. 태초의 창조주가 현재의 살아 있는 하나님이 된다. 신화가 있는 기독교인은 2천 년 전에 예루살렘 한 모퉁이에서 십자가에 달렸던 예수가 현재 자기의 눈앞에서 생생하게 피를 흘리며 신음하고 있는 것을 본다. 예루살렘에서 마리아에게 나타났던 부활하신 예수가 다메섹 길가에서 바울에게도 나타났고 현재는 내 눈앞에도 나타나는 것을 경험한다. 예루살렘 성전 미문에서 구걸하던 앉은뱅이가 일어나 걷는 기적을 읽으면서 자신에게 일어날 기적을 소망한다. 결국 신화는 신앙인에게 생생하게 살아있는 실체인 것이다.

　기독교가 지금까지 버텨온 것은 바로 성서 안에 들어 있는 이 신화 때문이었다. 그런데 계몽주의 때 이신론자들의 출현과 더불어 기독교의 초자

연성이 증발되면서, 기독교는 단순히 도덕적인 종교로 전락되거나 아니면 역사적 예수를 찾는다는 명목 하에 예수의 제자들이 사기처서 생겨난 사기종교가 되어 버렸다. 더불어 과학의 우주관, 자연역사, 진화론은 기독교 신화를 해체하고 증발시키는 일에 가세해왔다. 이런 시대정신에 지배당한 성서신학은 역사 과학적 방법론을 채택해서 지금까지 발전해 왔는데, 현재는 갈 방향을 잃고 방황하고 있다. 이런 신학사조에 영향을 받은 많은 사람들은 충격을 받아 방황하고, 신학교를 뛰쳐나오고, 기독교 신앙을 포기하고, 미쳐버리는 일들이 생겨났다. 이런 신학사조에 영향을 받은 신화를 잃어버린 기독교는 도덕적인 요소만을 강조하는 철학적인 수준 높은 종교로 전락되었다.

살아있는 기독교 신화가 없다면 기독교 안에 모든 종교행위 기도, 찬양, 경전읽기 등과 같은 것들은 본질과 능력을 상실한다. 기도 행위에는 기도를 듣는 구체적인 대상, 하나님을 전제로 한다. 하나님이 나의 기도를 듣고 계신다는 신화적인 확신이 있어야 기도라고 할 수 있다. 찬양도 마찬가지이다. 하나님이 나의 노래 소리를 듣고 있다는 신화적인 믿음이 없다면 나는 분명 정신병자인 것이다. 정신병자가 아니라면 내 찬양하는 모습을 보고 있는 청중들을 속이고 있는 것이다. 표현이 좀 거칠다면, 다른 사람 앞에서 연기하고 있는 것이다. 설교를 선포하는 사람도 마찬가지이다. 자기도 믿지 못하는 신화를 남에게 믿으라고 강요하는 것 또한 사람들 앞에서 연기하는 것과 다를 바 없다. 만일 설교자가 자기도 못 믿는 기독교 신화를 가지고 수입을 보고 있다면 사람들에게 사기를 치는 것이다. 물론 현대 신학이 제공해주는 다른 학자들의 말을 전달해주는 설교자라면 문제가 또 달라진다. 이 경우는 더 이상 신앙인이 아니고 학교 교수처럼 직업인이 되는 것이다.

신앙이 있는 기독인에게는 살아있는 신화가 있다. 분명하고도 구체적인 대상 즉 하나님이 있다. 이 하나님은 내 기도와 찬양을 듣는 분이다. 그 하나님은 설교와 성서를 통하여 지금도 나에게 말씀하고 계신다. 더욱이 내가 미처 의식하지 못한 순간에도 여전히 나를 커다란 눈을 뜨고 지켜보고 계신다. 그것도 내 겉만 아니라 속까지 꿰뚫어보고 계신다. 그러니 함부로 살 수가 없다. 이런 신앙이 있는 사람이 기독교인이며 예배를 드릴 자격이 있는 사람이다. 단언컨대 기독교 신화가 없는 사람은 더 이상 기독교인이 아니다. 다시 말하면 초대교인들이 믿었던 신화 즉 신앙의 내용이 없다면 기독교인이 아닌 것이다.

4. 신앙과 학문의 분리

한번은 친구가 철학이나 신학은 쉬운 것을 어렵게 말하는 것이라고 했다. 사실 위에 학문과 신앙을 조직신학에서는 "이성과 계시"라는 이름으로 논한다. 과학과 종교, 학문과 신앙, 이성과 계시, 지식과 믿음 등은 모두 알고 보면, "머리로 이해할 것이냐?" 아니면 "마음으로 믿을 것이냐?"란 질문의 다른 말들이다. 단순하지만 분명한 질문이다. 학자의 가르침은 머리로만 이해하면 된다. 그러나 종교인의 가르침은 마음으로 긍정되어야 한다. 학자는 학문에만 충실하면 되지만 종교인은 삶에 충실해야 한다.

미국에 와서 절실하게 깨달은 것 중에 하나가 가르치는 것과 사는 것은 다를 수 있다는 것이다. 웨슬리 신학교에서 공부할 때 구약을 가르치던 탁월한 구약교수가 있었다. 구약 신학에서는 세계적으로 인정받는 교수인데 당시 가정 문제로 힘들어 하는 모습을 수업시간에 보여주었다. 당시 이 교수의 훌륭한 강의를 들으면서 깨달은 것은 풍부한 신학적 지식이 개인의 삶의 문제를 해결하는 데는 별로 도움이 되지 못한다는 것이었다. 20여년이 지난 지금도 배운 것은 하나도 기억이 나지 않는데, 힘들어 하던 교수의 모습은 여전히 눈에 어른거린다. 학문과 삶이 다를 수 있다는 것을 분명하게 알게 된 계기였다.

지금 내 방에는 1996년도에 하버드 신학교에서 졸업장을 받는 사진 하나가 걸려있다. 이 당시 하버드대학 신학부 학장(Ronald Frank Thiemann)이 나에게 졸업장을 건네주면서 악수하는 장면을 찍은 것이다. 나는 성서신학을 전공했기 때문에 이 학장의 강의를 들은 바가 없지만 그는 당시에 탁월한 신학자였다. 1998년 어느 날 학장은 자신이 사용하던 학교 컴퓨터의 하드 드라이브 용량이 작다며 큰 것으로 바꾸어 달라고 학교에 요청했

266

다. 컴퓨터 기술자가 와서 새 하드 드라이브로 바꾸기 위에서 기존 하드 드라이브에 있던 파일들을 학교 메인 컴퓨터에 업로드 시켰다. 그런데 예상 밖으로 업로드 시키는 시간이 길어지자 그 기술자의 감독관이 왜 그렇게 시간이 오래 걸리느냐고 물었다. 그 기술자는 처음에는 대답을 하지 않다가 나중에 학장 컴퓨터의 기존 하드 드라이브에 포르노 파일들이 가득 들어있기 때문이라고 대답했다. 감독관은 곧 당시 하버드 대학 총장(Neil L. Rudenstein)에게 이 사실을 알렸고 총장은 학장에게 하버드 정교수직은 보장하지만 신학교 학장 직위는 사임하라고 권고했다. 결국 그 학장은 1998년 11월에 신학교 학장직에서 물러났다.

서구 신학은 과학과 마찬가지로 연구의 대상으로 전락된 학문이다. 우리는 탁월한 과학자에게 진실한 삶을 기대하지 않는다. 과학적 방법이나 지식이 뛰어난 학자를 기대할 뿐이다. 신학도 마찬가지이다. 현시대에 훌륭한 신학자라면 폭넓은 신학적 지식을 가진 사람을 말할 뿐이다. 지식과 삶이 충분히 다를 수 있다는 말이다. 학문적으로 많이 알고 있다고 해서 내 인생을 걸 만큼 믿을만한 사람이라는 것은 착각이란 말이다. 그런데 이런 착각이 실제로 일어나고 있으며 그 결과로 현 기독교는 혼돈 가운데 있는 것이다. 많은 신학생들이 신학적 지식 때문에 자신의 영혼을 파는 일들이 일어나고 있는 것이다.

아는 것과 믿는 것이 분리된 시대가 되었다. 이런 현 시대는 학문과 삶이 달라도 별다른 갈등 없이도 충분히 살아갈 수 있다. 학문만 가지고 살아갈 수가 있다. 그러나 믿음 곧 신앙은 다르다. 신앙과 삶이 다르면 심한 갈등을 겪게 된다. 왜냐하면 신앙은 곧 삶의 기반이기 때문이다. 그래서 사람들은 자신이 알고 있는 것보다는 오히려 믿고 있는 것에 목숨을 걸게 된다.

어느 날 앞 차 범퍼에 붙어 있던 다음과 같은 구절이 기억난다.

"만일 당신의 인생에 목숨을 걸 만한 것이 없다면 당신을 살아 있는 것이 아니다." (If there is nothing that you are dying for, then you are not alive)

5. 학문을 하는 신앙인

내가 목회를 시작한 것은 1986년 여름이었다. 당시 경기도 안산에서 목회를 처음으로 시작했다. 대략 5년을 이곳에서 목회를 하면서 여러 경험들을 하게 되었다. 그중에 하나 특이한 경험을 통하여 나는 아는 것과 믿는 것이 다르다는 것을 분명히 깨닫게 되었다. 어느 날 수요 저녁 예배가 끝날 무렵 전화벨이 울렸다. 받아보니 처음 듣는 중년 여인의 목소리였다. 전화 속에 상대는 당장 자기 집에 와서 예배를 드려줄 수 있냐고 부탁하였다. 당연히 수락하고는 전화를 끊었다. 끊고 나자 교인 중에 한 분이 전화한 사람은 자신과 인척관계라고 밝히면서 전화하게 된 다음과 같은 사연을 설명해주었다.

전화한 사람은 본래 절에 다니던 불교인이었다. 교회는 가 본 적이 전혀 없는 사람이다. 집에는 건장한 남편과 중학교 다니는 자녀들이 있다. 그런데 건장한 남편은 일을 하지 않았다. 하는 수 없이 부인이 식당에서 일을 하며 어렵게 생계를 이어가고 있었다. 그런데 이 부인에게 문제가 생긴 것이다. 다리가 아파서 걸을 수 없는 상황이 되었다. 병원을 찾아가 보았다. 진찰한 의사들은 원인을 못 찾겠다고 하며 돌려보냈다. 병원에서 원인을 찾지 못하자 본인이 다니는 절을 찾아갔다. 그리고 절에서 써준 부적들을 집안 구석구석에 붙여 놓았다. 부적을 붙여놓으면 다리가 회복될 줄을 알았는데 오히려 더 악화되기만 했다. 본인이 식당에 나가지 못하기 때문에 가족들이 모두 굶어야 되는 절망적인 상황에 빠진 것이다. 이런 상황에 친척관계인 우리 교회 교인이 교회 나가면 다리를 고칠 수 있다고 귀띔해 주었던 것이다. 결국 이 부인은 지푸라기라도 잡고 싶은 심정으로 교회에 전화를 걸었고 그 전화를 내가 직접 받았던 것이다.

예배가 끝났기 때문에 남아 있는 교인들 대여섯 명을 데리고 컴컴한 논 길로 이어진 그 집을 찾았다. 집 안에 들어서자 집 안에 붉은 글씨로 쓴 부적들이 눈에 들어왔다. 먼저 속장님께 부적들을 찾아서 태우라고 지시했다. 속장님은 부적들을 모두 찾아서 밖으로 가지고 나가 태워버렸다. 그리고 교인들과 가족들이 모여 앉아서 예배를 드렸다. 예배 끝에는 그 부인의 다리를 붙잡고 기도를 드렸다. 아무 일도 일어나지 않았다. 가정 예배를 마치고 우리들은 각자 집으로 돌아갔다.

다음날 아침 일찍 전화가 왔다. 어제 심방했던 집의 부인이 건 전화였다. 매우 흥분한 목소리였다. 잠을 자는데 새벽녘에 어떤 분이 나타나서 다리를 완전히 고쳐주었다는 것이다. 교회를 다닌 적이 없지만 이 부인은 꿈에 나타난 분이 하나님이라고 확신하고 있는 것 같았다. 전화로 진심으로 감사를 표현하면서 오는 주일에는 온 가족이 교회 나오겠다고 약속을 하였다. 참으로 상상을 초월하는 사건이었다.

길게 설명한 위에 내용은 사실 다음 내용을 소개하기 위한 서두에 불과하다. 새 가족들이 오기로 한 그 주일 바로 전 날인 토요일에 나는 이상한 꿈을 꾸었다. 내가 그 집 방 안에 있는데 그 집 장롱에 귀신이 들어 있다면서 나 혼자 그 귀신을 쫓으려고 애를 쓰는 꿈이었다. 아침에 깨어났을 때에 그 꿈이 너무도 선명하게 기억에 남았다. 혼자 생각하기를 지난 수요일 그 집에 있는 부적들을 태울 때 아마 장롱에 있는 것은 찾아 내지 못해서 그대로 둔 것이 아닌가 하며 나름대로 꿈 해몽을 해보았다. 주일 예배 때가 되어 온 가족들이 약속대로 교회에 찾아왔다. 주일 예배를 드리는 동안 지난 밤 꿈이 머릿속을 맴돌고 있었다. 예배를 마치자마자 그 부인을 불러서 지난 밤 내 꿈을 설명하면서 혹시 장롱에 부적을 두었냐고 물어보았다. 그 자리에서 그 부인은 장롱에 부적이 없다고 대답하였다. 하여간 나는 꿈이 하도 이상해서 혹 집에 가면 장롱을 다시 뒤져보라고 했다. 그리고 저녁 예배 때에 오면 결과를 말해달라고 부탁했다. 그날 저녁 예배에 부인이 나왔다. 그 부인은 집에서 장롱을 뒤져 보았는데 부적은 없고 불교의 경전인 불경이 들어 있었다고 말했다. 그러면서 그 불경을 태워버렸다는 것이다.

부인의 말을 들으면서 나는 놀라지 않을 수 없었다. 그 집 장롱에 있던 불경 때문이 아니라 우리 집 안에 있는 불경 때문이었다. 당시 나는 감리교 신학대학 대학원에서 동양철학과 선불교를 공부하고 있었다. 학문적 관심 때문에 우리 집 책장 안에는 불교 경전이 자리 잡고 있었던 것이다. 그런데 우리 집에 있는 불경은 문제가 안 되고 왜 그 부인의 집에 있는 불경은 문제가 되었는가? 이에 대한 대답은 지식과 믿음의 차이라고 해석할 수밖에 없다. 그 부인은 믿음을 가지고 불경을 대한 것이고 나는 지식을 가지고 불경을 대한 것이다. 경전을 믿음을 가지고 대할 때에는 그 경전에서 종교적인 능력이 나타나지만 경전을 학문적 지식으로 대할 때는 아무런 능력도 나타나지 않는다는 말이 된다. 종교 안에서 아는 것과 믿는 것은 분명히 다른 것이다. 종교의 본질은 지식 즉 학문에 있는 것이 아니라 믿음 즉 신앙에 있는 것이다.

이후로 나는 학문과 신앙을 구분시켰다. 지식을 위해서는 어떠한 학문도 제한을 두지 않고 접근했다. 보수 신학자들의 글, 복음주의 신학자들의 글, 자유 신학자들의 글 등 손에 잡히는 대로 읽었다. 과학에도 관심을 두었다. 물론 진화론에 관련된 논문들도 읽었다. 서양 철학, 동양 철학에도 관심을 두었다. 불교와 같은 타종교에도 관심을 가졌다. 지난해에는 뉴멕시코 주립대학에서 인도종교의 기원에 관한 과목을 듣기도 했다. 열려진 자세로 모든 학문을 대했다.

이와 같이 기독교와는 전혀 상관없는 다른 학문을 접한다고 내 삶이 흔들리거나 내 정체성이 흔들리는 경우는 결코 없었다. 그것은 확고한 믿음 즉 신앙이 있었기 때문이다. 이 신앙은 나의 삶과 정체성을 말해주는 기반인 것이다. 나는 천지창조, 재림, 부활, 심판, 천국 등과 같은 기독교의 전통 교리를 성서에 기록된 그대로 믿는다. 나는 오직 예수 그리스도로만 구원받는다는 기독교의 구원의 교리를 믿고 있다. 나의 인생은 기독교의 하나님 안에서 시작되었고, 하나님에 의해서 현존하며, 하나님을 향해서 줄달음치고 있다. 나는 내가 기독교인이라는 것이 행복하다.

혼돈과 방황의 시대를 지내오면서 나는 신앙과 학문 두 가지를 모두 겸비한 기독교인들이 나타나기를 기대한다. 성서 안에 기록된 초자연적인 것들을 있는 그대로 받아들일 줄 아는 겸허한 신앙을 가지고 현대 학문이 제시하는 모든 분야에서도 가장 탁월한 능력을 발휘하는 그런 실력 있는 기독교인들이 많이 나타나기를 기다린다.

누가 왜 사느냐고 묻거든 예수 그리스도의 사랑 때문에 대답할 수 있는 그런 기독교인, 어디서 왔냐고 묻거든 예수 그리스도의 사랑에서 나왔다고 대답할 줄 아는 그리스도인, 어디로 갈 것이냐고 묻고 든 예수 그리스도의 사랑이 있는 그곳으로 갈 것이라고 대답하는 그리스도인이 많이 나타나기를 기다린다.

누가 우리를 그리스도의 사랑에서 갈라놓을 수 있단 말인가?
생활로 인한 고통이나, 인생을 짓누르는 압박이냐,
신앙에 대한 사람들의 조롱과 박해냐,

배고픔이냐, 벌거벗김을 당하는 것이냐,

위험이냐, 아니면 칼이냐?

……

그러나 이 모든 것들이 우리에게 있을 지라도

우리를 사랑했던 이로 말미암아

우리는 지금 넉넉하게 이기고 있노라

왜냐하면

죽음이나, 삶이나, 천사들이나, 정치가들이나,

현재 존재하는 것들이나, 미래 일어날 일들이나,

권력들이나, 명예나, 심오함이나,

어떤 다른 피조물들도

우리 주 예수 그리스도 안에 있는

하나님의 사랑에서

우리를 갈라놓을 수 없다는 것을

벌써부터 믿게 되었기 때문이나

로마서 8장 35-39절

헌 정

　감리교 신학대학교를 졸업하는 날 어머니와 아버지께서 오셔서 축하해 주셨다. 그날 어머님은 나의 가운을 받아 입으시고 사진을 찍으면서 환한 웃음을 지으셨다. 흔들림 속에서도 뛰쳐나가지 않고 무사히 신학교를 졸업한 아들을 바라보시는 어머님의 기쁨이 들어 있는 웃음. 이 후에도 어머님은 새벽마다 거르지 아니하시고 나를 위해서 기도해 오셨다. 다리를 다쳐 움직일 수가 없어 새벽에 더 이상 교회에 나갈 수 없게 되었지만 나를 위한 기도를 쉬지 않으셨다. 지금도 어머니의 관심은 여전히 아들인 나의 신앙이었다. 전화로 수만리 떨어져 사는 아들의 신앙을 확인하시며 기뻐하시는 어머님의 모습. 수화기를 통해서 들려오는 숨소리만으로도 가히 상상할 수 있었다. 이 어머님, 이정옥 권사님께 이 책을 드린다.

VIII. 부록: 인도종교와 혼합된 『도마복음』

신학=
방황?

VIII. 부록: 인도종교와 혼합된 『도마복음』

서언: 참으로 답답해서 이 부록을 추가했다. 도올 김용옥의 『도마복음이야기』가 나온 지 벌써 2년이 지났고 올해는 『도마복음주석』이 나왔다고 한다. 신학교도 많이 생겼으니 그만큼 학자들도 많을 텐데 아무도 나서서 제대로 응답하는 사람이 없다. 학자가 안하니 목사라도 나서야한다는 마음으로 이 부록을 추가했다.

1. 항아리에서 쏟아진 영지주의 문헌들

1.1. 『도마복음』이 들어있던 항아리

1945년 겨울에 이집트 나일 강 상류지역에 위치한 낙하마디(Nag Hammadi)마을 근처 벼랑에서 "모하메드 알리"(Mohammed Ali Samman)라는 한 농부가 봉인된 항아리 하나를 발견했다. 항아리를 열어보니 가죽으로 묶어놓은 13권의 책들이 있었다. 이 책들 안에는 모두 52개의 글들이 들어있었다. 이들 가운데 12개의 글들은 서로 중복되기 때문에 사실 6개의 글인 셈이다. 결국 모두 합치면 46개의 서로 다른 글들이 있는 것이다. 이들 가운데 41개는 이제까지 발견된 적이 없는 새로운 글들이었다. 그중에 10개는 심하게 부서져 버렸기 때문에 31개만 새로운 자료로 건진 셈이다. 이중에 한 개가 『도마복음』이다. 이 발견된 자료들 곧 문헌들은 고대의 종교와 철학에 대한 정보들 특히 셋 종파[1]와 같은 영지주의, 신플라톤주의(Neoplatonic), 신비 지혜사상(Hermetic) 등에 대한 정보를 제공한다. 모든 문헌들은 희랍어나 이집트 콥틱어로 되어 있다. 이 본문들이 기록된 정확한 시기는 알 수 없지만 대부분 주후(AD) 2-3세기 것들로 추정한다. 본문들을 가죽 책으로 묶은 시기는 훨씬 늦다. 표지 가죽을 두텁게 만들려고 폐기된 파피루스(papyrus)를 가죽 속에 집어넣었는데 그 파피루스에 근처 지역 정보들이 적혀있었다. 그 정보들을 근거로 이 가죽 책들은 이집트 낙하마디 근처에서 약 4세기 중엽에 만들어진 것으로 추정한다.

대부분 문헌들은 『도마복음』과 같이 기독교와 연관된 영지주의 책들이지만, 그 중에는 플라톤의 『국가론』(Republic)을 부분적으로 변경시켜서 번역한 것[2]도 있고 또한 신비적 지혜의 글인 『헤르메띠까』(Hermetica) 3편도[3] 들어있다. 콥틱어로 되어있는 『국가론』 본문은 인간의 영혼에 관한 소크라테스(Socrates)의 비유 한 부분을 약간 변경시켜 번역한 것이다. 『헤르메띠까』는 로마 제국이 몰락할 즈음인 주후(AD) 3세기 이후에 만들어진 하나의 작품 유형으로 "헤르메스 트리스메지스뚜스"(Hermes Trismegis-

---

1) 이 종파(Sethians)는 기독교 이전에 생겨난 영지주의의 한 종파로서 아담과 하와의 세 번째 아들인 셋(Seth)을 숭배하는 종파이다. 이 종파의 영향이 지중해 전역으로 퍼져서 주후(AD) 2세기경에 알렉산드리아의 바실리데스(Basilides)에 의해 세워진 영지주의와 , 같은 주후(AD) 2세기경 이집트, 소아시아, 시리아, 북아프리카 등에 커다란 영향을 끼쳤던 발렌티누스(Valentinus)의 영지주의에 영향을 끼쳤다.

2) 낙하마디 사본 번호와 (제목): NHC VI,5 (Excerpt from Plato' s Republic).

3) 낙하마디 사본 번호와 (제목): NHC VI,6 (The Discourse on the Eighth and Ninth); NHC VI,7 (The Prayer of Thanksgiving); NHC VI,8 (Excerpt from the Perfect Discourse).

tus)⁴⁾의 비밀 지혜가 들어있는 글이라고 한다.

낙하마디에서 발견된 문헌들이 가지고 있는 공통점은 다음과 같다. 첫째로, 영지주의 문헌이나『헤르메띠까』 문헌이나 모두 종교 혼합주의 특징을 지니고 있다는 사실이다. 둘째로, 플라톤의『국가론』도 인간 영혼에 대한 지식을 말하고 있고, 많은 영지주의 본문들과『헤르메띠까』 본문들 모두 신비한 지혜, 영적인 지식, 깨달음 등을 강조하고 있다. 셋째로, 이 모든 문서들이 이집트 나일 강 상류에 위치한 낙하마디에서 발견되었다는 사실이다.

1.2. 침묵하는 항아리

여러 가지 의문이 생긴다. 첫째로, "누가 왜 기독교 영지주의 글들, 이집트 신비적 지혜에 관한 글들, 플라톤의 영혼에 관한 글 등을 수집, 복사, 보관했었는가?" 둘째로, "왜 동굴 속에 오랫동안 보존될 수 있도록 항아리에 잘 밀봉해서 감추어두었는가?" 셋째로, "『도마복음』처럼 기독교와 관련된 영지주의 글들은 왜 정통 기독교의 가르침과 많은 차이를 보이는가?" 물론 항아리에서 발견된 문헌들은 이 물음에 내해 침묵하고 있나.

이런 퍼즐 같은 문제에 대해 "낙하마디 사본들을 위한 국제 위원회"(International Committee for the Nag Hammadi Codices)의 서기로 일했던 로빈슨(James M. Robinson) 교수는 다음과 같이 풀었다. 이 가죽으로 된 낙하마디 사본들이 만들어진 시기와 장소가 파코미우스(Pa-

---

4) "헤르메스 트리스메지스뚜스" 는 '세 번째로 위대한 헤르메스' 란 의미를 갖고 있는 예언자의 이름으로, 그리스 신 헤르메스(Hermes)와 이집트 신 토트(Thoth)가 결합된 전설적인 인물이다. 토트는 고대 이집트의 상형문자(Hieroglyph)를 만들어낸 언어, 지식, 과학의 신이었다. 르네상스시기에 이탈리아 학자인 피치누스(Marsilius Ficinus)가 희랍어로 된 『헤르메띠까』 본문들과 그 이전에 작품으로 남아 있는 것들을 수집해서 『꼬르푸스 헤르메티꿈』(Corpus Hermeticum)을 편집 발간했다.

chomius. 292-348) 수도원 운동이 시작된 장소나 시기와 일치한다고 보았다. 그렇게 연결시키고 나서, 같은 시기인 367년에 알렉산드리아 교회 감독인 아타나시우스(Athanasius)가 구약 22권[5]과 신약 27권을 정경으로 발표했던 사건과 연결시켰다. 이런 사실로 짜 맞춘 가설이 "본래 파코미우스 수도원 도서관에 낙하마디 문헌들이 있었는데, 아타나시우스가 경전 외의 문헌들을 도서관에서 없애라고 했기 때문에, 그 문헌들 소중하게 여겼던 사람들이 항아리에 봉해가지고 안전하게 감추어 두었다"[6]는 것이다.

사실 로빈슨이 언급한 아타나시우스가 367년에 39번째로 썼다는 「축일서신」(Festal Letter)에는 수도원 도서관에 있는 경전 외에 책들을 없애라고 요청하는 글이 아무데도 없다. 또한 파코미우스 수도원 운동이 공동체 운동이라고 할지라도, 사막에서 가장 기본적인 것만 공유하는 수도원 안에 기독교와는 상관없는 플라톤의『국가론』(Republic)이나 이집트 신비적 지혜의 글인『헤르메띠까』(Hermetica)까지 비치할 정도의 도서관이 있었다는 근거도 없다. 사막 수도자들은 모든 정상적인 생활을 포기하고 사막으로 들어가 열악한 환경 가운데서 그리스도에게 목숨을 걸고 금욕적인 생활을 하는 사람들이다. 이런 수도자들 가운데 혼합종교 문헌인 낙하마디 문헌들을 귀하게 여겨서 잘 감추어 놓을 사람이 있다는 생각도 억측에 가깝다. 결단력이 강한 그런 수도사들의 손에 들어갔다면 아예 보관은 커녕 불을 질러 없애버렸다고 보는 것이 쉬울 것이다. 차라리 수도사들보다는 평범한 어떤 사람들이 보관했다고 보는 것이 타당하다. 로빈슨의 해석은 설명해보려는 하나의 가설이라고 볼 수 있지만 그것이 절대적이라고

---

5) 우리가 가지고 있는 구약 33권을 히브리 알파벳 숫자에 맞추어 22권으로 나누어 놓았다. 숫자만 다르지 사실은 똑같은 책이다.

6) The Nag Hammadi Scriptures, ed. by Marvin Meyer, (New York: Harper Collins Pub., 2007), xi.

착각하면 안 된다.

　학문을 쉽게 하려면 주어진 가설을 등에 업어야 한다. 앞에 로빈슨이 추측에 근거해서 제시한 가설을 페이젤스(Elaine Pagels)가 받아서 발전시켜『영지주의 복음서들』(The Gnostic Gospels)이란 책을 썼다. 이 책은 곧 베스트셀러가 되었다. 페이젤스는 이 책에서 기독교 초기에 정통파 기독교와 영지주의 기독교인들의 힘겨루기가 있었다고 가정했다. 그래서 신약 경전 27권을 고집하는 아타나시우스를 중심으로 한 정통파 기독교가 조직력이 약했던 영지주의 기독교인들을 억압했다고 상상한 것이다. 페이젤스는 영지주의 복음서들이 낙하마디에서 발견된 이야기, 기독교 순교 이야기, 정통파 기독교와 영지주의자들 간에 갈등 순으로 설득력 있게 전개시켰다. 이 책이 나온 지 벌써 30년이 지났지만 별다른 진전이 없다. 정확하게 실증해주는 자료들은 없고 추측과 가설 위에 세워나갔기 때문이다.

　문제는 페이젤스가 전개시켰던 이론을 가지고 요즘 마치 새로운 것을 발견한 것처럼 주장하는 사람이 있다는 것이다. 마치 당시 정통 기독교가 교회의 권력으로 참 기독교인이었던 영지주의자들을 박해했다는 논리를 주상하면서, 이들이 사용했던『도마복음』이 신약 정성 안으로 늘어와야 한다는 그런 소리하는 사람 말이다. 지금부터는 왜『도마복음』과 같은 영지주의 문헌들이 초기 기독교에서 추방되었는지 그 이유를 찾아보려고 한다.

2. 그리스 로마 세계에 포함된 인도
2.1. 낙하마디 문헌들의 뿌리를 찾아서

낙하마디에서 발견된 문헌들을 보면 대부분 기독교와 연관된 것들이다. 사용하는 용어들이나 형식이 기독교와 유사하기는 한데 내용을 보면 기독교의 가르침과 눈에 띄게 차이가 난다. 다음은 『도마복음』[7]4장 1절 내용이다.

> 예수께서 가라사대 오랜 세월을 산 사람이 난지 칠일 된 갓난아이에게 생명의 장소를 묻기를 지체하지 않을 것이요 그러면 그 사람은 살게 될 것이다. 처음된 자들이 나중될 자가 많을 것이요 그들은 하나가 될 것이니라.

문제는 "전통 기독교의 가르침과는 다른 이런 사상들이 어디서 왔느냐?"이다. 일반적으로 학자들은 낙하마디 문헌에 있는 이런 독특한 내용의 기원을 그리스 사상에 귀속시키려고 하지만 어딘가 어색하다. 이 내용은 고대 유대교나 이집트 사상에서도 좀처럼 찾아볼 수 없는 가르침들이다. 물론 항아리에 들어 있던 문헌들 안에서의 연관성을 찾을 수 있다. 어떤 사람이 자신의 관심에 부합되는 글들을 수집해서 읽다가 항아리 안에 넣어 놓은 것이기 때문에 모든 글들이 서로 깊은 연관성을 가지고 있다. 다음과 같은 『도마복음』 7장 1절은 자체적으로 무슨 말을 하는지 이해할 수 없는 부분이다.

---

7) 장절 구분은 문제는 있지만 전통적으로 사용해 온 방법이다. 도마복음은 전부 114개의 단락으로 되어 있다. 본 책에서 단락은 "장" 으로 단락 안에 세분화된 문장들은 "절" 로 표기한다.

예수께서 가라사대 사람이 먹게 될 사자는 복이 있나니 그 사자는
사람이 될 것이다. 사자가 먹게 될 사람은 저주가 있나니 그 사자
는 사람이 될 것이니라.

이 구절은 낙하마디에서 발견된 여섯 번째 책 안에 들어 있는 플라톤의
『국가론』에 의해서 해석될 수 있다. 내용을 약간 변경시켜 이집트 콥틱어
로 번역한 이 글에 의하면 사람 안에는 세 모습이 있다고 한다. 첫째는, 사
자 모습을 한 "키메라"(Chimera)이고, 둘째는, 지옥문을 지키는 머리 셋 달
린 개 모습의 괴물 "세르베루스"(Cerberus)이고, 셋째는, 인간 모습이다. 이
세 모습은 하나가 되어 점점 커지면서 사람 모양이 되었다. 이 사람은 안에
무엇이 들어 있는지 볼 수가 없고 밖에 있는 것만 볼 수 있었다. 소크라테
스에 의하면 머리 많은 괴물은 인간의 천한 열정이고, 사자는 용기 있는 열
정이고, 인간은 지성을 가리킨다. 결국 위에 언급한 『도마복음』 7장 1절에서
사람이 사자를 먹는다는 말은 인간의 지성이 용기의 열정을 지배한다는 말
이다. 깨달음이나 이성이 감정이나 열정을 지배하는 이런 사람은 복을 받
은 사람이라고 한다. 반대로 사자가 사람을 먹는다는 말은 인간의 감정이나
열정이 깨달음이나 이성을 지배하는 것을 가리킨다. 이런 사람은 저주받은
사람이라고 한다. 이러나저러나 둘 다 사람이 될 것이라는 말은 깨달음이
지배하는 사람도 있고 감정이나 열정이 지배하는 사람도 있다는 말이다.
　이런 설명이 보여주는 것은 『도마복음』과 같이 낙하마디에서 발견된
모든 영지주의 문헌들은 내용이 서로 연관이 있다는 말이다. 그런데 내용
들을 보면 기독교의 가르침과는 확연하게 차이가 나는 공통적인 특징들
을 가지고 있다. 기독교에서 가장 중요하게 다루는 죄의 문제는 언급이 없

고 영적인 지식을 말하고 스스로 깨닫는 것(自覺)을 강조한다. 세상의 가장 심각한 문제는 죄가 아니라 이런 영적 지식이 결핍된 것이라고 한다. 한 예로『도마복음』3장 4절과 5절이 이것을 보여준다.

> 너희가 너희 자신을 알게 될 때, 그때 사람들이 너희를 알게 될 것이다. 그리고 너희는 살아계신 아버지의 아들들이라는 것을 깨닫게 될 것이다. 그러나 만일 너희가 자신을 알지 못한다면 그러면 너희는 가난 가운데 있는 것이다. 너희가 그 가난이다.

상식적으로 기독교에서는 하나님 아버지를 알아야 그의 아들이 된다고 가르친다(참조, 마 11:27, 눅 10:22, 요 10:15). 그런데『도마복음』과 같은 영지주의 문헌에서는 자기 자신을 알아야 하나님의 아들이 된다고 가르친다. 도대체 이런 가르침들이 어디서 온 것인가? 이런 유별난 사상들의 뿌리는 어디란 말인가? 이 문제에 대해 낙하마디 문헌의 전문가인 페이젤스는 다음과 같은 질문을 던진다.

"힌두교나 불교 전승이 영지주의에게 영향을 주었을까?"

페이젤스 자신이 동양종교에 대한 전문가가 아니기 때문에 서양에서 가장 권위 있는 불교학자 콘즈(Edward Conze)의 대답을 빌린다. 콘즈는 그렇다고 대답한다.[8] 그런데 일반 사람들은 "어떻게 이 당시에 인도사람들이 그 먼 이집트까지 왔겠는가?"라며 쉽게 의문을 던진다. 사실 낙하마디 문헌

---

8) Elaine Pagels, The Gnostic Gospels, (New York: Vintage Books, 1989), xxi.

이 만들어질 당시 로마, 그리스, 이집트, 시리아 등을 중심으로 이루어졌던 유럽의 세계관에는 이미 인도가 포함되어 있었다. 이 말은 이집트와 인도 사이에는 활발한 무역과 문화 교류가 있었다는 말이다.

2.2. 기원전 6세기 이후 인도와 문화 교류

기원전 6세기에 사이러스 대왕(Cyrus the Great, 기원전 약580-530)은 서쪽으로는 아프리카 리비아에서부터 동쪽으로는 인도의 인더스 강에 이르는 거대한 영토를 포함하는 페르시아 제국을 세웠다. 그의 정치 군사적인 통일로 말미암아 인도문명, 그리스 문명, 이집트 문명 간의 거침없는 교류가 이루어지게 된 것이다. 기원전 334년에 알렉산더 대왕(Alexander the Great, 기원전 356-323)은 페르시아를 무너뜨리고 아프리카, 유럽, 아시아까

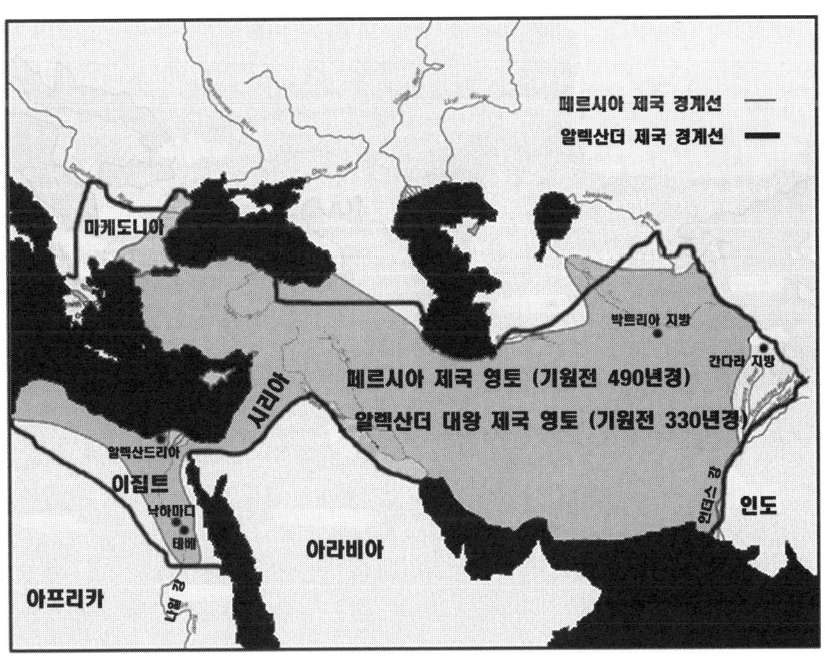

지 이르는 알렉산더 제국을 세웠다. 알렉산더 제국의 영토의 크기는 아래 지도가 보여주는 것처럼 페르시아 제국의 영토와 거의 비슷하다. 알렉산더 대왕은 인도의 인더스 강을 건너 펀잡(Punjab) 지방까지 다스렸다. 펀잡 지방에 두 도시를 세우고 거기에 주로 그리스인들로 구성된 다국적 군대들을 정착시켰다. 이 도시는 알렉산더 대왕이 떠난 후에도 계속해서 발전했다.

알렉산더 대왕의 제국이 무너진 후에 세워진 로마제국(기원전 27- 주후 (AD) 476)도 인도와의 교류를 유지했다. 아래 그림[9]은 그리스의 역사가이 며 지리학자였던 스트라보(Strabo, 기원전 63-주후(AD) 24년경)가 이해했 던 당시 세계였다. 스트라보는 학문적인 관심을 가지고 당시 알려진 여러 지역들을 여행하면서 연구한 자료를 토대로 17권에 해당하는 지리책 (Geo-graphica)을 출간하였다. 아래 지도는 당시 사람들이 지리적으로 이해했던 세계를 반영하고 있는 것으로 아시아는 인도를 포함하고 있다.

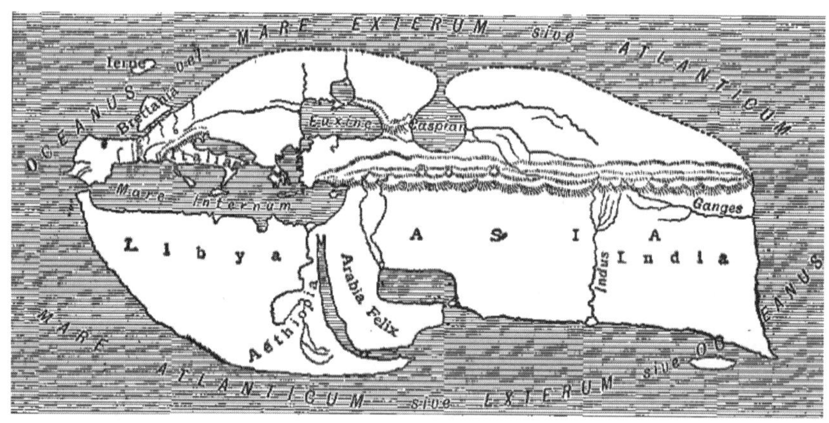

주후(AD) 1세기경에 아시아에서는 박트리아(Bactria)를 중심으로 "쿠 샨"(Kushan) 제국이 세워지면서 인도 북부와 심지어는 중국 서부까지 통

치하였다. 쿠샨 왕조는 동쪽으로는 중국 한나라와 서쪽으로는 페르시아와 심지어는 로마와도 국교를 맺었다. 쿠샨 제국의 남쪽 지방에 속해 있었던 현재 아프가니스탄의 한 불교 사원에서는 로마 황제 "트라얀"(Traianus, 주후(AD) 53-117)의 동전이 쿠샨 왕조에서 가장 유명한 왕이었던 "카니쉬카"(Kanishka)의 동전과 함께 발견되었다. 쿠샨 사람들도 로마의 모델을 따라 동전을 만들어 사용했다는 증거이다. 현재 파키스탄에 속한 편잡 지방에서도 로마의 동전들이 발견되었다.

쿠샨 사람들은 그리스 문자를 받아들였고 그리스 문화를 모방하기 시작했다. 동전에는 그리스 문자인 희랍어를 새겨 넣었다. 쿠샨 사람들은 원래 조로아스터교를 믿었었다. 그러나 주후(AD) 80-90년경의 통치자 "빔마 탁투"(Vima Taktu) 왕 때부터 많은 사람들이 불교를 받아들였다. 그러면서 석고나 돌로 만든 불교 조각들이 꽃을 피웠다. 불교 예술에서도 그리스 문화를 모방했다. 간다라(Gandhara) 북서 지역에서 발견된 조각들은 인도적이라기보다는 오히려 그리스적인 특징을 보여준다. 부처의 호위한다는 금강수보살(金剛手菩薩, Vajrapani)은 번개를 붙잡고 있는 벌거벗은 헤라클레스 모습을 하고 있다. 이곳에서 발견되는 초기 부처조각상은 갠지스 강 동쪽에 있는 조각상들과는 다르게 로마 의상을 입고 있다. 그리스 문화와 불교문화가 결합된 그리스 불교문화가 쿠샨 제국 내에서 번성했던 것이다.

2.3. 그리스 로마 문헌에 기록된 힌두 종교

주후(AD) 2세기경 풍자작가인 사모사타의 루키안(Lucian of Samosata, 주후(AD) 125-180 이후)은 그의 글 「도망자들」(DRAPETAI)에서 다음과 같이 인도 브라만들에 대한 묘사를 했다.

철학(Philosophy) : 나는 처음 도망할 때 그리스로 향하지 않았습니다. (중략) 그래서 처음으로 나는 지구상에서 가장 강하다는 인도 사람들에게 갔습니다. 나는 그들에게 코끼리 등에서 내려와서 나를 따르라고 설득하는 데에 어려움을 느끼지 않았습니다. 브라만들은 옥시드라케(Oxydracae)와 네크레이(Nechrei)[10] 지방 사이에 살고 있는데 나의 사람들입니다. 그들은 나의 법을 따라 살고 있고 그들의 이웃들에게 존경받습니다. 그리고 그들의 죽는 방법은 정말로 놀랍습니다.

제우스(Zeus): 아. 그 벗고 사는 인도 지혜교사들. 나도 그들에 대해 많이 들은 적이 있다. 다른 것들보다도 그들은 장작더미를 엄청나게 쌓아놓고 그 위에 올라가 몸 하나 움직이지 않고 조용히 앉아 불에 타 죽는다....[11]

앞에서도 언급한 1 세기 그리스 지리학자 스트라보(Strabo, 기원전 63-주후(AD) 24년경)도 인도 종교인들의 풍습을 다음과 같이 소개한다.

인도 브라만들은 세상의 시작이 있었으며 세상의 끝이 있을 것이라고 한다. 그리고 세상의 모양은 둥글다고 한다. 세상은 신에 의해 창조되었으며, 신이 다스리고 있으며, 신이 세상을 그의 위엄으로 채운다고 한다. 그리고 물이 만물의 원리라고 한다. 영혼의 불멸과 악한 자들의 지옥 형벌에 관해서는 플라톤(Plato)의 교리를 따른다고 한다. 그들 가운데 어떤 자들은 항상 벗고 산다. 그래서 그리스 사람들이 그들에게 "옷 벗고 사는 지혜교사

---

10) 옥시드라케와 네크레이는 모두 인도 북서부 인더스 강 유역에 있는 지역 이름이다.

11) The Works of Lucian of Samosata, vol. IV, trans. by H. W. Fowler and F. G. Fowler, (Oxford: The Clarendon Press, 1905), 97-98.

들" (gymnosophists)이라고 이름을 붙여 주었다. 이 사람들의 특징은 생활이 엄격하며, 비범한 인내를 가지고 있으며, 이들에게 음식과 음료는 식물 뿌리와 물 뿐이라고 한다. 이들은 인간의 영혼이 옮겨 다닌다는 윤회(μετεμψύχωσις) 사상을 받아들인다. 즉 인간의 영혼들이 짐승의 영혼들로 들어간다고 믿는다. 그들은 짐승 고기를 먹지 않는다. 이들은 매일 태양을 향해 계속 서 있다. 태양이 그 빛을 가장 맹렬하게 쏟아 붓는 계절에 그렇게 한다. 죽음을 조용히 기다리는 것은 품위를 손상시킨다고 배워서, 자신이 나이를 먹거나 병이 들거나 하면, 최후의 순간을 피하는 것이 영광이라고 주장하면서 자신의 몸을 산채로 태워버린다. 그리고 단순히 나이 들어 죽는 사람들에게는 아무런 경의를 표하지 않는다. 오히려 그들은 화장용 장작만 축내고 그들을 재로 태워버리는 불을 모독한다고 생각한다.[12]

위와 같은 루키안이나 스트라보의 기록은 당시 사람들이 이미 인도 사람들의 풍습이나 인도 종교인들의 가르침을 알고 있다는 증거가 된다. 낙하마디 문헌이 만들어지기 약 삼백 년 전에도 로마제국 내에 사람들은 인도 종교를 알고 있었다.

2.4. 인도 북부 개혁 불교

기원전 3세기경에 "마우랸"(Mauryan) 제국의 왕 "아쇼카"(Asoka, 기원전 273-232)가 불교로 개종함으로 불교는 인도 전 지역에서 세력을 얻게 되었다. 아쇼카 왕이 죽은 후에 마우랸 제국은 분열되었지만, 이후에도 여러 왕조 계승자들은 자신들이 불교도가 아니더라도 불교에 배타적이지 않았

---

12) Charles Rollin, The Ancient History, vol. VI., (NY: David Huntington, 1815), 273.

으며 기본적으로 불교를 후원하곤 하였다.

아쇼카 왕이 불교 귀의한 이후 기원전 2세기부터 주후(AD) 2세기까지 불교가 인도 내에서 크게 번창하면서 불교 내에서 교단 분열이 일어났다. 이 시대를 "부파불교시대"라고 한다. 특히 당시 그리스 로마 문화와 교류가 빈번했던 인도의 북서지방에서 기존 불교의 가르침에서 탈피하려는 개혁바람이 일어났다. 그것이 바로 대승불교(Mahayana, 大乘佛敎)였다. 이전까지만 해도 불교는 이론에 치우쳐 세상과의 인연을 끊고 오랫동안 수행하는 출가 승려만을 위한 소승불교(Hinayana, 小乘佛敎)였다. 혼자만의 깨달음을 목적으로 한 불교였기에 일반 대중은 이해하기도 어려웠다.

이에 반발하여 대승불교는 보살(Bodhisattva, 菩薩) 사상을 바탕으로 이타적인 세계관을 발전시켰다. "보살"이란 먼저 깨달음을 얻었지만 그의 대자대비(大慈大悲) 때문에 세상에 머물면서 중생들을 구제하기 위해서 교화시키는 일을 하는 자를 가리킨다. 예를 들면, 대승불교에서 관세음보살(Avalokitesvara, 觀世音菩薩)은 자신의 부처됨을 연기하기로 맹세하고 어려움에 처한 중생들의 기도를 들어주며 일체 중생들이 열반(Nirvana, 涅槃)에 들어갈 때까지 세상에 남아 중생들을 돕는 보살을 가리킨다. 그래서 대승불교에서는 누구나 다 보살이 되어서 중생들을 깨닫게 하라고 가르친다. 이런 식으로 해서 불교는 많은 부처와 불보살들을 가진 대중종교로 성장하게 되었다. 대승불교는 다른 사람들과 함께 성불(成佛)하자는 대중화된 불교인 것이다. 소승불교에 의해 대중에게 닫혀있었던 불교의 문을 대승불교가 열어 개방시킨 것이다.

2.5. 해외로 전파되는 인도 불교

불교는 인도 내에 머무르지 않고 해외로 진출했다. 중국에는 이미 진시황(秦始皇, 기원전 259-210) 때 불교가 들어와 번성하고 있었으며 기원전 213년에 시작된 진시황의 억압으로 불교가 탄압을 받았었다.[13] 일반적으로 알려진 사실로는 한나라 명황제(漢明帝, 주후(AD) 28-75) 때에 불교가 중국에 번성하기 시작했다고 한다. 불경이 처음으로 중국어로 번역된 것은 주후(AD) 148년경 즉 후한(後漢) 시대에 불교 포교사로 중국에 들어온 안세고(安世高, An Shingao)에 의해서 이루어졌다. 안세고는 인도 북서쪽에 있었던 파르티아(Parthia) 제국의 왕자였다가 승려가 되어 불교 포교사로 중국에 들어왔다.

동쪽 끝에 있는 한국에까지 불교가 들어온 것은 주후(AD) 3, 4세기경이었다. 고구려는 인도 승려라고도 하고 중국 위나라 승려라고도 하는 순도(順道)에 의해 주후(AD) 372년에, 백제는 인도의 고승 마라난타(Marananta)에 의해 주후(AD) 382년에, 신라는 고구려 승려 아도(阿道)에 의해 주후(AD) 263년에, 불교가 유입되었다고 한다. "어떻게 고구려에 불교가 전래되기도 전에 고구려 승려가 신라에 불교를 전파했느냐?"란 의문이 제기되기는 하지만 중요한 것은 대체로 주후(AD) 4세기경에 한국에 불교가 전래되었다는 사실이다.

역사적 자료에 의하면, 인도 불교가 주후(AD) 2세기에는 중국에 들어와 번역된 경전을 만들고, 4세기에는 인도와 전혀 국교도 없었던 한국까지 포교사가 들어왔다고 한다. 그런데 기원전 6세기부터 국가로 통합되어 정치

---

13) 신문 "차이나 데일리" (China Daily) 2009년 5월 13일자에 따르면, 중국 산시성(陝西省, Shaanxi) 고고학 연구소의 학자인 "한 웨이" (Han Wei)는 "중국 최초로 가장 영향력 있는 역사서인 사기(史記, The Historical Records)에 진시황제가 불교와 불교 사찰들을 심하게 탄압했다고 분명하게 기록되어 있다" 고 주장했다고 보도한다.

문화적인 교류를 맺고 있었던 로마, 그리스, 아프리카 등에 불교를 포함한 인도 종교가 소개되지 않았다고 생각하는 것이 오히려 이상하지 않는가? 『도마복음』이 들어있는 낙하마디 문헌이 만들어지던 주후(AD) 4세기에 이집트에 인도 종교인들이 분명히 있었다. 이 사실을 밝히기 전에 먼저 인도 종교에 대한 간략한 이해를 할 필요가 있다.

3. 인도종교 이해

3.1. 힌두 경전 『리그베다』

힌두 종교의 기반은 『베다』 경전이다. "베다"(Veda)란 말은 고차원적인 종교 '지식'을 가리키는 말이다. 인도 아리안들은 힌두 종교의 내용이 수록된 산스크리트어로 된 여러 권의 책들을 만들었다. 이 책들을 『베다』라고 한다. 『베다』의 종류로는 네 개의 수집본(Samhita)이 있는데, 이것들은 『리그베다』(Rg Veda), 『야주르 베다』(Yajur Veda), 『삼마 베다』(Sama Veda), 『아타르바 베다』(Atharva Veda) 등이다. 또한 이 네 개의 경전에 붙어 있는 부록들이 있다. 그것들로는 『브라마나스』(Brahmanas), 『아랑야카』(Aran-yaka), 『우파니샤드』(Upanisad) 등이다. 힌두 종교인들은 위에 모든 경전들은 사람이 만든 것이 아니라 계시의 책이라고 믿는다. 『베다』에서 나온 가지들이라는 『베당가』(Vedanga)들은 베다 경전들과 같은 계시의 수준에 들지는 못하지만 넓은 의미로 『베다』 경전에 속한다.

『리그베다』는 베다 경전들 중에서 가장 오래된 것으로 1,028곡의 노래와 약 10,000 구절로 이루어져 있다. 이 노래들은 수백 년 동안 여러 시인이나 제사장들에 의해 만들어져서, 기원전 1,200-1,000년 어간에 한권의 책으로 수집되었다. 이 수집본은 거의 3,000 년 동안 인도 종교인들에 의해 거의 변경 없이 암송되고 구전으로 전승되어 왔다.

『리그베다』의 노래들은 펀잡(Punjab) 지방에 거주했던 인도 아리안들의 종교적 관심과 사회적 가치관을 반영하고 있다. 대부분 노래들은 다양한 신들을 찬양하고 있다. 물론 그중에 가장 중요한 신은 의심할 것 없이 활동적이고, 강력하고, 예상할 수 없고, 전투적인 신 "인드라"(Indra)이다. 즉 "인드라"(Indra)는 전쟁 신이었다. 둘째로 중요한 신은 불의 신 "아그니"(Agni)이다. 아그니는 태양 불, 난로 불, 제단 불, 사람 배속에 소화시키는 불, 시인에게 영감을 불어넣는 불 등 여러 형태로 나타난다. 또한 아그니는 신들의 제사장이며 또한 인간들에게 접근할 수 있는 제사장이기도 하다. 그래서 아그니는 제사에서 신들과 인간들을 함께 묶을 수 있는 중재자로 역할을 한다.

『리그베다』에서 다음으로 중요한 것은 "소마"(Soma)이다. 소마는 제사에 쓰이는 식물이름이며 또한 그 식물을 짜서 낸 즙을 가리키기도 한다. 더욱이 그 식물을 혼합한 음료를 마심으로 생기는 현상들을 인격화한 신이기도 하다. 『리그베다』에 있는 기록을 보면, 이것을 먹으면 정신이 아주 맑아진다고 한다. 그래서 이 음료를 영감, 환상, 계시의 음료라고 부른다. 희생제사 때에 시인들은 소마 주스를 마시고, 그것을 통하여 신들과 연합한다. 소마 음료에 의한 계시들은 단순히 꿈이나 환각으로서가 아니라 정상적인 지각 이상의 더욱 분명한 깨달음을 준다고 한다.

인도 아리안들이 기원전 1200-600년 동안에 인더스 강 유역으로 이주하면서 새로운 도시 문명을 만들어 냈다. 기원전 600년경까지 인도 아리안들은 유목민 생활에서 정착생활을 하는 농경민으로 바뀌어 졌다. 이 시기에 도입된 철기는 갠지스 강 평원에 있던 깊은 밀림 지대를 없애는 데에 사용되었고 또한 농사 경작에 커다란 발전을 가져왔다. 더욱 안정된 인구와 풍부한 식량은 결과적으로 더 많은 사람들을 정착시켰다. 인도 아리안 유목민들은 정착하면서 초기 계급사회를 만들기 시작했다. 인도 아리안 민족이 아닌 외부사람들이 노동자로 병합될 경우 이들을 사회적으로 낮은 계급 "수드라"(Sudra)들로 취급했다. 정치적으로도 체계화되면서 초기 왕국 형태가 만들어지기 시작했다. 이들 초기 왕국 탄생과 더불어 무역의 중심지로서 도시들도 생겨났다. 기원전 600년까지 수십 개의 도시들이 북부 인도에 있었다.

이러한 안정된 생활로 인해서 『리그베다』에도 변화가 생겼다. 이전에 적들을 패배시키는 수단으로 사용되었던 희생제사가 이제는 사회와 우주 질서를 유지 또는 안정화시키는 수단으로 사용되었다. 『리그베다』의 후기 노래들을 보면 제사 의식이 자세하게 체계화되어 가는 것을 알 수 있다. 이전에 『리그베다』에서 중요하게 여겼던 신들은 점차 사라져가고 후기 『베다』에서는 희생제사 자체만 가장 중요하게 여기게 되었다.

제사의식이 강화되면서 제사 업무를 담당하는 계층인 "브라만"(Brahman)들의 역할이 두드러지게 되었다. 『리그베다』의 시인들은 베다 노래에서 강력하고 능력 있는 말씀을 "브라만"(Brahman)이라고 했다. 결국 "브라만"은 제사장 즉 사람을 가리키기는 말이기도 하고 말씀을 가리키기는 말이기도 했다. 종교 의식에서 사용하는 예전적인 말씀들이 본래 능력이 있다는 사상은 인도의 여러 종교 학파들이 받아들였다. 그래서 예전적인 말씀들을 노래 부르듯이 운율에 맞추어 주문(呪文)으로 발전시킨 것이 "만트라"(Mantra)이다. 『리그베다』 시인늘은 노래를 만들고 암송하는 사람에게도 "브라만"이란 이름을 적용시켜 브라만 계층을 확대시켰다.

초기 브라만 암송자들은 혈통으로 상속되거나 또는 같은 부족 간의 결혼을 하는 그런 사회 계층이 아니었다. 그러나 후기 『베다』 경전에 보면, 브라만들이 『베다』를 가르치거나 제사의식을 주관하는 특별한 사회 계층이 되면서 자손에게 상속되었다. 브라만 계급이 사회적으로 공식화된 가장 중요한 최초의 근거는 『리그베다』에 들어있는 찬송집 『푸루샤숙타』(Purusasukta)에서 발견된다. 이 노래에 의하면 네 가지 사회 계급이 "푸루샤"(Purusa)로부터 나오는데, 그의 입으로부터 "브라만"(Brahman) 즉 종교인들이 나오고, 그의 팔로부터 "크샤트리야"(Ksatriya) 즉 용사들이 나오고, 그의 허리로부터 "바이샤"(Vaisya) 즉 상인들이 나오고, 그의 발로부터 "수드라"(Sudra) 즉 종들이 나왔다고 한다. 이 노래는 이 네 종류의 사회계층들이 창조의 순서에 의해서 지위가 구분된다고 가르친다. 결과적으로 브라만은 푸루샤 입에서 나왔기 때문에 최고로 높은 지위를 차지하게 된다.

3.2. 힌두 경전 『우파니샤드』

『아랑야카』(Aranyaka)는 문자적으로 "숲속에 있음"이란 의미가 있고, 『우파니샤드』(Upanisad)는 "스승 옆에 앉아 있음"이란 의미가 있다. 이 두 책은 서로 다른 입장에서 희생제사에 기초한 세계관을 가지고 있다. 이 책들은 세속을 떠나 숲속으로 들어가서 지혜의 스승 옆에 앉아서 은밀하게 대화하는 내용을 기록하고 있다. 그래서 이 책들은 대중을 위한 경전이라기보다는 소수의 제한된 사람들만을 위한 것이었다. 『우파니샤드』는 후에 '베다의 절정'(Vedanta)으로 받아들여졌다. 『브라다랑냐카 우파니샤드』(Brhadaranyaka Upanisad)는 가장 초기 것들 중에 하나이며 가장 영향력 있는 『우파니샤드』이다. 이 책에서 브라만의 스승인 "야즈나발캬"(Yajnavalkya)가 소개된다. 궁정 제사의 결론에서 야즈나발캬는 자신이 베다 문제에 있어서는 현존하는 가장 똑똑한 사람이라고 주장한다. 그는 윤회(transmigration) 사상에 대한 대변인으로 기록된 최초의 인물이다. 윤회에 관한 그의 가르침을 보면, 사람은 죽음을 통해 없어지는 것이 아니고, 그렇다고 다른 세상으로 영원히 옮겨가는 것도 아니라, 오히려 이 세상으로 되돌아와서 새로운 죽을 운명으로 다시 살다가 죽게 된다. 이런 삶과 죽음과 재탄생을 『우파니샤드』에서 "삼사라"(Samsara, 윤회)라고 말한다. 삼사라는 단지 한 개인의 윤회만을 말하는 것이 아니라 온 세상이 영원토록 같은 윤회의 과정에 속해 있다는 말이다. 『우파니샤드』의 이런 세계관은 낮과 밤, 계절 변화 등에 관심을 두었던 초기 『베다』경전에서 나왔다.

이런 윤회의 가르침은 다음과 같은 두 가지 질문을 야기한다. "다음 탄생 때에 모습은 무엇이 결정하는가?" "영속적인 윤회 외에 다른 것은 없는가?" 첫째 질문에 야즈나발캬는 『베다』경전 안에 있는 "칼마"(Karma, 인연, 業) 개념을 다시 정의 한다. 칼마는 넓은 의미로 '행동'을 의미한다. 『베다』경전에서 모든 제의적인 행동들은 때로는 그 당시에 당장 결과가 나타나지 않지만 언젠가는 반드시 열리게 되는 열매(Phala, 결과)를 만들어낸다. 야즈나발캬는 인과관계에 대한 이 개념을 확장시켜서 그것을 도덕적 차원에 적용시켰다. 생전에 사람의 도덕적 행위가 다음 세상에서 다시 태어날 모습을 결정한다는 것이다. 이 세상에서 신처럼 행동하면 다음 세상에서 신이 된다. 그러나 신도 역시 영원한 신으로 남는 것이 아니다. 천상의 오랜 향락 생활 후에는 다시 인간으로 태어날 수도 있다.

야즈나발캬는 끝도 없이 돌아가는 윤회 외에 다른 길도 소개한다. 윤회에서 벗어나는 길이다. 이것을 '해방, 해탈, 구원'이란 의미의 "목샤"(Moksa)라고 부른다. 야즈나발캬에 따르면, 개인이 자신의 욕심, 욕망을 소멸시키면 목샤 즉 해탈을 얻을 수 있다고 한다. 인간의 욕심, 욕망이 삼사라 즉 윤회를 만들어내기 때문이다. 결국 이 세상의 삶을 초월한 상태를 가리키는 목샤는 개인이 노력하면 얻을 수 있는 것이다. 목샤 즉 해탈에 관한 가르침은 후기 인도 종교사에서 발전된 모든 『우파니샤드』 사상들 가운데 가장 중요한 것이 된다. 그동안은 『베다』경전이 가르쳐 온 제사 사상을 통해서 사회적이며 집단적인 종교생활을 추구해왔다. 그런데 해탈 사상의 등장으로 인해 개인 스스로 윤회에서 벗어나서 종교의 최고의 경지에 도달하려는 경향이 생겨난 것이다. 다른 면으로 보면, 『베다』 경전에 따라 희생제사를 드리는 것은 세상의 현상 유지에 집착하는 것이고, 해탈을 추구하는 것은 그 모든 것들을 포기하는 것으로 서로 완전히 반대가 되는 가르침이다.

이런 상반된 가르침은 인도 종교사 전반에 거처 "세속을 떠난 금욕주의적 출가 생활이냐?" 아니면 "세속 안에서 사회와 조화를 이루는 생활이냐?" 란 중요한 문제를 제기했다. 『우파니샤드』의 가르침들은 해탈을 추구하는 사람들이 높은 수준의 지식을 깨닫기 위해서는 세속을 벗어나는 탈속이나 금욕 생활을 해야 한다고 말한다. 해탈이 윤회의 굴레에서 벗어나는 것이기 때문에 세상과의 인연을 점진적으로 끊어야 해탈에 도달할 수 있다는 것이다. "출가자"(Sannyasin)는 집과 가족을 떠나서, 상대적으로 고립된 생활을 하며, 가혹한 환경에서 견디며, 땅위에서 자며, 음식을 조절하고, 호흡을 조절하며, 한마디로 세상에 얽매일 수 있는 모든 것을 끊어버려야 윤회의 굴레에서 벗어날 수 있다.

이런 탈속적인 수행을 『브라다랑냐카 우파니샤드』(Brhadaranyaka Upanisad)와 같은 본문에서 처음으로 규정하고 있다. 이전에 『베다』 경전들은 우주와 사회의 질서를 발생시켰던 제사의식들을 제시했다. 이런 제사에 대한 가르침들은 당시 사회질서를 유지하는데 공헌을 해왔다. 브라만과 같은 계급들이 자신들의 권위를 입증하는 정치적 힘으로서 이런 제사의식 가르침들을 이용하기도 했다. 그런데 이런 공동체 중심의 종교생활이 『우파니샤드』에 의해 개인 중심으로 바뀌었다. 『우파니샤드』의 가르침은 사회나 정치 등 세상에 얽매인 모든 것들을 끊어버리는 탈속적인 모델을 제시했다. 이전에 집단적인 성격을 가진 제사의식보다는 개인적으로 엄격한 금욕생활과 깨달음을 통하여 목샤 즉 해탈을 추구하도록 힌두종교의 방향을 바꾸었다.

3.3. 기원전 6세기 힌두 개혁종교: 자이나교, 불교

야즈나발캬와 같은『우파니샤드』 현자들만 기원전 7-6세기의 출가자들이 아니었다. 그 외에도 여러 스승들이 있었다.『우파니샤드』의 저자나 스승들은 출가한 승려들이 하는 금욕적 수행을 '내적 희생제사'로 여기면서 그들에게『베다』경전을 계속 암송할 것을 권했다. 이들은 금욕적 수행을『베다』경전과 연결시킨 것이다. 같은 시기에 숲속에서 살던 어떤 스승들은 희생제사에 관한『베다』의 가르침들을 포기하고 새로운 가르침과 수행법을 발전시켰다. "아지타"(Ajita)란 스승은 윤리적인 가르침이나 죽음 이후의 존재를 부인하는 유물론을 주장했다. "막칼리 고살라"(Makkhali Gosala)가 이끄는 "아지비카"(Ajivika) 학파는 인간의 자유의지는 하나의 허상이며 이생의 삶이 전부라는 운명론을 고수했다.

위와 같이 극단적인 가르침도 있었지만 대부분 스승들의 가르침은 야즈나발캬의 가르침과 크게 다르지 않았다. 이들은 윤회 사상(Samsara), 현재 도덕적 행동이 다음 출생을 결정한다는 인연(Karman, 業), 윤회에서 해탈(Moksa)의 가능성 등을 받아들였다. 이런 기본적인 것은 일치했더라도 세부적인 사항들은 계속 논쟁이 되었다.

기원전 6세기에 인도 정통 종교에 강력한 영향을 주었던 두 개혁종교, 불교와 자이나교가 탄생했다. 두 종교 모두 무사계급(Ksatriya)에 속했던 두 사람이 깨달음을 얻기 위해 그들의 사회적 지위를 버리면서 시작되었다. 이 두 사람은 "마하비라"(Mahavira, '위대한 영웅')로 불리는 "바르다마나"(Vardhamana, 기원전 599-527)와 "붓다"(Buddha, '깨달은 자')로 불리는 "싯다르타 고타마"(Siddhartha Gautama, 기원전 566-486)였다. 둘 모두 해탈하기 위해서는 가장 효과적인 방법으로 엄격한 수도 생활의 길을 주창했다. 둘 다 베다적인 형식에 대해서는 비판적이었다. 결과적으로 베다 승려들에게 자이나 교도나 불교도들은 "베다 밖에 있는 자들"로 간주되었다.

3.3.1. 자이나교

"자이나"(Jaina)란 이름은 '정복하다'란 동사 "지"(ji)에서 유래한 명사로 자이나교의 종교적 특징을 내포한다. 자이나 승려들(Jains)의 목표는 모든 속박에서 자유하게 해주는 영혼의 순수성을 얻는 것이다. 이것 얻으려면 감각이나 인연(Karma, 業)을 정복하는 금욕적 전쟁을 싸워야 한다. 과격한 종교적 수련에서 성공한 사람을 "정복자" 곧 "지나"(Jina)라고 부른다. 이 지나를 따르는 자들을 "자이나"(Jaina)라고 부른다.

역사적으로 자이나교의 최초 지도자는 "바르다마나 마하비라"(Vardhamana Mahavira)였다. 마하비라는 왕자였지만 나이 30에 가족과 가정과 모든 소유를 버리고 옷을 벗고 머리를 뿌리 채 뽑아버렸다. 이런 극단적인 포기와 함께 그는 12년을 혹독한 금욕생활을 하다가 마침내 42살에 해탈(Moksa)하게 되어 "지나"(Jina) 또는 "티르탄카라"(Tirthankara)가 되었다. 이렇게 해탈한 마하비라를 따르는 많은 추종자들이 생겨났고, 그중에 브라만교의 『베다』 경전 학자였던 "인드라부티 고타마"(Indrabhuti Gautama)가 개종하고 그의 첫 제자가 된다. 사실 마하비라의 중요한 열한 제자 모두 브라만에서 개종한 사람들이었다. 자이나교를 최초로 후원한 왕

은 "마우랸"(Mauryan) 황제 찬드라굽타(Candragupta, 기원전 321-297) 1
세였다.

자이나 공동체는 평신도와 출가자 두 그룹으로 나눈다. 평신도 추종자
들을 위해서 마하비라나 후기 자이나교 지도자들은 자기 절제나 맹세를 강
조했다. 자이나교 평신도는 고기, 포도주, 꿀, 야식 등을 피해야 한다. 또한
사기, 도둑질, 폭력 등을 행사하지 말아야 한다. 금식도 해야 하고, 가난한
자들 뿐 아니라 비구승이나 비구니에게 재산을 나누어 주어야 한다.

자이나교는 티르탄카라 즉 지나나 다른 존귀한 인물들을 향한 수행법을
개발했다. 이런 방식 가운데 가장 알려진 예배의식이 "데바푸자"(Devapuja)
이다. 자이나 승려들은 깊은 명상 자세를 하고 있는 지나(Jina) 형상들을
데바푸자 방법으로 숭배한다. 지나 형상 앞에 다가가서 절하고, 지나의 이
름을 찬양하고, 그 주위를 돌고, 지나를 목욕시키고, 그에게 예물을 드리
고, 등을 흔든다. 그러면서 해탈한 지나의 초월적인 상태를 명상한다. 이
들은 지나들이 그 형상들 안에 실제로 현존한다고 믿지도 않고 자신들이
드리는 예물이 지나들에게 영향을 준다고 생각지도 않는다. 그렇기 때문
에 데바푸자는 다민 예배자들에게 지나 들이 도달한 이상적인 상태를 기
억나게 하고 또한 각자 그런 상태를 추구하도록 자극을 주는 명상 훈련일
뿐이다.

자이나교에서 평신도가 받는 윤리적이며 예식적인 엄격한 훈련들은 출
가 승려가 되기 위한 준비 과정으로 간주된다. 자이나 승려들은 영혼의
순수함을 얻기 위해 모든 것을 포기해야 하는 과정을 공동으로 돕기 위해
서 종교를 조직한 것이다. 평신도가 세상적인 생활을 포기하기로 결심하
게 되면 자이나교 공동체 안에서 큰 사건이 된다. 사회생활을 버리고 새로

운 수도생활에 들어가는 예식에서 수도승은 모든 소유를 버리고 머리카락을 한 움큼 뽑아내고 자신의 이름도 포기한다. 이 시점에서 이 새로운 수도승은 지도자의 감독 하에 모든 폭력, 거짓, 도둑질, 성교, 개인 재산 등을 포기하는 다섯 가지 맹세를 한다. 엄격한 수도 생활을 통해서 이 수도승은 점차로 인연(Karma, 業)을 제거하고 최후의 승리를 목표로 영혼의 힘 안에 거한다. 자이나교에서 가장 극단적인 단계는 스스로 굶는 "살레카나"(Sallekhana)이다. 이 절정 단계에서 승려는 점차 영혼의 최상의 순결을 위해서 자기 몸을 포기한다.

3.3.2. 불교

불교도들은 사물의 본성을 완전히 깨달은 부처(Buddha)의 길을 따르는 사람들이다. 미래에 부처가 될 "싯다르타 고타마"(Siddhartha Gautama)는 무사계급(ksatriya) 출신으로 기원전 566년경에 히말라야 산맥 아래서 태어났다. 싯다르타는 첫 29년을 호화로운 가정에 편안하게 보냈다. 이후 해탈하기 위해서 금욕주의자로 방랑 생활을 하며 사회를 등졌다. 6년 동안 엄격한 생활, 학습, 명상을 한 후에 싯다르타는 기원전 531년 밤에 "보드 가야"(Bodh Gaya) 지역에 있는 무화과나무 아래 앉아서 깨달음을 얻을 때까지 일어나지 않겠다고 맹세했다. 그날 밤 그는 열반(涅槃, Nirvana)에 이르고 깨달음을 얻은 부처가 된다. 깨닫고 나서 부처는 "바라나시"(Varanasi) 밖에 있던 다섯 승려에게 중도(中道), 사제(四諦, Aryasatya), 팔정도(八正道)에 관한 아래와 같은 법륜(法輪)을 굴렸다.

세상에는 두 가지 극단적인 것들이 있는데 하나는 자신의 감각적인 쾌락에 빠지는 것이고 다른 하나는 자신을 학대하는 고통에 빠지는 것이다. 이 두 극단을 피하는 중도(中道)의 길은 사람을 평안하게 해주며 깨달음 즉 해탈에 이르게 한다. 중도라는 것은 "8 단계의 바른 길" (八正道)을 말하는 데 그것들은 바로 보고(正見), 바로 분석하고(正思), 바로 말하고(正言), 바로 행동하고(正業), 바로 생활하고(正命), 바로 노력하고(正精進), 정신을 바로 차리고(正思惟), 바로 집중하는 것(正念)이다.

인간에게 고통(苦痛, Dukkha)이라는 것이 있다. 첫째, 태어나는 것(生)이 고통이고, 나이 들어가는 것(老)이 고통이고, 죽는 것(死)이 고통이다. 둘째, 근심, 애통, 아픔, 슬픔, 절망 등이 고통이다. 셋째, 사랑하지 않는 사람과 사는 것이 고통이다. 넷째, 사랑하는 사람과 이별하는 것이 고통이다. 다섯째, 원치 않는 것을 갖게 되는 것이 고통이다. 이 다섯 가지가 모두 섞여서 뭉쳐진 것들이 고통이다.

고통의 원인은 아집(我集)이다. 쾌락을 얻으려는 욕망, 무엇이 되려는 갈망, 무엇이 되지 않으려는 갈망, 모든 것이 집착이며 고통의 원인이다(Samudaya Satya). 인간이 고통을 없애려면(滅), 모든 집착을 포기하고 끊어버려야 한다(Nirodha Satya). 모든 집착이 완전히 끊어진 상태가 열반(Nirvana)의 경지인 것이다. 집착을 끊어버리는 수행 방법이 바로 "8단계의 바른 길" (八正道)이다(Marga Satya).

깨달음을 얻은 부처가 불교의 기본이 되는 사제(苦集滅道) 팔정도(正見, 正思, 正言, 正業, 正命, 正精進, 正思惟, 正念)에 대한 가르침(Satya)을 시작한 후 얼마 되지 않아 60명의 제자들이 모여들었다. 가르침을 받은 제자들은 또한 포교를 위해 사방으로 보내졌다. 시작부터 불교는 개종시키는 종교였다. 몇 세기도 안 되어서 불교의 포교활동은 인도 북부의 아리안 사회만 아니고 남아시아 전반에 거쳐 성공적이었다. 주후(AD) 2세기부터 7세기까지 불교는 아시아 전반에 거쳐 중요한 세계적인 종교가 되었다. 불교는 초기에 인도에서 강력한 종교 운동이었으며 인도 내에 다른 종교들의 발전에 중요한 영향을 끼쳤다.

부처와 그 추종자들은 자이나교가 했던 것처럼『베다』종교에 대해서 통찰력 있는 비판을 가했다. 부처는 브라만들에 의해 주창된 공적 희생제사를 지나치게 낭비적이고, 폭력적이고, 결과가 불확실한 것이라고 비난했다. 또한 브라만들이 주장하는 권위도 깎아 내렸다. 브라만들은『리그베다』10장 90절을 인용하면서 자기들은 푸루샤(Purusa)의 입에서 나온 특별한 계급이라고 주장했다. 그러나 부처는 이런 주장을 비꼬면서, 누구든지 브라만들도 다른 사람들처럼 여자의 몸에서 나오는 것을 볼 수 있을 것이라고 말했다. 부처는 심지어 힌두종교의 기반이 되는『베다』경전에 대해서도 의문을 제기 했다.

불교에 초기 추종자들조차 "붓다 사캬무니"(Buddha Sakyamuni) 즉 석가모니 부처를 초자연적인 인물로 간주했다. 불교도들은 그의 모든 것들이 신통하다고 여겨 그의 재나 유물을 보관해서 "스투파"(Stupa, 佛塔)라고 불리는 무덤에 두었다. 불교 사원 내에 위치한 스투파 즉 탑(塔)들은 불교 예배의 중심이 되었다. 불교 신자들은 탑 주위를 돌거나, 화환을 증정하거나, 향이나 등을 키고, 노래를 부르거나, 축복문을 암송하곤 했다. 최소한 기원후 1세기부터 불교도들은 부처의 신체 형상을 사용하기 시작했다. 또한 다른 중요한 불교 형상들도 예배의 대상으로 사용하기 시작했다. 스투파나 부처 형상을 향한 이와 같은 신앙적인 행동들은 후기에 "푸자"(Puja) 예식으로 공식화 되었다.

기원전 3세기경에 "마우랸"(Mauryan) 왕 "아쇼카"(Asoka, 기원전 273-232)의 개종으로 불교는 남아시아의 제국 종교가 되었다. 아쇼카는 불교를 적극 지원하였고 불교의 가르침을 전파하기 위해 포교사들을 해외로 파송시켰다. 아쇼카 왕은 그의 제국 전체에 기둥이나 바위 표면에 "자신은 '달마'(Dharma, 부처의 법)[14]를 추구한다"는 자신의 새로운 정책을 새겨 넣어 공포하였다. 달마를 추구한다는 것은 곧 관용, 조화, 자비, 비폭력 등에 기초를 둔 공동 윤리법을 뜻한다. 모든 종교인들을 향한 관용을 선포하는 반면, 그는 또한 비폭력을 강조하였다. 그럼으로『베다』경전에서 가르치는 동물을 살생해서 드리는 희생제사를 실제적으로 배제하였다. 또한 달마의 비폭력 예식을 실천하는 방법으로 불교승려들에게 예물을 보시하라고 가르쳤다.

아쇼카 왕이 죽은 후에 마우랸(Mauryan) 제국은 나누어졌지만, 아쇼카는 불교적 왕권의 모델을 보여준 셈이다. 주후(AD) 2세기까지 불교가 인도 내에서 크게 성장을 해오다가 이후 점차로 세력을 잃어갔다. 인도 내에 불교가 기울여진 분명한 증거는 주후(AD) 7세기 "카냐쿠브자"(Kanyakubja)의 황제 "하르쇼바르다나"(Harsavardhana) 때에 기록된 자료에서 볼 수 있다. 이 시기에 손오공의『서유기』에도 나오는 중국의 삼장법사(Xuanzang, 玄奘三藏)가 남아시아를 방문했었다. 그는 "하르쇼"(Harsa)가 그의 도시에서 베풀었던 장엄한 불교 행사를 관람했다. 그러나 지방을 여행하면서 많

---

14) 힌두종교 문학에는 '달마(dharma)의 정의 또는 설명' 을 뜻하는 "달마사스트라" (Dharmasastra) 가 있다. "달마" 란 본래 '지지하는 것, 유지시키는 것' 이란 의미를 갖고 있다.『베다』 경전에서 달마는 우주의 질서를 유지시키는 것으로 희생제사를 의미하였다. 불교 경전에서 달마는 부처의 가르침을 의미했다. 자이나교에서는 달마는 자이나 자료가 달마였다. 아쇼카왕은 자신의 종교 정치적 정책을 표현하는 데에 달마란 용어를 썼다.

은 불교 사원들이 지방 전반에 걸쳐 버려져 있는 것도 보았다. 하르쇠가 죽
은 후에 인도 내에 불교는 점점 쇠퇴해지고 오히려 인도 동부, 히말라야 지
역, 스리랑카 등지에서만 불교가 계속 번창하였다.

3.4. 정통 내에 개혁바람: 힌두 육파철학(六派哲學)

힌두 정통을 버리고 새로운 종교가 된 불교, 자이나교 뿐 아니라 세속을
버리는 여러 종교단체들의 학문적이며 실천적인 도전은 『베다』 경전을 기초
로 한 힌두 정통 안에서 커다란 반응을 불러일으켰다. 이 반응들은 『베다』
경전의 전통을 유지하면서 그것을 새로운 방식으로 효과적으로 발전시킨
것이다. 힌두 정통 내에 이런 반응들을 다음과 같은 6개의 학파로 나눈다:
상키야(Samkhya), 요가(Yoga), 베단타(Vedanta), 미맘사(Mimamsa), 바이
세쉬카(Vaisesika), 니야야(Nyaya).『베다』 경전에 대한 이 6개의 학파들
의 입장은 다음과 같다. 베단타 학파와 미맘사 학파는 『베다』 경전을 그대
로 따르자는 입장을 취했고, 상키야 학파와 요가 학파는 『베다』 경전을 수
정해서 만든 『우파니샤드』를 따르자는 입장이며, 바이세쉬카 학파와 니야
야 학파는 『베다』나 『우파니샤드』를 논리적으로 분석해서 이해하자는 입
장을 취했다.

3.4.1. 상키야(Samkhya) 학파

상키야 학파는 전승에 의하면 현자 카필라(Kapila)가 세운 학파로서 가
장 오래된 인도 철학이다. 이 학파는 우주가 두 개의 실체로 구성되었다는
이원론적인 구조로 시작한다. 하나는 가장 순수한 정신이라고 하는 "푸루
샤"(Purusa, 純粹情神)이고 다른 하나는 자연계의 본질이라고 하는 "프라크

리티"(Prakriti, 物的本質)이다.

푸루샤는 어떤 말로도 형용할 수 없고, 이해할 수도 없고, 셀 수도 알 수도 없는 절대 독립적이며 초월적인 자아로서 가장 순수한 자아이다. 푸루샤는 만들어진 것도 아니고 그렇다고 만드는 창조활동을 하지도 않는다. 푸루샤의 본질은 지식(Jna)과 생각(Cit)이다.

프라크리티는 푸루샤만 제외하고 세상에 있는 모든 만물들을 창조해낸 최초의 원인이다. 그래서 프라크리티를 "프라다나"(Pradhana)라고도 부른다. 프라크리티는 또한 무의식과 무지의 원리이기 때문에 "자다"(Jada)라고도 부른다. 프라크리티에는 세 가지 특질들(Gunas)이 들어 있다. 첫째 특질은 "삿바"(Sattva)라고 한다. 이 삿바의 속성은 무너짐이나 흔들림이 없는 균형, 질서, 고요함, 맑음 속에서 드러나는 빛, 광채, 기쁨, 환희 등이다. 생명의 본성들이 여기에 속한다. 둘째 특질은 "라자스"(Rajas)라고 한다. 라자스는 자연계의 활동을 유지시키고 진화시키는 힘이다. 그래서 라자스는 활동, 변화, 단절, 열정, 흥분, 출생, 창조, 발생 등과 같은 속성을 가지고 있다. 셋째 특질은 "타마스"(Tamas)이다. 타마스는 어둠, 죽음, 파괴, 무지, 게으름, 저항 등을 만들어내는 힘이다.

이 세 가지 특질(Gunas)이 조화와 균형을 이루고 있으면 아무런 물질도 생겨나지 않고, 어떤 것도 움직이지 않으며, 아무런 현상도 나타나지 않는 "아비약타"(Avyakta) 상태가 된다. 그러나 이 균형이 무너지면 프라크리티로부터 만물이 모습을 드러낸다. 창조가 시작되는 것이다. 역동적인 라자스(Rajas)에 의하여 균형이 깨지면서, 어둠의 타마스(Tamas)와 빛의 삿바(Sattva)와 작용의 라자스(Rajas)가 여러 형태로 혼합되고 그 결과로 우주의 삼라만상(森羅萬象)이 만들어진다. 세 가지 특질의 균형이 깨지면서 그

중에 빛의 특질인 삿바가 지배적이면 "붓디"(Buddhi)를 일으키게 하는 원리인 마핫(Mahat)이 생겨난다. 마핫에서 환영과 실체, 거짓과 진리를 분별해 주는 지혜(分別智)인 붓디가 진화되어 나온다. 반면에 활동의 특질인 라자스가 지배적이면 자신을 의식하는 "아함카라"(Ahamkara, 自我意識)가 만들어진다. 아함카라는 나 자신이라고 하는 하나의 환영(幻影)이다. 아함카라는 다른 피조물들을 인정하지 않고 자기만 생각하는 주관적인 자아(自我, Self)이기 때문에 교만, 이기주의, 경쟁심, 미움, 시기, 질투 등과 같은 고통에 빠질 수 있다. 이 아함카라는 반복 순환하는 윤회(Samsara, 輪廻)의 특징을 갖고 있다. 아함카라라는 자의식 안에서 삿바가 뭉쳐지면서 '마음, 정신'에 해당하는 "만나스"(Manas)가 진화되어 나온다.

상키야 학파에 가르침에 따르면, 인간이 가지고 있는 고통과 속박(Samsara)의 원인은 자신에 관한 지식의 결핍 즉 무지에 있다고 한다. 인간에게는 영원하며 순수한 정신인 푸루샤가 있다. 그런데 이 푸루샤가 자신을 프라크리티에 의해서 만들어진 마핫, 아함카라, 만나스 등과 같은 정신적인 요소들이나 또는 몸과 같은 물질적인 것으로 동일시한다. 이런 오해와 착각으로부터 인간의 모든 고뇌와 고통이 일어나는 것이며 또한 끝도 없이 반복되는 윤회 속에 갇혀 있는 것이다. 인간이 고통과 윤회의 속박에서 자유로워지려면 푸루샤와 프라크리티를 분별하는 지혜(分別智)를 가져야 한다. 이 지혜를 통해서 거짓과 환영(幻影)을 제거하고 순수정신인 푸루샤를 분별할 줄 아는 참된 지식, 깨달음을 얻게 되면 "목샤"(Moksa) 즉 해탈을 하게 된다. 인간의 모든 고통과 속박에서 벗어나 참 자유를 성취한 존재가 되는 것이다. 살아 있는 동안 이런 진정한 자유를 얻은 사람 즉 해탈을 한 사람을 "지반묵티"(Jivanmukti)라고 하고 죽은 후에 해탈한 사람을 "비데하묵티"(Videhamukti)라고 한다.

3.4.2. 요가(Yoga) 학파

해탈(Moksa)에 이르기 위한 명상 방법과 신체적인 수행 방법들을 "요가"(Yoga)라고 하며 이런 방법들을 발전시킨 것이 요가 학파이다. "요가"란 짐승에 멍에를 씌우는 것처럼 '함께 묶어 놓다'란 동사 "유즈"(yuj)에서 온 단어이다. 요가는 명상의 최고 경지에 도달하기 위해, 잡념들을 억제시키는 모든 종류의 훈련 방법을 가리킨다.『우파니샤드』에 있는 비유로 말하면 인간의 감각이란 몸을 수레에 묶어 놓은 말들이고 마음이란 그 말들을 다스리는 마부이다. 마부가 말들을 다스리듯이 마음이 몸의 감각들을 다스려야 한다는 말이다.

요가(Yoga)에 관한 가장 오래된 설명은『요가수트라』(Yogasutra)에 있다. 이 경전은 기원전 2세기경에 "파탄잘리"(Patanjali)에 의해서 만들어졌다. 파탄잘리는 음식을 억제하거나 결혼하지 않는 독신생활과 같은 육체적인 억제로 시작해서, 몸의 자세를 통하여 정진하고, 호흡을 조절하며, 육체의 감각을 외부 세계로부터 점차로 끊어 내고, 결국에는 명상을 통한 흔들리지 않는 깨달음에서 절정을 이루는 요가의 8가지 "가지들"(limbs)을 제시한다. 승려들은 각 가지들을 완전히 터득해야 하며, 점차로 물리적 세계로부터 떨어져 나와, 변덕스러운 감각을 억제하고, 참 자아와 통일을 이루어야 한다.

파탄잘리 자신은 상캬(Samkhya) 학파의 이원론적 형이상학을 고수했지만 그가 체계화시킨 요가 기술들은 모든 수도 승려들에게 실제적인 면에서 도움을 주었다. 파탄잘리 이후에도 새로운 형태의 요가 방법들이 계속 개발되었다. 중세에 "박티"(Bhakti, 헌신자)들과 "탄트라 교도"(Tantric)들은 신의 이름을 반복해서 찬양하거나, 성행위를 종교의식으로 행하거나,

신들을 형상화 하는 명상 수행법 등을 개발했다. 힌두교가 아닌 이슬람 "수피"(Sufi)들 또한 그들의 신앙적 목적을 위해 요가 수행법을 받아들였다.

『요가경전』(Yogasutra)은 모두 4장으로 나누어진다. 첫 장에서는 요가 승려들이 무아의 경지에서 절대자와 합일된 최상의 축복 상태인 "삼마디"(Samadhi) 상태를 설명한다. 둘째 장에서는 요가의 실천, 수행 방법인 "사다나"(Sadhana)를 설명한다. 이 요가 수행에서 삼마디에 이르기 위한 팔정도(八正道, Ashtanga Yoga)가 소개된다. 셋째 장에서는 요가 수행을 통해서 얻게 되는 초월적인 현상, 능력들(Vibhuti)을 설명한다. 마지막 넷째 장에서는 요가의 목적인 해탈(Moksa)을 성취한 초월적인 자아 "카이발야"(Kaivalya)를 설명한다.

3.4.3. 베단타(Vedanta) 학파

"베단타"(Vedanta)는 '베다의 끝' 즉 『베다』 경전 끝에 붙어 있는 부록 『우파니샤드』를 가리키며, 때로는 '베다의 목적'이란 의미로 쓰이기도 한다. 베단타 사상은 기원전 2세기경에 만들어진 『베단타 경전』(Vedanta Sutra) 안에 언급된 "바다라양나"(Badarayana)에 의해 집대성되었다. 『베다』 경전이 아리송한 본문들을 가지고 있기 때문에 이에 대한 다양한 해석들이 생겨났고 그 결과로 여러 베단타 학파들이 세워졌다. 그럼에도 불구하고 이 학파들의 서로 일치하고 있는 것은 참된 지식을 얻기 위해서는 자비심을 갖고 명상을 해야 하며, 형식적인 것을 피하고, 참된 깨달음을 얻게 되면 무한한 축복이 주어진다는 사실을 붙잡으라는 가르침이다.

기본적인 사상은 『우파니샤드』에 기초한다. "바다라양나"라고도 알려진 "브야사"(Vyasa)가 베단타 사상에서 중요한 위치를 차지하는 인물이다.

그는 『우파니샤드』에 기초한 『브라마 경전』(Brahma Sutra)을 썼다. 베단타의 주요 원리는 "브라만"(Brahman)이라고 하는 절대적인 실체이다. 브라만은 영원하며, 스스로 존재하며, 초월하기도 하고 임재하기도 하는 최고의 궁극적인 실체로서 만물의 신적인 근원이며 기반이다. 인간이 자아를 실현하기 위해서는 우주의 궁극적인 본성인 브라만을 깨달아야 한다. 브라만을 깨닫게 되면 브라만과 내가 하나가 된다는 범아일여(梵我一如)의 사건이 일어난다.

베단타 학파들 가운데 가장 영향력이 있는 "아드바이타 베단타"(Advaita Vedanta) 학파는 환영을 만들어내는 "마야"(Maya) 사상을 발전시켰다. 기본적으로 베단타 학파들은 오직 브라만이 둘도 없는 유일한 실체라고 가르치기 때문에 논리적으로 따지면 세상은 실체가 될 수 없다. 결국 세상은 실체가 아니라 환영(幻影)이라고 가르친다. 세상은 실체인 브라만을 닮은 그림자 곧 헛것이란 말이다. 이 환영을 만들어 내는 원인이 곧 "마야"(Maya)이다. 마야는 브라만을 우리의 의식으로부터 감추어 놓고 브라만 대신에 물질세계를 위장시켜서 우리에게 보여주고 있는 것이다. 사람이 마음으로 브라만을 알려고 하면 마야(Maya)의 영향 때문에 브라만은 세상이나 개인으로부터 분리된 신 "이쉬바라"(Ishvara)로 나타난다. 이런 일을 꾸미는 마야는 참도 아니고 거짓도 아니다. 오직 브라만만이 참이며 진리이며 실체이다.

사실 베단타 사상에서 인간의 참 자아(Atman, 眞我)와 브라만 사이에는 차이가 없다. 브라만과 내가 하나라는 범아일여(梵我一如) 사상이다. 그래서 마야 사상을 발전시킨 "아드바이타 베단타"란 이름에서 "아드바이타"(Advaita)도 '없음'을 뜻하는 "아"(a)와 '둘'을 가리키는 "드바이타"(dvaita)

가 결합된 이름으로 나와 브라만이 둘이 아니라 하나라는 말이다.

이런 사실을 모르고 세상의 환영(幻影)을 붙잡고 있기 때문에 인간은 고통당하고 있다. 다른 말로, 브라만에 대한 무지가 모든 고통의 원인이다. 환영과 실체를 밝혀주는 브라만의 지식(jnana)을 얻어야 고통에서 벗어나 자유로워질 수 있다. 그래서 영적 깨달음의 목표는 실체인 브라만과 환영인 마야를 알고 그 둘을 분별해 내는 것이다. 더 나가서 브라만의 지식은 나와 브라만 사이에 차이가 없어져서 내가 브라만이고 브라만이 내가 되는 깨달음에 이르게 한다.

3.4.4. 미맘사(Mimamsa) 학파

미맘사 학파는 베단타 학파에 대한 반동으로 일어났다. 베단타 학파는 브라만의 지식(Jnana-kanda)을 강조했던 학파이다. 지식을 강조하다보니 전통적으로 내려온 제사의식에 관해서는 소홀하게 되었고,『베다』경전 가운데서도『우파니샤드』에만 관심을 두었다. 이런 베단타 학파의 가르침을 반대하고 전통적인 제사의식을 회복하자는 운동이 미맘사 학파의 운동이었다. 그래서 미맘사 학파는 경전에 기록된 희생제사 예식(Karma-kanda)을 중시하였다. 경전도 정통『베다』경전(Samhita) 4권 모두 취급했고『브라마나스』(Brahmanas)에도 관심을 두었다.

미맘사 학파는 정통 종교의식인 희생제사를 고수하고, 금욕주의를 반대하며, 신비주의를 반대한다. 이 학파의 중심 목표는『베다』경전이 규정한 종교의식 안에서 "달마"(Dharma)의 본질을 밝히는 것이다. 달마는 세속을 떠나서 금욕 수행을 통해서 깨달을 수 있는 것이 아니다. 그렇다고 이성적인 이해를 통해서 알 수 있는 것도 아니다. 영원하며 흠이 없는『베다』경전을 자세히 "조사해야만" 그 안에 들어있는 게시로부터 달마를 찾아낼 수 있다. 그래서 이 학파에 '조사'란 의미의 산스크리트어 "미맘사"(Mimamsa)란 이름이 붙었다. 미맘사 학파는 본문 주석을 중요시했기 때문에 언어학, 언어철학의 관심을 불러 일으켰다.

미맘사 학파의 기초가 되는 경전은 기원전 3세기에서 1세기 사이에 것으로 추정되는 "리쉬 자이미니"(Rishi Jaimini)의 『푸르바 미맘사 수트라』(Purva Mimamsa Sutras)이다. 푸르바 미맘사 학파는 달마 지식이란 『베다』 경전에 있는 용어들이나 의미들을 파악함으로 알 수 있다고 한다. 그래서 이 학파에서 달마라고 하는 것은 힌두 종교의식들을 정확하게 집행하기 위해 지침이 되는 4개의 『베다』 경전들과 『브라마나』 주석들에 있는 법규들을 준수하는 것이다. 결국 달마는 인간이 지켜야 할 '의무'인 셈이다. 이 면에서 푸르바 미맘사 학자들은 본질적으로 『베다』 경전이 요구하는 행위 즉 칼마(Karma)를 수행하는 데에 가장 무게를 둔 예전주의자들이다. 그래서 이들은 해탈(Moksa)과 같은 그런 주제들을 논하지 않는다.

『푸르바 미맘사 수트라』에서 자이미니는 전능한 최고 존재를 숭배하는 믿음의 중요성을 강조한다. 이 전능한 존재를 "프라다나(Pradhana)"라고 부른다. 모든 존재들은 이 전능자인 프라다나와 관계를 유지해야 한다고 가르친다. 그럼에도 불구하고 이 전능자와 떨어져 있는 것도 하나의 의 체질(體質) 곧 "도샤"(Dosha)라고 한다. 푸르바 미맘사 학파의 프라다나는 상키야 학파에서 만물 창조의 최초 원인인 프라크리티의 다른 이름이었다.

3.4.5. 바이세쉬카(Vaisesika) 학파

바이세쉬카 학파는 기원전 2세기경에 "카나다"(Kanada)에 의해 시작된 학파이다. 카나다는 처음으로 만물의 기초가 되는 원소개념을 제창한 사람이다. 전설에 의하면 카나다의 어릴 적 이름은 "카쉬야파"(Kashyapa)였다. 카쉬야파는 "울카"(Ulka)라는 철학자의 아들이었다. 어린 시절부터 예리한 통찰력을 가지고 작은 것들에 관심이 많았다. 어릴 때 "프라야가"(Prayaga)로 순례를 간적이 있었다. 그는 도시로 몰려든 수천의 사람들이 갠지스 강가에 있는 사원들에 바치는 꽃이나 쌀들을 길거리에 떨어뜨리는 것을 보았다. 많은 사람들이 기도드리고 갠지스 강물에 목욕하느라고 열중인 반면 어린 카쉬야파는 길가에 떨어진 쌀을 한 톨씩 줍기 시작했다. 이것을 본 현자 "소마샤르마(Somasharma)가 "왜 거지들도 하지 않는 일을 하냐?"고 물었다. 어린 카쉬야파는 다음과 같이 대답했다.

하나의 물질이 참으로 작을 수가 있지만 그럼에도 불구하고 그것은 우주의 한 부분입니다. 곡식 한 톨은 보잘 것 없는 것이지만 백 톨 정도 모으면 한 사람 음식이 되고, 여러 음식이 모이면 한 가족을 먹일 수 있고, 결국 전 인류는 여러 가족들로 구성되어 있습니다. 그래서 비록 한 톨의 쌀이라도 세상에 있는 모든 부자들만큼이나 중요합니다.

카쉬야파의 재치 있는 대답에 깊은 인상을 받은 소마샤르마는 나중에 카쉬야파는 훌륭한 학자가 될 것이라며 앞으로 이름도 "카나다"로 불릴 것이라고 말했다. "카나다"란 이름은 '곡식 한 톨'이란 의미의 "카나"(Kana)에서 유래했다고 한다.

카나다는 물질세계에 있는 모든 것들은 자꾸 나누다보면 더 이상 쪼개지지 않는 일정한 수의 원소들(Paramanus)로 구성되어 있다고 한다. 그는 물질세계는 다섯 개의 요소(Bhuta)들 즉 물(Apa), 불(Agni), 흙(Prithvi), 공기(Maya), 에테르(Akasha) 등으로 구성되어 있다고 한다. 각 요소들은 속해있는 물질에 연관되어 특성을 나타낸다. 이 다섯 가지 요소들을 인간의 지각작용과 연관시키기도 한다. 물은 입으로 맛을 보는 것, 불은 눈으로 보는 것, 흙은 코로 냄새 맡는 것, 공기는 피부로 느끼는 것, 에테르는 귀로 소리를 듣는 것과 연결시킨다.

바이세쉬카 학파에 따르면 존재하고, 인식되고, 이름을 가진 모든 것들은 "파다르타스"(Padarthas) 즉 경험의 대상들이다. 모든 경험 대상들은 다음과 같은 6 개의 분야로 나뉜다: 물질(Dravya), 속성(Guna), 활동(Karma), 보편성(Samanya), 특수성(Visesa), 본성(Samavaya). 앞에 3 분야를 객관적으로 이해할 수 있는 것들이라 "아르타"(Artha)라고 한다. 뒤에 3 분야는 지적인 분별의 산물로서 "부다펙삼"(Budhapeksam)이라고 부른다. 카나다의 기본적인 연구는 인도 초기에 있었던 연금술의 한 형태로 간주되는 "라사바탐"(Rasavatam)이었다. 본래 "라사바탐"(Rasavatam)은 페르시아어이고 산스크리트어로는 "라사야나"(Rasayana)이다. "라사"(Rasa)는 '수은'을 가리키는 말이다. 라사야나는 수은, 과즙, 음료 등을 다루는 기술을 가리킨다. 이 기술의 목적은 희망이 없는 병든 사람을 고쳐주고, 늙어가는 사람에게 청춘을 회복시켜주는 것이었다. 인간의 죽을 몸을 불멸의 몸으로 변화시켜주는 것이다. 라사야나의 궁극적인 목적은 인간이 추구하는 최고의 경지 즉 죽음을 맛보지 않고, 완전한 자유를 누리는 "목샤"(Moksa) 즉 해탈의 경지에 도달할 수 있도록 돕는 것이다.

3.4.6. 니야야(Nyaya) 학파

니야야 학파는 주후(AD) 2세기경에 "악사파다 고타마"(Aksapada Gautama)가 썼다는 『니야야 수트라』(Nyaya Sutra)에 기초한 논리학파이다. "니야야"(Nyaya)는 산스크리트어로 '추리, 추론'이란 의미를 갖고 있다. 니야야 논리학은 추론하는 과정을 통해서 진리를 밝히는 학문이다. 인도 논리학을 조직적으로 집대성한 학파가 바로 니야야 학파이다. 이 학파가 이룩한 논리 방법론은 힌두 사상에 커다란 공헌을 했다. 이 방법론을 여러 학파들이 받아들였다. 불교에서도 불교 논리학인 "인명"(因明)을 발전시켰다.

초기 니야야 학파는 신(神) "이쉬바라"(Ishvara)에 대해서는 거의 다루지 않았다. 그러나 후기 인도 불교가, 엄격하게 말하면, 무신론적으로 되면서 후기 니야야 학자들은 불교도들하고 신 존재에 대한 논쟁을 벌였다. 다음은 『니야야 쿠수만잘리』(Nyaya Kusumanjali)에 기록되어 있는 니야야 학자들의 신 존재 증명 논리이다. 몇 가지만 보면, 첫째로, 원인이 결과(Karyat)를 만들어 낸다는 논리로 신을 추론한다. 우리가 살고 있는 우주는 하나의 결과이다. 반드시 이런 결과를 만들어낸 원인이 있을 것이다. 자세히 살펴보면 우주 만물 안에는 지식이 들어 있다. 이런 지식의 근원이 되는 완전한 절대지식이 있을 것이다. 그 절대지식이 만물을 창조하고 만물을 역동시키는 최초의 원인 곧 신임에 틀림없다. 둘째로, 만물을 쪼개고 나누다보면 더 이상 나누어지지 않는 원소가 된다. 이 원소는 더 이상 활동하지 않는다. 예를 들면 생명이 있는 동물을 쪼개고 나누다보면 더 이상 나누어지지 않는 원소, 즉 동물을 구성했던 아주 작은 원소가 된다. 그 원소는 아무런 생명도 없고 활동도 하지 않는다. 그런 원소들은 스스로 움직이거나 결합하지 못한다. 그렇다면 우주에는 어떤 분명한 계획을 가지고 원소들을 결합시켜서 생명을 불어넣고 움직이게 만든 창조주가 있음에 틀림없다 (Ayojanat). 셋째로, 물질들은 붙잡아주지 않으면 서로 떨어져 나간다. 이런 세계를 붙잡아주고 연결시켜주고 지탱해주는 신이 있을 것이다(Dhrite). 넷째로, 헤아릴 수 없이 다양한 만물들 움직이기 위해서는 모든 것을 알고 모든 것을 할 수 있는 존재가 있을 것이다. 이 전지(全知)하며 전능(全能)한 존재가 곧 신이다(Padat). 니야야 학자들은 이외에도 여러 방법으로 신에 대한 논리적인 증명을 펼친다.

니야야 학파는 본래 사람들의 괴로움과 번뇌의 원인은 무지와 오해 때문이라고 한다. 이런 고통의 원인들을 제거하려면 진리의 지식 곧 바른 지식(正知)을 가져야 한다. 이 지식은 무지와 오해로 인해 생기는 인간의 불행, 고통, 잘못 등을 몰아낸다. 바른 지식의 기초가 되는 것이 정확하게 4가지가 있다. 그것들은 이해, 추론, 비교, 증언 등이다. 그런데 이런 기초들을 이용해서 얻은 지식도 잘못될 수 있다. 그래서 『니야야 수트라』는 바른 지식을 얻기 위한 세분화된 16개 틀을 소개한다. 그것들은 바른 지식의 수단들, 바른 지식의 대상들, 의심, 목표, 예, 결론, 추론의 구성요소들, 논쟁, 식별, 가설, 화해, 말다툼, 오류, 변명, 난해한 논박, 패배 원인 등이다. 이런 방식을 통해서 사람이 바른 지식을 얻게 되면 그는 최고의 자유 상태인 "목샤"(Moksa) 즉 해탈을 얻게 된다.

4. 인도종교와 기독교의 혼합
4.1. 영지주의의 본산 이집트

　낙하마디 영지주의 문헌들의 근원을 찾기 위해서는 먼저 기독교 영지주의자들의 본거지를 확인해볼 필요가 있다. 기독교 영지주의자로 대표적인 인물들로는 바실리데스(Basilides)와 발렌티누스(Valentinus, 주후(AD) 100-160)를 들 수 있다. 바실리데스는 주후(AD) 117-138년경에 이집트 알렉산드리아에서 가르쳤던 기독교 영지주의 교사였다. 발렌티누스 역시 나일 강 유역에서 태어나서 이집트 알렉산드리아에서 교육을 받았다. 발렌티누스는 알렉산드리아에서 가르치다가 주후(AD) 136년경에 로마로 갔다. 이집트 낙하마디에서 발견된『진리의 복음』(Gospel of Truth)은 발렌티누스의 추종자들 즉 기독교 영지주의자들이 가지고 있었던 복음서와 동일한 것이다. 초대교부 이레내우스(Irenaeus, 주후(AD) 2세기-202)는 발렌티누스 추종자들이『진리의 복음』을 가지고 있다고 언급했다.

　『도마복음』을 시기를 논할 때 여지없이 제시되는 자료가 파피루스 옥시린쿠스(Papyrus Oxyrhynchus)이다. 파피루스 "옥시린쿠스 1"(Papyrus Oxyrhynchus 1)은 2세기 말이나 3세기 초에 기록되었다고 한다. 옥시린쿠스(Oxyrhynchus)는 이집트 알렉산드리아에서는 약 300km 남쪽으로 떨어진 나일 강 상류에 있는 도시이다. 이 도시는 그리스 로마 시대에 상당히 번성했었고 또한 많은 교회와 수도원들이 이곳에 세워졌었다. 이곳에서 많은 기독교 문헌들[15]이 발견되었다.『도마복음』을 지지해주는 자료들이 그다지 많지 않다. 그런데 옥시린쿠스에서『도마복음』조각들 즉 단편들

---

15) 마태복음 1, 11-12, 19장; 마가복음 10-11장; 요한복음 1, 20장; 히브리 복음서(Hebrew Gospel); 헤르메스 목자서(The Shepherd of Hermas); 이외 에도 수많은 교부들의 글, 찬송가, 기도서 등이 발견되었다.

도 발견되었다.

기독교 영지주의자 바실리데스나 발렌티누스의 지역 배경도 이집트 나일 강에 위치한 알렉산드리아이고 기독교 영지주의 문헌들이 들어 있는 항아리가 발견된 곳도 이집트 나일 강 상류에 위치한 낙하마디 마을이었다. 도대체 이집트 나일 강 유역에 위치한 도시들에서 무슨 일이 일어났던 것일까? 전통적인 기독교의 가르침과 상이한 영지주의 가르침들이 왜 이 지역을 중심으로 발생되었는가? 이 의문에 대한 답을 터툴리안(Tertullian, 주후(AD) 160-220)의 글에서 찾아본다. 터툴리안은 주후(AD) 160년경에 아프리카 카르타고(Carthage)에서 로마 백부장의 아들로 태어나서 "라틴 기독교의 아버지"라고 알려진 인물이다. 카르타고는 이집트에서도 서쪽으로 뱃길로 약 1,200km 떨어진 곳에 위치한 항구도시이다. 그런데 이곳까지 인도종교인들이 들어와 있었다. 다음은 터툴리안이 기독교인을 변증하기 위해 썼던 글에 나오는 문장이다. 원문과 함께 직접 번역한 것을 소개한다.

Neque enim Brachmanae aut Indorum gymnosophistae sumus, silvico-lae et exules vitae (Tcrtulliani Liber Apologeticus, XLII, 1) 그리고 정말 우리는 숲속에서 살거나 방랑하는 삶을 사는 브라만 승려들도 아니고 벗고 사는 인도의 지혜교사들도 아닙니다.

주후(AD) 200년경에 아프리카 카르타고에 상황을 반영하고 있는 문장이다. 이 당시 북아프리카 서쪽까지 인도종교 승려들이 들어와 있다는 증거이다. 기독교가 형성되던 그 즈음에 이미 인도 전통 종교인 브라만교 승려들은 아프리카 서쪽까지 진출해 있었다. 본문에서 "브라만 승려들"(Brachmanae)은 『베다』 경전을 중심으로 하는 힌두 정통 종교를 믿는 종교인들을 가리킨다. 본문에 "벗고 사는 인도의 지혜교사들"(Indorum gymnosophistae)은 인도의 개혁종교인 불교나 자이나교의 승려들이라고 볼 수 있다. 깨달음 위해 세속적인 것들을 끊어버리는 이 승려들은 거의 벗은 모습을 하고 있었다. 다음 구절인 "숲속에서 살거나 방랑하는 삶을 사는"(silvicolae et exules vitae)은 앞에 언급한 인도사람들을 수식하는 형용사구로서 마을을 떠나 나무가 우거진 숲속에 들어가서 살거나 또는 마을마다 돌아다니면서 포교활동을 했던 인도 종교인들의 생활상을 가리킨다.

이미 주후(AD) 2세기에 아프리카에 서쪽 카르타고까지 가 있던 이 인도 종교인들은 당연히 아프리카 동부에 있는 이집트를 지나쳐 왔을 것이다. 그러면 이집트에도 인도 종교인들이 있었는가? 주후(AD) 4세기 중엽에 만들어졌다는 낙하마디 문헌보다 거의 150년 앞선 시대에 살았던 터툴리안은 나일 강에 사는 인도 종교인들의 모습을 다음과 같이 언급했다.

Nam Apollonius Tyanaeus et Damides, à Philostrato citati, asseverant brachmanes Indiae incolas fuisse, eosque, uti alibi dixit, γυμνούς (nudos) seu gymnosophistas collem habitantes parum a Nili ripis distantem.[16]

왜냐하면 필로스트라투스에 의해 소환되었던 아폴로니우스 티아내우스와 다미데스는 인도의 브라만들은 외국인들이라고 주장했었습니다. 다시 말하자면, 그들은 나일 강둑에서 그다지 멀리 떨어지지 않은 언덕에 거주하고 있는 벗은 자들(γυμνούς) 또는 벗고 사는 인도의 지혜교사들입니다.

---

16) Quintus Septimus Florens Tertullianus, Quinti Septimii Florentis Tertulliani quae supersunt omnia, edited by Franz Oehler, (1853), p.428.

　본문은 인도에서 온 브라만 승려들(Brachmanes)과 불교 승려들 또는 자이나교 승려들(Gymnosophistas)이 이집트 나일 강둑 근처에서 거주하고 있다고 보고한다. 특이한 것은 인도의 갠지스 강이나 인더스 강이나 이집트의 나일 강이나 지도를 보면 모두 비슷한 위도에 위치한 것을 알 수 있다. 인도에서 온 종교 즉 브라만교, 불교, 자이나교 등의 포교사들이 인도의 있는 강과 지형이나 날씨가 유사한 이집트 나일 강 근처에 일찍부터 자리 잡고 살았었다. 나일 강 뿐 아니라 그보다 훨씬 서쪽에 위치한 카르타고까지 인도 종교 포교사들이 들어와 있었다.

　기원전 4세기에 알렉산더 대왕이 인도 북서 지방을 점령하고 그곳에 희랍어를 말하는 그리스 사람들을 거주시켰다. 그 지역에서 인도의 대승불교가 그리스 문화와 혼합되는 간다라 불교 예술이 발전되었다. 이 당시 인도 지역에서는 희랍어를 말할 줄 아는 그리스 사람을 팔리어[17]로 "요나"(Yona)[18]라고 불렀다. 기원전 2세기경에 오늘날 파키스탄 지역에 해당하는 인도 그리스 왕국을 통치했던 왕 메난더(Menander)가 웅장한 불교 석탑(Maha Thupa)을 건립하는 예식을 했다. 이 예식을 참석하기 위해서 3만 명의 승려를 이끌고 알렉산드리아(Alasandra)[19]에서 찾아 온 불교 지도자가 "마하달마라키타"(Mahadharmmarakkhita)라는 "요나" 곧 그리스 사람이었다. 그리스 사람이 불교계의 큰 지도자가 될 정도라면 그 지역에 수많은 그리스 사람들이 불교를 받아들였을 것이다. 또한 포교활동을 장려하는 대승불교의 영향으로 그리스 불교 승려들은 아마도 희랍어가 통용

---

17) 현존하는 가장 오래된 불경들은 팔리어(Pali)로 기록되어 있다. 팔리어는 중기 인도 아리안(Middle Indo-Aryan) 언어로서 대화체 언어라기보다는 문어체 언어이다.

18) 아마도 고대 희랍인들인 이오니아 사람(Ionian)을 소리 나는 대로 부른 것 같다.

19) 알렉산더 대왕이 인도 북부를 정복하고 세운 도시 Alexandria of the Caucasus로 오늘날 아프가니스탄 카불 근처로 추정된다.

되는 그리스 로마 제국으로 포교하러 갔었을 것이다. 특히 이들은 인도 지역과 날씨와 환경이 유사하면서도 문화의 중심지였던 이집트 나일 강 유역에 기거하면서 포교활동을 했을 것이다. 다음은 주후(AD) 2세기에 이집트 알렉산드리아에 살았던 클레멘트(Clement, 150-215)의 글『스트로마타』(Stromata)[20] 1권 15장에 나오는 글이다. 클레멘트는 이 책에서 그리스로 들어온 여러 나라의 종교인들과 철학자들을 나열하고 있다.

> 벗고 사는 인도의 지혜 교사들(Gymnosophists) 또한 그 수에 들어간다. 그리고 다른 야만인 철학자들도 있다. 이들은 두 층으로 나뉜다. 그들 중 어떤 자들은 "사르마네" (Sarmanae)[21]라고 부르고 다른 사람들은 "브라만" (Brahmin)이라고 부른다. 사르마네 중에도 "휠로비" (Hylobii)[22]라고 부르는 자들은 도시에서 살지 않고, 지붕도 덮지 않으며, 나무껍질로 옷을 입으며, 나무 열매를 먹으며, 물을 손으로 떠서 마신다. 오늘날 "엔크라티테스" (Encratites)[23]라고 부르는 자들처럼 그들은 결혼도 하지 않고, 아이도 낳지 않는다. 인도 사람들 중에 또한 어떤 자들은 부처(Buddha)의 교훈을 따른다. 부처의 고결함 때문에 그들은 그를 신으로서 존중한다.

---

20) "스트로마타" (Stromata)는 '여러 철학적인 정보 수집본' 이다. 글의 목적은 영지주의를 반대하면서 제자들을 더 놓은 지식으로 인도하는 데 있다. 본래 8권으로 되어 있는데 여덟 번째 책은 소실되었다.

21) "사르마네" (Sarmanae)는 산스크리트 발음으로 "슈라마나" (Shramana)를 소리나는 대로 사용한 것으로 인도의 힌두교, 불교, 자이나교 등의 전통적인 가르침에 따라 세속을 버리고 금욕 생활을 하며 떠도는 승려를 가리키는 말이다.

22) "휠로비" (Hylobii)는 '숲속에 사는 자들' 이란 의미를 갖고 있으며 세속을 떠나 숲속에 거주하며 수도하는 힌두 종파를 말한다.

23) "엔크라티테스" 는 2세기 기독교 금욕주의자들을 가리킨다. 이들은 결혼을 금했고 고기를 먹지 않았다.

322

기독교가 태동하고 성장하면서 기독교 선교사들이 사도행전에 기록된 것처럼 소아시아나 유럽에만 간 것이 아니었다. 아프리카 동부 이집트로부터 시작해서 카르타고까지 기독교는 그 세력을 뻗고 있었다. 한 지역 안에 전혀 성격이 다른 두 종교가 충돌하게 되면 두 가지 결과가 생긴다. 세력이 있는 종교가 다른 종교를 제압해서 소멸시키든지 아니면 두 종교를 혼합시키려는 경향이 생긴다. 우리는 인도 종교인들이 이집트에 있었다는 기록들은 보는데 그들이 남긴 자료들은 찾아볼 수 없다. 그렇다면 그들의 가르침들이 완전히 소멸되어 버린 것인가? 아니면 당시 급부상하고 있는 기독교에 혼합되어 버린 것인가? 이 문제는 영지주의 문헌들과 낙하마디에서 발견된 문헌들을 보면서 대답을 찾아 볼 수 있다. 본 책에서 힌두 사상이라고 하는 것은 힌두교, 불교, 자이나교 등과 같이 인도에서 유래한 모든 종교들의 사상들을 종합해서 지칭하는 말이다.

4.2. 영지주의 문헌 안에 힌두사상: 브라만교, 불교, 자이나교

4.2.1. 영지와 깨달음

영지주의의 가르침은 기독교의 가르침과 분명하게 차이가 난다. 그렇다고 영지주의 가르침들이 모두 통일된 것도 아니다. 영지주의 가르침들도 서로 차이가 있다. 그럼에도 불구하고 최소한 일치되는 점들을 정리하면서 근원을 추적해보기로 한다.

영지주의(Gnosticism)란 이름 자체가 가지고 있는 '영지'(靈智) 즉 '영적인 지혜'(智慧) 또는 '지식'(智識)에 해당하는 말이 "그노시스"($\gamma\nu\hat{\omega}\sigma\iota\varsigma$)이다. 이 영적인 지식은 구원을 얻는데 필수적인 요소이다. 이 지식은 학습을 통해서 배우는 지식이 아니다. 깨달음을 통해서만 얻을 수 있는 비밀 지식이다. 본래 "그노시스"(γνῶσις)에 관한 용어는 플라톤의 철학에서 처음 사용되었다. 플라톤은 그의 책 『폴리티코스』(ΠΟΛΙΤΙΚΟΣ)에서 "그노스티코이"(γνωστικοι)란 용어를 사용했다. 그런데 여기서 말하는 지식은 영지주의자들이 말하는 비밀스럽고 신비한 지식이 아니다. 재능, 능력, 지성 등과 같은 사람의 적성을 가리키는 말이다. 가르침을 이해하고 그 뜻을 파악하는 데에 필요한 지성을 말한다. 영지주의에서 말하는 "그노시스"는 구원에 필요한 지식이고 플라톤이 말하는 "그노시스"는 학습 능력을 가리키는 말이다. 이것은 영지주의가 강조하는 '영지'(靈智)는 그 근원이 그리스 로마 사상에 있지 않다는 것을 보여준다.

우리는 이미 앞에서 힌두종교를 살펴보았다. 힌두종교의 근원은 『베다』 경전이다. "베다"란 산스크리트어는 고차원적인 '지식, 앎'이란 의미를 가진 단어이다. 그런데 이 지식은 학교에서 공부해서 배우는 그런 지식이 아니다. 오랫동안 피나는 수행을 통한 깨달음으로 얻게 되는 신비한 지식이다. 이 신비한 지식은 힌두종교의 최종 목표인 자유, 해탈을 위해서 절대적으로 필요하다. 신비한 지식을 깨닫게 되면 결국 해탈에 도달한다. 영지주의자들은 해탈이란 말을 쓰지 않는다. 기독교의 틀과 용어를 사용하기 때문에 구원이란 말이 더 가깝다. 영지주의자들은 영적인 지식을 갖추어야만 구원을 받을 수 있다고 가르쳤다. 결국 힌두 사상의 흔적을 영지주의 가르침에서 찾을 수 있다. 다른 종교가 기존 종교에 침투하려면 기존 종교의 틀과 용어들로 바꾸어야 한다. 영지주의 틀과 용어는 기독교적이지만 내용 즉 사상은 힌두사상에서 온 것들이다.

힌두 정통 종교 브라만이나 불교 승려나 자이나교 승려와 같은 인도 종교인들은 주로 세속을 등지고 금욕 수행을 하는 생활을 한다. 세속을 등진 사람들에게 속세에서 일어나는 죄는 관심 밖이다. 깨달음을 위해서 정진하는 일만이 최고의 관심사이다. 그러니 인도 종교는 깨달음을 강조하기 때문에 기독교처럼 죄의 문제를 거의 다루지 않는다. 오직 깨달음을 통해 해탈하는 일만이 종교생활의 최상의 목적이다.

영지주의 문헌들도 인간의 죄를 다루지 않는다. 물론 『도마복음』도 예외는 아니다. 영지주의는 수수께끼 같은 말씀을 이해할 수 있는 영적인 지혜 즉 비밀 지식을 갖는 것이 중요하다. 『도마복음』 1장 1절은 아래와 같이 시작한다.

누구든지 이 말씀들의 의미를 깨닫는 자는 죽음을 맛보지 않을 것이다

죽음을 맛보지 않고 영생을 얻는 것을 기독교에서 "구원"이라고 가르친다. 영지주의에서 이런 구원을 받는 길은 가르침을 깨닫는 지혜에 있다고 한다. 유대교의 희생제사는 인간의 죄를 용서받기 위한 의식이었다. 유대교에 뿌리를 눈 기독교 역시 회개를 통한 죄의 용서를 선포함으로 시작되었다. 신약 복음서를 보면 세례요한이나 예수의 첫 선포는 "회개하라 천국이 가까웠느니라"였다. 기독교에서 구원을 받으려면 가장 중요한 것이 죄를 회개하고 용서받는 것이다. 그런데 영지주의자들에게는 회개가 필요치 않다. 오직 가르침을 이해할 수 있는 영적인 지식만이 구원을 위해 필요할 뿐이다. 구원을 받으려면 즉 해탈을 하려면, 오직 영적인 지식 즉 깨달음을 얻기 위해 정진해야 한다는 것이 영지주의의 가르침이다. 우리는 이런 영지주의의 근원을 힌두사상에서 분명히 찾게 된다.

4.2.2. 영지주의와 힌두종교의 신관

영지주의에서 말하는 신(神)도 전통 기독교에서 가르친 하나님과 다르다. 영지주의에서는 신을 여러 이름으로 부른다.

첫째로, 영지주의자들은 신을 "모나드"(Monad)라고 부른다. "모나드"란 오직 하나밖에 없는 존재 즉 '단자'(單子) 또는 '원소'(元素)란 말이다. 피타고라스 학자들은 더 이상 나누어지지 않는 것으로 만물을 이루고 있는 근원을 "모나드"라고 가르쳤다. 학자들은 영지주의에서 말하는 모나드가 단순히 피타고라스학파들의 가르침에서 왔다고 단정한다. 그런데 피타고라스학파에서 주장하는 단자론과 유사한 것을 인도 육파 철학 가운데 바이세쉬카(Vaisesika)의 가르침에서 찾을 수 있다. 바이세쉬카 학파의 카나다는 물질세계에 있는 모든 것들은 자꾸 나누다보면 더 이상 쪼개지지 않는 일정한 수의 원소들(Paramanus)로 구성되어 있다고 했다. 피타고라스학파는 세상은 물, 불, 흙, 공기 등 네 가지 요소로 만들어졌다고 했다. 인도의 카나다는 물질세계는 다섯 개의 요소(Bhuta)들 즉 물(Apa), 불(Agni), 흙(Prithvi), 공기(Maya), 에테르(Akasha) 등으로 구성되어 있다고 했다. 피타고라스학파는 힌두 사상처럼 인간 영혼의 윤회사상을 믿으며, 인생의 최상의 단계는 순수하게 명상하는 것이라고 가르치며, 고기를 먹지 않는 생활을 했다. 여기서 논할 것은 아니지만, 우리는 힌두사상과 피타고라스학파 간의 유사성을 찾을 수 있다. 본인은 영지주의자들이 신을 모나드 즉 단자라고 부른 것도 그 뿌리는 힌두종교에 있다고 본다.

영지주의자들은 기독교에서 시간을 나타내는 용어를 신이라고 부른다. 기독교 경전에서 "에온"(αἰών)은 '영원' 또는 '세대, 시기' 등 시간을 가리키는 용어이다. 또한 "아르케"(ἀρχή)란 단어도 '시작, 태초'라는 시간을 나타

내는 용어이다. 그런데 영지주의자들은 영원한 신적 존재들을 "에온"(αἰών)
이라고 부른다. 예수도 하나의 에온이다. 최고의 절대적인 신은 '완전한 에
온'이란 의미를 가진 희랍어로 "아이온 텔로스"(Αἰών τέλεος)라고 부른다.
그 뿐 아니라 이 절대적인 최고의 신을 "아르케"(ἡ ἀρχη)라고 부르기도 하
고 '태초 이전'이란 의미의 "프로아르케"(Προαρχή)라고 부르기도 한다. 도
대체 기독교에서 찾아볼 수 없는 이런 가르침은 어디서 온 것인가? 우리는
이런 가르침을 힌두 경전에서 쉽게 찾아 볼 수 있다. 힌두 사상에서 가장
중요하다고 여기는 경전『바가바드 기타』를 보면 최고의 절대 신인 크리슈
나(Krishna)가 10장 30절에서 "나는 시간이다", 32절에서 "나는 만물의 태
초이다", 33절에서 "나는 소멸되지 않는 시간이다", 11장 32절에서 "나는 온
세상을 멸망시키는 일을 하는 온 세상의 강한 파괴자인 시간이다" 라고 한
다. 영지주의에서 시간을 신격화시킨 사상은 바로 힌두 사상에서 근원을
찾을 수 있다.

4.2.3. 영지주의와 힌두종교의 세계관

영지주의 신화를 보면 '지혜'라는 뜻을 가진 소피아는 데미우르고스의
어머니이며 '충만'이란 뜻을 가진 플레로마의 일부분이다. 소피아는 신의 동
의 없이 플레로마에서 떨어져 나온 어떤 것을 창조하기를 원했다. 이런 소
피아의 잘못된 창조행위로 말미암아 괴물 같은 데미우르고스가 탄생했다.
소피아는 그를 구름으로 감싸서 그를 위한 보좌를 만들어 주었다. 데미우
르고스는 그의 어머니 뿐 아니라 그 누구도 보지 못했다. 그래서 그는 자
기보다 뛰어난 실체들이 있다는 것을 모르고 자신만이 홀로 존재하는 최
고의 신으로 착각했다.

데미우르고스는 그의 모든 능력의 근원인 어머니의 존재조차 알지 못하고 무지함 속에서 플레로마 세계와 닮은 물질세계를 창조했다. 그는 영적인 것에 대해서는 전혀 모르면서 물질세계인 만물을 창조한 것이다. 데미우르고스 안에 들어 있던 소피아의 능력이 물질세계에 갇혀있는 인간의 몸 안에 감추어졌다. 인간은 몸 안에 감추어진 이 소피아의 능력 즉 불꽃을 깨닫고 그 불꽃의 원초적인 근원인 영적인 실체들이 충만한 플레로마로 되돌아가야 한다.

데미우르고스가 무지함 가운데 만물을 창조할 때, 구원자 그리스도가 은밀하게 좋은 영향을 끼쳤다. 그래서 데미우르고스조차 놀랄 정도로 창조된 우주는 거의 완벽했다. 그럼에도 불구하고 약간 불완전한 것이 있었기 때문에 데미우르고스는 후회했다. 그는 메시아를 보내서 이 불완전한 것을 고치려고 했다. 이런 사실을 알아차린 구속자 예수가 이 메시아와 결합해서 인류를 구원하기 위해 이 땅에 내려온 것이다.

이 땅의 인간들은 물질적인 사람과 영적인 사람으로 나뉜다. 순전히 영적인 사람만이 데미우르고스의 영향에서 완전히 자유하게 되어 구속자 예수와 그의 부인 아카모스(Achamoth)와 결합해서 몸과 혼의 껍질을 벗고 플레로마로 들어간다.

영지주의는 인간이 알 수 없는 완전한 절대신(Monad) 또는 절대 에온(Αἰών τέλεος)이 있다고 가르친다. 이 절대신은 보이지도 않고, 영원하며, 태어나지도 않고, 헤아릴 수 없이 돌아가는 세월의 순환 속에서 심오한 침묵과 고요함 가운데 있다. 이 절대신이 있는 천상의 영역은 그 신의 모든 능력과 신의 영광 즉 빛으로 충만한 "플레로마"(Πλήρωμα)이다. 이곳에는 신적 존재인 "소피아"(σοφία), "에온"(αἰών)들, "아르콘"(ἄρχων)들이 있다.

이런 신적 존재들은 플레로마로부터 방출되어 나온 것들이다. 물론 창조의 신 "데미우르고스"(δημιουργός) 역시 플레로마에서 나왔다.

영지주의 세계관에서 분명한 것은 신의 이중 개념이다. 이해할 수도 없고 헤아릴 수도 없는 절대신이 있고, 영적인 세계에 대해서는 무지하면서 세상을 창조한 창조주 데미우르고스가 있다. 이런 구조는 유일신 종교인 유대교에 근거한 기독교와는 어울리지 않는다. 그래서 영지주의자들은 구약에서 만물을 창조한 신을 데미우르고스라고 한다. 창조주 하나님은 열등한 신이란 말이다. 극단적으로 가면 창조주의 말씀이 기록된 구약은 별볼 일없는 말씀이고 신약에서도 영에 관해서 많이 기록된 바울서신이나 중요하게 여긴다. 이렇게 기독교와는 본질적으로 다른 영지주의 세계관을 힌두사상에서 찾아볼 수 있다.

힌두교 육파철학(六派哲學)에서 가장 오래된 상키야(Samkhya) 학파의 가르침을 보면 우주는 두 개의 실체 "푸루샤"(Purusa, 純粹情神)와 "프라크리티"(Prakriti, 物的本質)로 구성되어 있다고 한다. 푸루샤는 말로 형용할 수도 없고, 이해할 수도 없고, 셀 수도 없는, 절대 독립적인 존재이다. 푸루샤의 본질은 순수한 지식, 지혜, 생각이다. 지혜의 빛은 푸루샤로부터 방출된다. 프라크리티는 우주 만물을 만들어내는 최초의 원인이며 무의식과 무지의 원리이다. 이것은 "삿바"(Sattva)와 "라자스"(Rajas)와 "타마스"(Tamas) 등의 세 가지 특질로 구성되는데 이로부터 우주 만물이 만들어진다.

영지주의에서 말하는 절대신이나 힌두종교에서 푸루샤가 유사하고 물질 세상을 창조한 무지의 신 데미우르고스나 힌두종교에 무지의 원리인 프라크리티가 비슷하다. 학자들은 "데미우르고스"란 이름은 기원전 360년경에 기록되었다는 플라톤의 『티메우스』(Timaeus)[24]에서 처음으로 소개하고 있기 때문에 영지주의자들이 플라톤 사상을 혼합시킨 것이라고 할 수 있다. 그러나 『티메우스』에서 데미우르고스는 영지주의에서 말하는 것과 같은 무지의 신, 무의식의 신이 아니다. 오히려 영지주의의 데미우르고스는 인간을 무지에 빠뜨려 물질 세상 속에 속박시켜 놓은 힌두종교의 프라크리티에 가깝다.

영지주의의 가르침을 보면 인간 안에 지혜의 불꽃이 남아 있다는 것이다. 이 영적인 불꽃은 인간의 기원이 물질계에 있는 것이 아니라 천상의 세계인 플레로마에 있음을 말해주는 증거이다. 또한 이 불꽃은 인간이 물질계를 벗어나서 플레로마로 들어갈 수 있는 구원의 가능성이다. 이 가능성은 영적인 지혜를 깨달음(γνῶσις)을 통해서 실현될 수 있다. 이렇게 깨달은 사람을 "프뉴마티코스"(πνευματικός)라고 부른다. 당연히 살아있는 동안 이런 영적인 깨달음을 얻은 프뉴마티코스가 될 수 있다. 힌두사상을 보면 인간에게는 영원하며 절대적인 순수정신 푸루샤로부터 온 지혜, 지식, 깨달음이 있다. 이 깨달음은 푸루샤와 프라크리티를 분별하는 지혜(分別智, Buddhi)이다. 이 분별지혜를 통해서 프라크리티가 만들어 놓은 무지나 환상으로부터 벗어나게 된다. 그러면 순수정신 또는 순수지혜를 구속하고 있는 물질로 된 몸으로부터 벗어나 인간은 목샤(Moksa) 즉 해탈할 수 있게 된다. 살아 있는 동안 해탈한 사람을 "지반묵티"(Jivanmukti)라고 하고 죽은 후에 해탈하는 사람을 "비데하묵티"(Videhamukti)라고 부른다. 영지주의나 힌두사상이나 지혜를 강조하고 그 지혜를 통하여 인간을 속박하고 있다는 이 세상을 벗어나는 것을 그 목표로 하고 있다.

---

24) 이 책은 소크라테스, 티메우스, 헤르모크라테스(Hermocrates), 크리티아스(Critias)의 대화를 기록한 책으로 주로 티메우스의 독백을 내용으로 한다. 내용을 보면, 데미우르고스는 이전에는 혼돈과 무질서했던 우주를 완전한 세계의 모양을 따라서 오늘날 같은 세상으로 창조해 놓았다.

4.2.4. 영지주의 기도와 힌두종교 만트라

영지주의자들은 물질세계의 속박에서 벗어나기 위해서 여러 종교 예식들을 개발했다. 많은 영지주의 본문들이 주문과 같은 패스워드(Password)들을 제시한다. 이 패스워드에 의해서 영혼은 아르콘(ἄρχων)들 즉 세상의 지배자들로부터 벗어날 수 있다. 영혼이 천상을 향해 올라가는 것을 방해하는 세력들로부터 벗어날 수 있다. 아르콘들 때문에 세상에 내려왔던 영혼의 불꽃들이 다시 집으로 돌아갈 수 있다. 어둠의 세력이 세워놓은 장애물들을 통과하기 위해서 인간은 패스워드를 알아야 한다. 천상으로 올라가기 위해 절대적으로 필요한 패스워드는 주로 영혼의 정체성에 관한 질문이다.『도마복음』 50장이 하나의 공식을 제시한다.

> 만일 그들이 너희에게 "너희가 어디서 왔느냐?"고 묻거든, 그들에게 "우리는 빛에서 왔다고 ..." 말하라. 만일 그들이 너희에게 "그 빛이 너희냐?"라고 묻는다면, "우리는 그 빛의 아들들이다. 그리고 우리는 살아계신 아버지의 선택받은 자들이다"라고 말하라. 만일 그들이 너희에게 "너희 안에 있는 너희 아버지의 징표가 무엇이냐?"고 묻는 다면 그들에게 "그것은 움직임과 평안함이다"라고 말하라.

이런 구절을 주문처럼 암송하면 영혼이 천상의 세계로 올라가는 것을 돕는다. 이것은 마치 노래를 반복함으로 명상을 돕는 인도의 만트라(Mantra)를 닮았다고 할 수 있다. 인도 브라만들도 신비스런 지식의 비밀을 깨닫기 위해서 자신들의 언어로 신을 부르며 만트라 즉 기도문을 노래했다. 다음은 히폴리투스(Hyppolytus, 170-236)의 글이다.

이들은 신을 빛이라고 한다. 사람들이 보는 그런 빛이 아니고, 태양이나 불과 같은 그런 빛도 아니다. 그 빛은 신이 그들에게 준 말씀이다. 그런데 그 말씀은 분명한 음절로 표현되는 말이 아니다. 지식의 신비스러운 비밀들을 깨닫기 위해서 지혜자가 갖추어야 하는 말씀이다. 그들의 신이라고 하는 이 빛은 말씀인데, 그 말씀은 오직 브라만들만이 알 수 있다. 그 이유는 그들만이 영혼을 근본적으로 덮고 있는 모든 헛된 말들을 제거할 수 있기 때문이다. 그들은 죽음을 경멸하며, 항상 그들의 언어로 빛을 그들의 신이라고 부르며, 찬양을 올려 보낸다.[25]

영지주의 문헌들 가운데는 이해하기 어려운 기도문이 있다. 내용을 알 수 없기 때문에 기도문이라기보다는 차라리 주문에 가깝다. 영지주의자들만 알 수 있는 만트라라고 할 수 있다. 다음은 낙하마디 항아리에 들어 있던 문헌 가운데 『여덟 번째와 아홉 번째로 올라가기 위한 기도문』 중에 나오는 글이다.

자카타조

아

오오 에에

오오오 에에에

---

25) The Writings of the Fathers down to A.D. 325, vol, V, trans, by The Rev, Alexander Roberts and James Donaldson, (New York: Charles Scribner' s Sons, 1903), 21.

오 오 오 오 에에

오 오 오 오 오 오 오 오 오 오 오

오 오 오 오 오 오 우 우 우 우 우 우

오 오 오 오 오 오 오 오 오 오 오 오 오 오 오 오

자조조르

(낙하마디 문헌 NHC VI, 6, 56)

다음은 대승불교에서 널리 경배하는 팔을 네게 가지고 있는 관세음보살 만트라이다. 6개의 산스크리트어 글자로 된 만트라로서 글자 하나하나가 특별한 의미를 지니고 있다.

옴 마 니 반 메 훔

옴 마 니 반 메 훔

옴 마 니 반 메 훔

옴 마 니 반 메 훔

옴 마 니 반 메 훔

옴 마 니 반 메 훔

(관세음보살 만트라)

영지주의자들은 노래하듯 기도문을 암송한다.. 인도종교인들도 노래하듯 만트라를 암송한다. 이런 암송은 신비한 지혜를 깨닫도록 돕는다. 영지주의자들은 주문과 같은 기도문을 암송하면서 몸 안에 갇혀있던 영혼의 불꽃이 물질계를 벗어나서 천상의 세계로 올라가는 움직임과 안식을 경험

한다. 영지주의 문헌들이 가지고 있는 기도문들, 찬양가사들의 역할과 인도종교의 만트라의 역할이 같다고 볼 수 있다.

4.2.5. 영지주의와 인도종교의 일치

낙하마디 문헌에 권위자인 페이젤스(Elaine Pagels)는 기독교의 가르침과는 분명하게 차이가 나는 영지주의 문헌들의 특징을 아래와 같이 세 가지로 언급했다.[26] 그러면서 그 특징들이 힌두사상이나 불교전승과 연관을 갖고 있지 않는가에 의문을 던졌다.

첫째, 정통 유대인들이나 기독교인들은 인간과 창조주 하나님 사이에는 거리가 있다고 가르친다. 하나님은 전적으로 다른 존재이다. 그러나 낙하마디에서 발견된 영지주의 복음서 기자들은 다르게 가르친다. 자신을 아는 지식이 하나님을 아는 지식이며 자아와 하나님이 동일시된다.

둘째, 이들 영지주의 복음서들에 기록되어 있는 "살아있는 예수"는 신약성서의 예수처럼 죄나 회개에 대해서는 말하지 않고 허상(虛像)이나 깨달음에 대해서 말한다. 그 예수는 죄로부터 우리를 구원하기 위해서 오는 것이 아니라 영적 깨달음에 도달하도록 인도하는 안내자로서 온다. 제자가 깨달음을 얻게 되면 예수는 더 이상 영적 스승이 아니다. 둘이 동일해지진다.

셋째, 정통 기독교인들은 예수는 주님이며 특히 하나님의 아들이라고 믿는다. 그리고 예수는 그가 구원해낸 인간들과도 영원히 다른 존재로 남아 있다. 그러나 영지주의 복음서인『도마복음』의 35:4-7절과 50:28-30절을 보면, 도마가 예수를 깨닫자마자 예수는 도마에게 둘 다 같은 근원에서 온 것을 받았다고 말한다.

---

26) Elaine Pagels, <u>The Gnostic Gospels</u>, (New York: Vintage Books, 1989), xx.

예수께서 가라사대 나는 너의 선생이 아니다. 왜냐하면 너는 취했기 때문이다. 내가 나누어준 거품이 이는 샘물을 마시고 취해버렸다. .... 내 입에서 나오는 것을 마시는 자는 나와 같이 될 것이다. 그리고 나 자신은 그가 될 것이다. 그리고 감추어진 것들이 그에게 드러나게 될 것이다.

이미 앞에서 낙하마디 영지주의 문헌들과 인도종교들의 연관성을 논했다. 일반적으로 브라만교에서 절대 실체라는 브라만이나 불교에서 깨달음을 얻은 자란 부처나 모두 신적인 존재이다. 그런데 이 신적인 존재는 기독교에서 말하는 인간과 본질적으로 다른 전적 타자가 아니다. 인간이 브라만이 될 수 있고 부처가 될 수 있다. 인도종교는 신과 인간을 동일시하고 있다. 낙하마디 영지주의 문헌들이 신과 인간을 동일시하는 기원은 인도종교에 있다.

브라만교는 이 세상을 환영(Maya, 幻影)이라고 가르친다. 브라만만이 실체인 것이다. 이 브라만에 대한 인간의 무지가 모든 고통에 원인이다. 무지에서 벗어나려면 깨달음을 얻어야 한다. 그래야 참 자유인 헤탈을 얻을 수 있다. 불교 역시 모든 고통의 원인은 이 세상에 집착하는 것이라고 한다. 세상과 엮어진 모든 집착을 멸하고 참된 깨달음을 얻어야 열반에 이를 수 있다고 한다. 낙하마디 영지주의 문헌들이 유대교나 기독교에서 강조하는 죄를 언급하지 않고 환영이나 깨달음을 가르치는 뿌리는 인도종교에 있다.

브라만교, 불교, 자이나교 등의 인도종교에서는 누구나 깨달음을 얻고 신적 존재가 될 수 있다. 유대교나 기독교에서 말하는 것처럼 신이 하나가 아니다. 깨달음을 얻은 자는 모두 신적 존재가 된다. 브라만교에서 살아서 해탈한 사람은 누구나 "지반묵티"(Jivanmukti)가 된다. 신적 존재가 되는 것이다. 불교의 창시자 "싯다르타 고타마"(Siddhartha Gautama)는 깨달음을 얻고(覺者) 열반에 이른 부처(Buddha)가 되고(成佛) 나서 여전히 세상에 남아서 제자들에게 부처가 되는 길을 가르쳤다(大覺). 부처의 가르침을 따라 깨닫게 된 자는 부처와 똑같은 신적 존재 즉 부처(Buddha)가 된다(成佛). 자이나교의 창시자 "바르다마나 마하비라"(Vardhamana Mahavira)는 본인이 해탈하여 지나(Jina)가 된 이후에 계속 제자들을 이끌며 그들도 해탈에 도달하도록 인도하였다. 마하비라의 가르침을 따라 해탈에 도달한 사람은 마하비라와 똑같은 신적존재 지나(Jina)가 된다. 『도마복음』에서 도마가 깨닫고 난 후에 예수는 도마에게 더 이상 선생이 아니라고 한다. 예수나 도마가 같은 신적존재가 되었다고 말한다. 기독교에서는 찾아 볼 수 없는 이런 가르침은 힌두사상에서 온 것이다.

5. 절대로 신약정경이 될 수 없는『도마복음』

5.1. 첫째 이유: 복음과 독약이 혼합된『도마복음』

앞에서 살펴 본대로 영지주의 문헌들의 많은 부분들이 인도 종교들 즉 브라만교, 불교, 자이나교 등의 사상들을 담고 있다. 영지주의 문헌들은 여러 종교들의 사상이 혼합되어 생겨난 자료들이다. 낙하마디 항아리 안에서 발견된 문헌들 역시 예외가 아니다. 겉으로 볼 때는 기독교의 용어나 개념들을 사용하고 있기 때문에 기독교 문헌이라고 생각할 수 있지만 정작 내용을 깊이 들어가면 기독교의 껍질을 뒤집어 쓴 타종교 사상들이다. 같은 항아리에 들어 있던『도마복음』 역시 예외가 아니다.

기독교가 태동하면서 외부적으로는 정치적 물리적 박해가 일어나면서 기독교는 힘겨운 성장을 해왔다. 그런 와중에 내부적으로는 영지주의와 같이 복음을 왜곡시키는 종교 혼합주의 사상들이 침투하고 있었다. 교회 지도자들은 그런 혼합주의 사상들이 기독교에 들어오는 것을 보고 구경만하고 있지 않았다. 그런 사상들의 위험성을 직감하고 당시 신실한 교회 지도자들은 기독교인들에게 주의하라고 가르쳤다.

시리아에 있는 아디옥의 교회 감독 이그나시우스(Ignatius)는 영지주의자들을 대적한 사람이었다. 그는 주후(AD) 110년경에 기독교 신앙 때문에 붙잡혀 로마로 끌려가면서 도중에 그가 거쳐 가는 지역 교회 교인들에게 많은 편지를 썼다. 그 편지를 통하여 지역 기독교인들에게 감독들을 의지하고 그리스도의 참 인성을 믿으라고 강조했다. 특히, 소아시아 트랄레스(Tralles)에 사는 교회들에게 보낸 편지(Letter to the Trallians) 제 6장에서 다음과 같이 말하고 있다.

Obsecro itaque vos, non ego, sed charitas Jesu Christi, solo Christiano alimento uti, ab aliena autem herba abstinere, quae est haeresis. Isti etiam venenis sus Jesum Christum miscent, loquentes, quae fide sunt indigna; similes iis, qui mortiterum pharmacum cum vino mulso dant, quod qui ignorat, libenter, in voluptate noxia mortem accipit. (ΙΓΝΑΤΙΟΥ ΕΠΙΣΤΟΛΑΙ, Patrologiae, 1894, 679) 그러므로 여러분들께 탄원합니다. 내가 아니라 예수 그리스도의 사랑은 기독교 양식만을 사용하고 다른 종류의 독초들은 끊으라고 간곡히 말씀드립니다. 독초란 이단의 가르침을 말하는 것입니다. 그 사람들은 예수 그리스도를 그들의 독약과 혼합시켜서 믿을 가치가 없는 것들을 가르칩니다. 그들은 마치 독약을 달콤한 포도주에 타놓는 사람들과 같아서 모르는 사람이 그것을 마시면서 파멸의 쾌락을 느끼고 죽음으로 빠지게 되는 것과 마찬가지입니다.

오늘날에도 기독교의 용어나 개념을 그대로 쓰면서 다른 가르침을 가르치는 이단들이 있다. 겉으로 볼 때는 기독교 형식을 갖추었는데 내용은 다른 종교 사상을 접목시켰다든지 아니면 그 이단 교주의 가르침을 전개하는 별난 이단들이 많이 있다. 심지어는 전통적으로 내려왔던 성서 이외에 다른 책을 들이대면서 그것도 성서라고 가르치는 이단도 있다. 정통 기독교 신앙을 가진 사람들은 그런 헛소리에 귀를 기울이지 않는다.

문제는 지금부터 약 1600년 전에 이단들이 사용했던 영지주의 문헌들 특히『도마복음』을 들이대면서 신약 정경 안에 들어와야 된다고 헛소리 하는 사람들이 있다는 것이다.『도마복음』에 대해서 잘 알지도 못하는 사람들은 귀가 솔깃할 수도 있지만 말도 안 되는 소리다. 이미『도마복음』과 같이 타종교 사상을 혼합시킨 영지주의 문헌들은 기독교인들을 파멸로 인도하는 독약과 같다고 그리스도의 복음에 목숨 건 초대교회 지도자들은 우리에게 경고하고 있다.

5.2. 둘째 이유: 초대교회 교부들도 인용 안한 『도마복음』

최초의 교회인 예루살렘 교회는 예수의 제자들인 사도들이 다스렸다. 예루살렘 교회가 성장하면서 사도들은 자신들을 도울 집사들을 세웠다. 외부로부터 박해가 심해지자 예루살렘 교회 교인들은 흩어지게 되었고, 교인들이 가는 곳마다 교회가 생겨났다. 여러 지역에 세워진 교회들을 그 지역 사람들인 장로, 집사가 다스렸다. 사도들이 생존했던 1세기에 장로나 집사들은 사도들의 지도를 받았다.

2세기로 접어들면서 교회는 더욱 성장하여 여러 지역에서 세워졌으며 교회의 숫자도 더 불어났다. 여러 교회들을 체계적으로 관리할 목적으로 감독, 장로, 집사 등 분명하게 구분된 교회 직분이 생겨났다. 각 교회는 이런 직분을 받은 사람들에 의해서 다스려졌다. 2세기 말쯤에 오늘날 "교구" 처럼 한 지방 안에 있는 여러 교회들을 다스리는 감독들이 세워졌다. 이미 사도들은 세상을 떠났지만 대신 감독들이 사도들의 권위를 이어받은 사람들로 인정받았다.

3세기 중엽에 이르면서 지역 안에 있는 개체 교회 장로는 오늘날에 목회자로 인정받았다. 많은 개체 교회들이 들어 있는 지역 즉 교구를 다스리는 감독들 가운데 로마의 감독은 최고의 감독으로 인정받았다. 4세기 초엽에 큰 도시 감독들이 인근 지방 감독들 지배하기 시작했다. 313년에는 로마 황제 콘스탄티누스 1세가 밀라노 칙령(Edict of Milan)을 발표하면서 기독교는 박해받는 종교에서 보호받는 종교로 격상되었다. 이후 325년에는 콘스탄티누스 1세가 기독교 역사상 최초라고 할 수 있는 니케아 종교회의(Council of Nicaea)를 소집해서 기독교 교리를 통일시키려는 시도를 했다. 4세기 말엽에는 로마, 알렉산드리아, 안디옥, 콘스탄티노플, 예루살렘 감독들에게 특별한 명예가 주어지면서, 이들은 주교(Patriarch)들이 되었다. 서열로 따지면 로마 감독이 최고였고 다음으로 콘스탄티노플 감독이었다.

4세기 중엽에 만들어졌다는 낙하마디 문헌을 이해하기 위해서 위와 같은 간략한 교회역사를 언급했다. 낙하마디 문헌이 만들어지기 전에 이미 300년 동안 기독교 안에는 교회 안에서 커다란 영향을 끼쳤던 교사들, 신학자들, 감독들이 있었다. 이들을 "교부들"(Church Fathers)이라고 부른다. 로마의 클레멘트(Clement, 30-100)같은 경우는 1세기에 살았던 교부이다. 교부들은 교회를 지도하고 교인들을 가르치기 위해 글을 썼다. 또한 기독교에 대한 외부 공격을 방어하기 위해서 기독교를 변증하는 글도 썼다. 이런 글들을 쓰면서 교부들은 성서 본문을 인용했다. 현존하는 교부들의 글을 보면 이 교부들이 인용한 성서본문들은 현재 우리가 가지고 있는 성서본문과 다르지 않다. 이런 교부들의 인용구절들은 우리가 가지고 있는 것과 같은 신약 경전들을 교부들도 가지고 있었다는 증거가 된다.

이 당시 교부들이 쓴 글들은 신약 경전과 함께 교회 내에서 널리 읽혀졌다. 그렇다고 그 글들을 신약 경전에 넣는다는 생각은 하지 못했다. 이미 1세기 말엽까지 신약 경전들은 거의 확정되어 교회에서 사용하고 있었기 때문이다. 1세기에 살았던 교부, 로마의 클레멘트가 썼다고 하는 「고린도교회에게 보낸 편지」는 신약본문 외에 가장 오래된 기독교 문헌이다. 그러나 누구도 1세기 문헌인 이 클레멘트의 글을 신약 경전 안에 넣어야 된다고 주장하지 않았다.

그런데 4세기에 항아리에서 발견된 『도마복음』을 신약경전 안에 포함시켜야 한다고 주장하는 사람들이 있다. 그러면 다음 질문에 답을 좀 해보라. 기독교가 시작되던 1세기부터 낙하마디 항아리가 발견되던 4세기까지 300여 년 동안 어느 교부들의 글이라도 『도마복음』 안에 있는 이상한 본문들을 인용한 자료들이 있으면 제시해보라. 어느 교부들도 『도마복음』 본문들을 인용하지 않았다면 그 이유는 다음 둘 중에 하나일 것이다. 『도마복음』은 3세기나 4세기 중엽까지 존재하지 않았던 문헌이다. 만일 존재했었던 문헌이라면, 교부들이나 기독교인들의 관심을 끌지 못했던 기독교 밖에 문헌임에 틀림없다.

5.3. 셋째 이유: 현존하는 2만5천여 개의 성서사본들의 증거

예수의 제자들을 중심으로 시작된 초기 교회는 외부의 박해에도 불구하고 성장하면서 여러 지역으로 확장되었다. 사도들은 나름대로 장로나 집사를 세워서 여러 교회를 치리했다. 여러 지역에서 교회가 세워지면서, 예수의 목격자들의 증언이나 사도들의 증언을 토대로 예수의 말씀이나 행적이 서로 다른 지역에서 수집 편집되면서 마태복음, 마가복음, 누기복음, 요한복음이 만들어졌다. 바울과 같은 사도나 사도들의 권위를 계승받은 제자들에 의해서 기록된 서신들이 여러 지역 교회들에게 보내졌다. 이렇게 해서 신약성서 원본들이 만들어진 것이다. 이 원본이란 오늘날처럼 신약 27권이 한꺼번에 묶어놓은 책이 아니라 각각 낱권들을 가리킨다.

1세기 후반에 접어들면서 기독교 내에 가장 큰 위기는 예수의 제자들이었던 사도들과 예수의 목격자들이 세상을 떠나기 시작한 것이다. 사도들은 하나 둘 세상을 떠나면서 믿을만한 제자들을 세워 사도의 권위를 계승시켰다. 사도 권위를 계승받은 여러 지역의 교회 지도자들은 그 지역에서 이미 만들어진 신약 원본을 의존하기 시작했다. 기록된 신약 원본이 기독교의 경전으로 자리매김하기 시작한 것이다.

신약 원본들이 기록된 이유는 교회에서 사용하기 위함이었다. 처음에는 하나밖에 없는 원본을 교회마다 돌려가면서 읽었다. 교회의 숫자가 계속 불어나자 회람에 한계를 느끼게 되었고 결국 원본을 보고 베껴서 쓴 사본들을 만들기 시작했다. 더욱이 교회가 여러 지역으로 확장되면서 라틴어, 시리아어 등으로 번역된 사본들도 잇달아 생겨났다.

인쇄술이 발달되지 않았던 당시에 책을 만든다는 것은 결코 쉬운 일이 아니었다. 일일이 손으로 써야 한다. 그래서 이렇게 손(manu)으로 쓴(scriptum) 글을 "메뉴스크립트"(manuscript)라고 한다. 현존하는 신약의 메뉴스크립트는 모두 원본을 보고 베껴 쓴 사본(codex)들이다. 이 말은 현존하는 신약 원본은 없다는 뜻이다. 문서를 기록할 때 사용했던 종이도 양피지나 "파피루스"(Papyrus)로서 오늘날 종이와 다르다. 8세기에 중국에서 사용하던 오늘날과 흡사한 종이가 아랍에 의해서 유럽에 공급되기 전까지 유럽에서는 책을 만들기 위해서 "파피루스"라는 종이를 사용했다. 이 파피루스는 나일 강가에서 자라나는 식물 파피루스의 줄기를 말려서 만든 종이였다. 이 두터운 파피루스 위에 신약본문 전체를 적어 놓고 그것들을 오늘날 한 권의 책으로 묶듯이 합본하는 것은 결코 쉬운 일이 아니었다.

이렇게 해서 만들어진 현존하는 신약 사본들의 숫자는 현존하는 어떤 고대 문헌들보다도 더 많다. 15세기 독일 인쇄술이 발명되기 이전까지 손으로 쓴 신약 사본들의 숫자를 구체적으로 보면 희랍어로 된 것들이 5,800개 이상이며, 라틴어로 된 것들은 10,000개 이상이며 그 외에 다른 고대 언어들로 된 사본들은 9,300개 이상이다. 이 모든 사본들이 기계가 아니라 손으로 기록한 것들이기에 서로 차이가 있지만, 이 사본들을 보면 오늘날 우리가 가지고 있는 성서가 기독교 정경이었음을 입증해준다.

앞에서 살펴본 것처럼 나일 강 주변에 일찍부터 들어와 있던 인도 종교인들의 영향을 받아 영지주의와 같은 혼합종교가 발달되었다. 영지주의의 모판이 된 나일 강 유역에서 영지주의 문헌들이 발견되고 있다.『도마복음』 사본들도 나일 강 상류인 낙하마디(Nag Hammadi)와 옥시린쿠스(Oxyrhynchus)에서 발견되었다. 옥시린쿠스에서 발견된 사본들은 모두 그리스어로 된 세 개의 파피루스 단편들로서 "파피루스 옥시린쿠스 1[27], 파피루스 옥시린쿠스 654[28], 파피루스 옥시린쿠스 655[29]" 등이다.

『도마복음』 사본들은 이집트 나일 강 유역에서만 발견되지만 오늘날 정통 기독교인들이 사용하고 있는 마태복음, 마가복음, 누가복음, 요한복음 등의 사본들은 다양한 여러 지역에서 발견된다. 기독교는 선교를 통해 1세기 이후로 유럽, 소아시아, 아프리카 등 여러 지역에 교회를 세우고 성서 사본들을 사용했다. 당연히 나일 강 유역에 있는 도시들도 선교 대상에서 제외되지 않았다. 옥시린쿠스에서 발견된 파피루스 단편들을 보면 도마복음 단편보다 오늘날 우리가 가지고 있는 신약 정경 단편들이 압도적으로 많다.

『도마복음』이 신약정경이 될 수 없는 결정적인 증거를 현존하는 신약 사본들에게서 찾을 수 있다. 현재 발견된 신약 사본들 가운데는 복음서 외에 신약의 다른 본문들도 함께 기록된 사본들이 많다. 복음서와 사도행전,

---

27) 2세기 말엽이나 3세기 초엽에 만들어진 것으로 말씀 26,27,28,29,30,77b,31,32,33 등이 수록되어 있다.

28) 3세기 중엽에 만들어진 것으로 서두와 말씀 1,2,3,4,5,6,7 등이 수록되어 있다.

29) 말씀 24,36,37,38,39 등이 수록되어 있다.

복음서와 바울서신, 복음서와 일반서신, 복음서와 계시록 등이 함께 수록된 사본들을 말한다. 그러나 『도마복음』과 신약의 다른 본문이 함께 기록된 경우는 어디서도 찾아볼 수 없다. 오늘날 우리가 쓰고 있는 신약 본문을 모두 수록한 고대 사본들은 흔하지 않다. 그럼에도 그런 사본들이 발견되었다. 희랍어 대문자로 기록된 사본들인 시내 사본(01), 알렉산드리아 사본(02), 바티칸 사본(03), 에프레미 사본(04) 등을 보면 오늘날 우리가 가지고 있는 신약 본문들을 거의 그대로 수록하고 있다. 물론 이 사본들 안에 『도마복음』 본문은 전혀 들어 있지 않다. 이런 사실은 현재 우리가 갖고 있는 신약 성서 27권은 기독교 정경이며 반면에 『도마복음』은 기독교 정경이 아니었다는 사실을 분명히 입증해준다.

6. 결론

『도마복음』은 기독교 경전이 아니다. 인도종교 사상이 혼합된 책이다. 기독교적인 인물이나 용어를 사용했지만 내용은 인도사상에 가깝다. 인도 포교사들이나 아니면 이에 영향을 받은 어떤 사람이 기독교 내에 자신들의 가르침을 침투시키기 위해 예수나 그의 제자들의 이름을 도용했고 신약 복음서 본문 중에서도 자신들의 가르침에 합당한 구절들을 몇 개 갖다 붙여서『도마복음』을 만들었다.

학자들은『도마복음』이 예수의 말씀만 기록한 특별한 형식을 취하고 있다고 한다. 사실 더 정확하게 말하면『도마복음』은 예수와 제자들의 대화를 기록한 책이다. 그런데 인도 경전들을 보면 스승과 제자들의 대화를 기록한 문헌들은 수도 없이 많다.『도마복음』의 예수는 이름만 "예수"이지 내용을 보면 오히려 인도 경전에 있는 깨달음을 얻은 스승들과 별반 차이가 없다.『도마복음』이 말씀 어록만 기록되었다는 그 특별한 문학 형식 역시 인도 경전에서 온 것이다.

『도마복음』은 본문 끝에 적어 놓은 책제목이나 본문 서두에 "도마"란 이름을 분명하게 언급했다. 여기서 "도마"는 인두로 가서 복음을 전하디기 순교했다고 당시에 잘 알려졌던 예수의 제자를 가리킨다. 이렇게 "도마"란 이름을 명시한 저자의 의도가 있었을 것이다. 첫째로, 당시 기독교인들이 존경했던 "도마"의 이름을 사용함으로『도마복음』의 권위를 높이고자 했다. 그러면 많은 기독교인들이『도마복음』을 의심 없이 받아들여 읽을 것이라고 기대했을 것이다. 둘째로, 예수의 제자들 가운데 특별히 "도마"의 이름을 언급함으로,『도마복음』의 가르침과 인도종교의 가르침 사이의 어떤 연관성이 있다는 것을 암시하려 했다고 볼 수도 있다.

이집트에 일찍부터 자리를 잡은 인도 포교사들은 지식, 지혜, 깨달음을 중심으로 하는 자신들의 가르침을 펼쳐왔다. 그러나 그곳에 기독교가 전파되면서 지혜를 중심으로 하는 이들의 가르침은 메시아의 탄생, 대속의 죽음, 부활 등과 같은 예수의 삶을 기초로 세워진 정통 기독교의 가르침과 분명하게 충돌했다. 시간이 지나면서 기독교의 선교가 그 지역에서 득세하기 시작했다. 이런 상황 가운데 이미 인도 종교에 영향을 받은 어떤 사람이 자신의 가르침을 기독교인들에게 알릴 목적으로『도마복음』을 만들었다. 기독교적인 인물, 용어, 구절들을 이용해서 자신들의 가르침을 기독교 내에 침투시키려고 했다. 인물이나 용어나 구절들이 기독교적이기 때문에 기독교인들이 거부감 없이 받아들일 것이라고 생각했다(오늘날 이런 전략에 말려든 학자들이 있다). 그러나 가르침의 성격이 워낙 차이가 났기 때문에 기독교를 뒤엎을 만큼의 커다란 영향력은 없었다.

이집트에서 깨달음을 강조하는 인도사상과 예수의 삶을 강조하는 기독교 가르침의 대결은 4세기 초엽에 로마의 황제 콘스탄티누스 1세가 기독교를 비호하면서 끝이 났다. 로마의 정치적 권력을 등에 업은 기독교는 크게 세력을 떨치기 시작했다. 기독교의 득세로 인해 이집트 지역에 있었던 기독교에 해를 끼치는 이단, 혼합종교들이 압박을 받았을 것이다. 그 결과로 이단 종교에 빠져 있던 사람들은 자신들이 소중히 아끼는 책들을 빼앗길 위기를 느꼈을 것이다. 이들 가운데 어떤 사람이 자신의 책들이 소멸되는 것을 막기 위해 책들이 오랫동안 보관될 수 있도록 항아리에 넣고 잘 밀봉하였다. 그리고 누구도 쉽게 찾을 수 없는 장소를 물색하다가 근처 벼랑에 있는 동굴에다 감추어 둔 것이다. 그것이 낙하마디 마을에 벼랑에 있던 동굴 안에서 발견된 항아리였고 그 안에『도마복음』이 들어있었던 것이다.

　　낙하마디 문서의 전문가이며 프린스턴 대학 종교학 교수인 페이젤스 (Elaine Pagels)는『도마복음』이 가지고 있는 유별난 가르침들의 근원을 찾아내기 위해서 이 가르침과 인도종교의 가르침을 비교할 수 있는 능력 있는 학자들이 나오기를 기대하면서 다음과 같은 글을 남겼다.

> We look forward to the work of scholars who can study these traditions comparatively to discover whether they can, in fact, be traced to Indian sources.[30] 우리는 이런 전승(도마복음 가르침)들이 사실상 인도 자료들에서 추적될 수 있는지 찾아보기 위해 비교 연구할 수 있는 학자들의 작품을 기대한다

---

30) Elaine Pagels, <u>The Gnostic Gospels</u>, xxi.